本书得到河北省社会科学基金项目资助［HB16GL028］

物流企业商业模式创新

The Business Model Innovation of Logistics Enterprise

李占雷　著

中国纺织出版社有限公司

内 容 提 要

物流企业商业模式创新是物流企业保持核心竞争力、获取持续利润的一系列活动和结构逻辑。本书为探究物流企业商业模式创新的过程机制，分别从技术创新与商业模式创新、知识管理与商业模式创新、会计信息质量与商业模式创新的视域分析物流企业商业模式创新的系统动力和创新要素，给出共同物流商业模式、低碳物流商业模式创新的主体博弈策略，基于钢铁物流企业的案例验证商业模式创新关键要素的构成。研究内容及结论涉及商业模式创新过程机制的黑箱问题，拟为相关主题与实务研究提供借鉴。

本书可作为物流工程学科、管理类学科的研究生教材与参考书，也可供物流专业的理论与实务工作者参阅。

图书在版编目（CIP）数据

物流企业商业模式创新 / 李占雷著. -- 北京 : 中国纺织出版社有限公司，2020.12（2024.3重印）

ISBN 978-7-5180-7861-5

Ⅰ. ①物… Ⅱ. ①李… Ⅲ. ①物流企业－商业模式－研究 Ⅳ. ①F253

中国版本图书馆CIP数据核字（2020）第172776号

策划编辑：向连英　　责任校对：高　涵　　责任印制：储志伟

中国纺织出版社有限公司出版发行
地址：北京市朝阳区百子湾东里A407号楼　邮政编码：100124
销售电话：010—67004422　传真：010—87155801
http://www.c-textilep.com
中国纺织出版社天猫旗舰店
官方微博 http://weibo.com/2119887771
北京兰星球彩色印刷有限公司印刷　各地新华书店经销
2020年12月第1版　2024年3月第2次印刷
开本：710×1000　1/16　印张：16
字数：266千字　定价：78.00元

凡购本书，如有缺页、倒页、脱页，由本社图书营销中心调换

58.00元

前言

商业模式是一家企业保持核心竞争力、获取持续利润的一系列活动和结构逻辑。在大数据技术、低碳经济、供应链管理等新经济元素的驱动下，企业将其原有的运营方式与新渠道、新技术、顾客新需求等相匹配，形成新的商业模式架构，即商业模式创新势在必行。商业模式创新无论始于外部驱动还是始于内部驱动，皆是企业商业模式原型的成分和要素之间关系的互动变化，商业模式每个要素的动态变化都可能成为商业模式创新的触发器。物流企业物流、商流、信息流、资金流的顺畅流转亟须依据新经济元素的变革而动态调整，物流企业的商业模式创新是可持续发展的逻辑使然。

在物流企业物流金融商业模式创新的研究基础上，针对物流企业的特质，本书将研究视角扩展到物流企业商业模式创新的技术创新动力、物流企业商业模式创新的管理要素影响、会计信息质量与物流企业商业模式创新、物流企业低碳物流商业模式创新、物流企业共同物流商业模式创新的相关主题，以期丰富物流企业商业模式创新过程黑箱的理论与实务研究。

本书结构依据研究的相关主题，分为理论基础、技术创新与物流企业商业模式创新、知识管理与物流企业商业模式创新、会计信息质量与物流企业商业模式、物流企业低碳物流商业模式创新演化博弈、物流企业共同物流商业模式创新主体博弈、钢铁物流公司商业模式创新案例七部分，其逻辑主线是物流企业商业模式创新的过程机理。

付梓之际，谨对河北省社科规划办对本书的资助表示衷心的感谢！同时，感谢我的研究生霍帆帆、张磊、肖林功、郑紫旺、张天译、刘婧一在课题研究中所做的贡献！

感谢河北工程大学科学技术研究院和管理工程与商学院各位领导、同仁给予我的悉心关怀和对课题研究的周到支持。

前言

目录

第1章 理论基础

第2章 技术创新与物流企业商业模式创新

第3章 知识管理与物流企业商业模式创新

第5章 物流企业低碳物流商业模式创新演化博弈分析

第6章 物流企业共同物流商业模式创新主体的博弈

第7章 钢铁物流企业商业模式创新

第1章
理论基础

本章是对现代物流企业特征、商业模式构成要素、商业模式创新、商业模式创新研究方式等视域研究成果的梳理，以奠定开展物流企业商业模式创新的系统动力、影响因素、共同物流商业模式、低碳物流商业模式等相关主题研究的理论基础。

1.1 物流企业的类别与特征

经济社会环境的变革，大数据、互联网、物联网、科技金融、区块链等新科技元素与产业的不断融合，使得物流企业的经营范畴发生了大的扩展，在传统运输、仓储、装卸、配送等业务中，相继开发了诸如电子商务、融资业务、担保业务、物流金融等新型业务，也衍生了一些综合型业务。现代综合服务型物流企业不是利益的矛盾体，而是利益的共同体，这种物流服务可以提升客户的核心竞争力，避免客户在非主营业务上分散过多的资源、人力和物力等，实现与客户共享信息、取长补短、共担风险、共享利益。

物流是个传统的行业，伴随着市场经济的变革，我国物流业的迅速发展，物流企业的经营模式发生转变，由传统物流向现代物流过渡。依据中华人民共和国国家标准中物流术语（GB/T 18354—2006）的标准化解释，所谓物流，即物品从供应地向接收地的实体流动过程。根据实际需要，将运输、储存、装卸、搬运、包装、流通加工、配送、回收、信息处理等基本功能实施有机结合。

现代物流业是融合运输、仓储、信息等产业为一体的复合型服务业，全面地、综合性地提高经济效益和效率的问题。现代物流并不是简单地考虑如何从生产地向销售地配送货物的问题，还包括如何从供应商至生产商对生产原料的采购，以及生产商在制造商品过程中涉及的包装安排、运输安排、搬运和装卸、仓储管理以及信息分享等全方位、更综合性的方面。首先是反应快速化。信息沟通是提高物流效率的关键，信息沟通变得准确、迅速，才能提高企业对客户服务的反应能力，才能及时满足消费者的需求，抓住市场机会，获得竞争优势。其次是服务系统化。现代物流企业提供的不仅仅是单一的运输、仓储等物流服务，而是能够提供一系列的整套服务，同时还能提供较多增值服务。最后是业务规范化。任何行业的发展都需要相关规章制度的约束，物流业也同样如此。物流业发展的同时也伴随着相关制度的诞生，比如寄件实名制。随着一系列物流方面制度的制定，使物流企业的作业更加规范。

物流企业是从事物流基本功能范围内的物流业务涉及系统运作，具有与自身业务相适应的信息管理系统，实施独立核算、独立承担民事责任的经济组织（GB/T 19680—2013）。现代物流业将传统货运业、仓储业、货代业和信息业等业务融为一体，成为复合型服务产业，是一种战略型新兴服务业，在我国当前的经济新常态下，对推动“供给侧改革”，实施“一带一路”倡议，提高国家经济整体竞争力具有不可忽视的作用。

截至2018年，全国A级物流企业已近5000家，全国规模以上物流园区超过1200家，园区平台化、网络化、集群化、智慧化初步显现[1]。物流企业可以根据业务范围、物流功能、服务模式等方面来分类，2005年5月1日开始执行的《物流企业分类和评估指标》（GB/T 19680—2013）规定，物流企业以业务类型的差别为基准，能够分为运输型物流企业、仓储型物流企业和综合服务型物流企业三大类型，并同时对不同种类型的主营业务范围和功能作了具体的界定，如表1-1所示。

表1-1　物流企业分类标准

类型	分类标准
运输型物流企业	以从事运输业务为主，具备一定规模
	可为客户提供运输服务和其他增值服务
	自有一定数量的运输工具和设备
	具备信息服务功能，应用信息系统可对运输货物进行状态查询、监控
仓储型物流	以从事仓储业务为主，具有一定规模
	可为客户提供分拨、配送、流通加工等服务，以及其他增值服务
	自有一定规模的仓储设施、设备，自有或租用必要的货运运输工具
	具备信息服务功能，应用信息系统可对仓储货物进行状态查询、监控
综合服务型物流	从事多种物流服务，能为客户提供运输、仓储、货运代理、配送、流通加工信息等多种物流服务，具备一定规模
	可为客户制定系统化的物流解决方案，可为客户提供综合物流服务和其他增值服务
	自有或租用必要的运输工具、仓储设施及相关设备
	具有一定市场覆盖面的货物集散、分拨、配送网络
	具备信息服务功能，应用信息系统可对物流服务全过程进行状态查询、监控

[1] 中国物流与采购联合会．中国物流年鉴2019［J］．中国财富出版社，2020.

物流企业现处于一个多层次、多结构的发展阶段，企业结构复杂，特征边界模糊，很难用以上简单静态的标准分类。为此，国内外的一些学者也纷纷从各自的立场，综合考虑多种因素，提出了不同的现代物流企业划分标准和具体分类。有些学者基于物流企业服务模式和服务特征的不同，把物流企业分为两类：一类是一般物流服务企业，如基本资产提供者、牵头物流提供者以及 3PL；另一类是新业务模式包括 JSC、4PL。这种分类方法具有一定的趋势预测性，指出了物流企业发展的新方向，为我国物流企业今后的发展模式提供了一定参考。还有学者从物流服务是否为主营业务、企业资金来源、企业资产属性、服务地域、企业规模等角度分别对企业进行分类，并对不同类型企业的发展模式进行分析。

无论是传统物流企业，还是现代战略型新兴的物流企业，为适应物流行业的发展，当下的物流上市公司多是集物流、资金流与信息流于一体的战略型服务企业，其商业模式创新的要素是一致的。

中国物流产业的发展脉络相对清晰，当前伴随着经济全球化趋势的加速发展和现代科学技术的突飞猛进，物流产业的专业化分工进一步突显，产业结构在不断调整，同时，信息技术的发展推动了传统物流的创新。现代物流开始注重和强化对企业内部资源协调整合和一体化管理，进而研究彼此的关系及分工协作的产业链，建立以供应链管理为本的社会化的物流系统。经过几十年的发展，物流市场需求增长迅速，物流企业服务能力和服务品质均有显著提高，我国物流行业已经发展成为具有国际竞争力的行业，并且随着电子商务的发展，物流行业俨然已经发展成为国民经济的支柱型产业，对物流企业的发展起到了决定性作用。由于中国物流行业发展比较快，随着物流企业的发展和经营方式的改变，物流企业开始呈现新的特点：

第一，重视客户关系管理。现代物流是属于客户服务物流，因为客户服务是物流创新的原动力。在系统工程思想的指导下，强调以客户为中心，以信息技术做支撑，强化资源整合和物流全过程优化，实施一体化综合物流服务。在供应链管理的模式下，企业逐渐强调跨企业间的整合，开始逐渐重视市场营销和管理客户关系，物流管理已从物的处理提升到物的价值方案管理，为其量身定做其所需要的物品与服务。特别是增加了产品的售中和售后服务等一系列活动，以客户服务为价值取向，强调物流运作的客户服务导向性，大大提升了企业的服务能力和品质。

第二，物流机能整合。在现代物流中，企业在更大竞争力的驱动下，将根据各自的机能进行整合，建立起覆盖全国主要城市的物流网络。各成员单位间按相互协作原则，优化资源配置，实现资源互补和共享，并对顾客实施统一单据和标准操作程序，通过这种联合规划与作业，形成高度整合的供应链通道体系，使通道整体绩效大幅提升。

第三，物流信息化。在传统的物流基础上，物流公司引进了高科技手段，即运用计算机进行信息联网，对物流信息进行科学管理，从而使物流速度加快、准确率提高、库存减少、成本降低，以此延伸和放大传统物流的功能。信息取代了传统物流中动力这一要素的地位，物流信息系统将是现代物流赖以发展的重要支柱。物流信息化的发展使企业反应更迅速、作业更规范、服务更全面、功能更多样。

第四，物流运作模式在实践中不断创新。现代物流是一门新兴科学和新兴服务产业，其重要特征就是在实践中不断创新、不断发展，我国现代物流的发展也充分体现了这一特征。许多优秀企业结合实际，勇于创新，走出了具有企业特色的现代物流发展之路。有的同时成了供应链方案提供商，有的向综合化或专业化方向发展，突出个性化服务。有的则将物流地产、物流市场与物流运作紧密结合。

作为国民经济中重要一环的物流行业，贯穿一二三产业，是促进供给与消费相匹配、相协调的核心环节。推动物流降本增效，是经济转向高质量发展阶段物流业发展的首要任务，在相当程度上分担着供给侧结构性改革“降成本”的重任。提高物流产业的发展质量和效益，需要物流企业以大数据、智能化为依托，通过商业模式创新提升资源配置效率，着力推进物流业集约化、智能化、标准化发展。

1.2 商业模式及其构成要素

商业模式是随着人类的贸易和经济行为而产生的，不论古今中外，所有的企业都采用某种包含价值创造、价值传递和价值获取的机制进行运作，这就是商业模式。通过梳理关于商业模式的研究成果发现，商业模式概念尚未形成为学界与实务界广泛接受的理论框架，其研究仍处于百家争鸣的状态，相关研究成果均是围绕商业模式的定义、构成要素、创新等主题展开。

“商业模式”一词最早出现在由贝尔曼（Bellman）等人书写的《关于商业博弈的构建》书中，在1960年出现在文章题目和摘要中。虽然商业模式在理论界以及企业界获得了大量的关注和研究，对商业模式的研究也有很多，但是由于研究领域、学科背景、研究目的、研究视角和方法的不同，关于商业模式的定义概念类型以及分类指标等问题仍存在很多类别，也没有统一的定义，都从各自不同的角度和研究领域对其进行定义。人们对于商业模式的认识是不断深化、不断发展的，基于国内外关于商业模式的定义，可从以下四个角度对商业模式进行分类，分别为：系统角度、战略角度、经济角度、整合角度。部分具有代表性的观点如表 1-2 所示。

商业模式是一个多视角、多层次的概念，不同学者研究的视角不同，对于商业模式的理解也就存在差异。通过对国际管理学界和管理咨询界公认的顶级期刊进行关于商业模式研究的文献梳理，可以发现基于价值创造视角的商业模式研究范围最广泛，影响度最大，学术界逐渐将研究的重点聚焦于价值创造类商业模式。其中以“价值”和“网络”为关键词的构成要素逐渐成为近年来研究的趋势。基于此，界定商业模式是一家企业保持核心竞争力、获取持续利润的一系列活动和结构逻辑。

表1-2　商业模式分类

视角	代表学者	商业模式定义
系统	Paul Timmers（1998）	将其视为产品、服务和信息构成的复杂商业系统，具体表现为不同市场参与者实现收入和财富创造的过程
	Amit 和 Zott（2008）	商业模式描述为一种事务组成要素的体系结构配置，这种体系结构说明了为开拓商业机会而设计的交易活动各组成部分的组合方式
	Osterwalder（2010）	商业模式描述了企业为目标细分市场所提供的客户价值，以及提供价值过程中该企业与其合作伙伴为了创造和传递价值所形成的体系结构
战略	Magretta（2002）	企业对如何通过创造价值，为客户和维持企业正常运转的所有参与者服务的一系列设想
	Shafer（2005）	商业模式是企业的核心商业逻辑，是为实现价值创造战略和获取而进行的战略选择
	Weill（2006）	对一个企业的消费者、供货商和伙伴公司之间关系和角色的描述
	王国顺（2013）	在企业特定战略环境中，通过现有资源整合以实现顾客价值，并满足企业自身价值实现的过程
经济	Dubosson（2002）	商业模式描述企业为了进行价值创造、价值营销和价值增值所形成的企业结构及其合作伙伴网络，并在满足客户需求基础上实现持续盈利
	Rappa（2001）	商业模式是企业通过给顾客提供一个优于竞争对手的价值主张，进而获取利润并持续发展的生存方式，认为商业模式明确了企业在价值链中的位置、确定了企业创造价值以及构建收益模型的方式
	Hawkins（2009）	商业模式主要描述的是企业与自身产品及服务之间的关系，是企业持续保持盈利并维持自身生存及发展的方式

续表

视角	代表学者	商业模式定义
经济	Stewart（2013）	一种公司如何盈利和维持长期利润流的陈述
整合	Venkatraman（1998）	商业模式是一种从顾客互动、资产配置及知识杠杆 3 个维度进行战略构思的协调性方案
	Morris（2005）	商业模式是一种简单的陈述，旨在说明企业如何对战略方向、运营结构和经济逻辑等方面一系列具有内部关联性的变量进行定位和整合，以便在特定的市场上建立竞争优势
	罗珉（2005）	将商业模式视为一个组织的一种战略意图，在该战略意图下企业通过对企业内部和外部各种资源及能力整合，有效地在企业、客户、员工、供应商、股东等利益相关者之间进行平衡，使企业利益与客户利益保持一致
	Sako（2012）	商业模式是企业特定的资产组合，其中关系、知识产权、人才筹资等无形资产在其中发挥着尤为重要的作用

商业模式是一个内涵复杂但条理十分明晰的框架，所以为了把握其中的运作机理和逻辑关系，需要对其构成要素进行研究。随着经济技术环境的变革发展、商业模式的不断创新，商业模式的构成要素也在改变，但是它们所代表的内涵是近似的。截至 2019 年的文献成果梳理，本书对国内外部分学者关于商业模式构成要素的不同看法进行汇总，整理如表 1-3 所示。

表1-3　商业模式构成要素

学者	商业模式的构成要素	数量（个）
Amit（2001）	交易内容、交易结构、交易治理	3
Timmers（1998）	信息流架构、利益相关者利益、收入来源	3
Markiders（1999）	产品创新、客户关系、基础设施管理、财务	4
Chesbrough etc.（2002）	价值主张、目标市场、内部价值链结构、成本结构和利润模式、价值网络、竞争战略	6
Hamel（2000）	核心战略、战略资源、价值网络、顾客界面	4
Stahler（2002）	价值主张、服务、价值体现、收入模式	4
Bjorkdahl（2009）	顾客价值、市场细分、提供、收入模式、资源、分销渠道	6
Osterwaider（2005）	价值主张、目标客户、分销渠道、顾客关系、价值结构、核心能力、伙伴网络、成本结构、收入模式	9
翁君奕（2004）	价值主张、价值支撑、价值保持	3
原磊（2007）	价值主张、价值网络、价值维护、价值实现	4
彭歆北（2008）	核心竞争力、运营模式、业务组织、资源模式、收入模式	5

续表

学者	商业模式的构成要素	数量（个）
罗珉（2005）	价值主张、核心战略、资源配置、组织设计、价值网络、产品和服务设计、收入机制、盈利潜力	8
魏炜和朱武祥（2009）	定位、业务系统、关键资源能力、盈利模式、自由现金流结构、企业价值	6
纪慧生（2010）	价值发现、价值创造、价值实现	3
李振勇（2007）	融资模式、营销模式、管理模式、生产模式	4
罗兴武（2017）	价值主张、价值评定、价值支撑、价值维护	4

通过对比，合并用词不同语义相同项，用于表达商业模式构成要素的25个要素类中，14个要素出现2频次以上，按照要素出现的频次排序，价值主张、收入模式或来源、核心能力或关键资源、客户关系类为企业商业模式的关键构成要素。

从价值主张、价值创造、价值实现的视角看，不同学者对商业模式的构成要素的解释有一定的差异，商业模式构成要素体现了多样性特征。其中一些学者提到了产品或服务、关键业务、使命、交易内容、价值内容、企业定位等与价值主张有关的要素，在商业模式价值主张维度指标选取方面，一些学者分析了过程、核心资产、核心能力、资金流、生产模式、技术等价值创造等要素，另一些学者考察了目标市场、目标客户、市场等价值传递要素，还有一些学者梳理了收入来源、成本结构、收益等价值实现要素，为商业模式创新的要素观奠定了研究基础。商业模式的要素构成研究，形成了如下共识性观点，商业模式的构成要素是一个有机整体，商业模式构成要素之间需要相互匹配，商业模式构成的内外要素相互作用是获取持续利润的结构逻辑。

基于上述对商业模式与商业模式构成要素的研究成果比较，商业模式构成要素的相关研究显得更为具体。研究商业模式组成要素目的在于打开商业模式这一“黑洞”，构建一个能具有相对普遍性的分析框架，进而能更好地认识、利用商业模式指导企业实践，有关商业模式构成要素的研究仍将随着经济技术的变革不断扩展。

通过商业模式概念和商业模式构成要素的文献梳理，可以推定商业模式是一个整合的无序变量，这一整合的无序变量因企业所面临的环境和企业类型的不同，其所组成的构成要素和内涵也有所不同，但商业模式的本质是企业试图通过选择什么样的系列活动和结构逻辑保持核心竞争力、获取持续利润。物流企业商业模式所带来的价值具体体现在客户对服务的满意程度层面。

1.3　商业模式创新及其基本方法

商业模式创新是改变企业价值创造的基本逻辑以提升顾客价值和企业竞争力的活动，既可能包括多个商业模式构成要素的变化，也可能包括要素间关系或者动力机制的变化。

商业模式的创新必须以商业模式作为本体，同时促进其模式创新。虽然商业模式的创新可以有效地解决企业丧失竞争优势的问题，但是商业模式的创新不能仅仅从企业自身获得利益，实现发自身展的狭隘角度出发，必须将新的价值创造体系引入商业生态模式中，实现企业自身以及利益相关者的价值创造，实现共赢。创新的商业模式必须将商业模式作为本体，应以创新为核心。创造能提高技术、产品等综合创新能力的商业模式，提高企业整体竞争力，提供高质量产品和服务，吸引新需求和新的消费者，优化经营结构，促使企业可持续发展。

商业模式创新的目的有以下四种：①满足未被响应的现实市场需求；②将新的技术、产品或服务推向市场；③用更好的商业模式来改进、颠覆现有市场或者推动其转型；④创造一个全新的市场。对于成熟企业来说，商业模式创新活动通常是其当前商业模式和组织结构的一种映射。

企业进行商业模式创新通常会源于以下四种动机之一：①当前商业模式的危机；②为了适应环境的变化，调整、改进或者捍卫当前的商业模式，仅对现有商业模式进行调整；③将新的技术、产品或服务推向市场；④为未来做准备，开发和验证最终可能取代当前商业模式的全新商业模式。

商业模式的创新必须得到更多企业的关注和重视。因为拥有商业模式创新能力的企业可以通过建立优秀的商业模式，推动技术创新、管理创新等多方面创新，提高企业的创新能力，保持强有力的竞争优势，获取发展机会。商业模式的创新可以增加企业的竞争优势，提高综合竞争能力，适应市场激烈竞争，打败对手，提高市场占有率，实现企业的健康可持续发展。企业可以通过重新进行价值定位，更新价值理念，实现商业模式的创新；整合内外资源，提高资源利用率和企业能力，提供增值服务，以及高质量的产品和服务，满足客户需求，创造共赢局面，实现企业和利益相关者的利益最大化。所以商业模式的创新是时代发展的要求，势在必行。

商业模式的创新有两个途径可以实现：一是通过优化单个要素以实现商业模式的变革，二是通过改变构成要素的相互关系或寻找新的动力机制来推动商业模式的创新。商业模式创新问题的解决程序要求遵循一定的合理顺序，并且有计划的处理相关创新问题。以程序结构为基础的商业模式系统开发是具有一定规律的。在具体的操作层面上体现为：一是利用设计人员找出物理矛盾；二是辨别物理矛盾和技术矛盾的相关部分；三是通过改变相关部分解决物理矛盾，化难为易。

商业模式创新的基本方法有画布法与 BMI 轮式框架法。

商业模式创新画布。亚历山大和伊夫（2018）认为商业模式创新是可以设计的，并且有一定的流程可循。每一个商业模式的设计都是独特的，需首先分析自身的挑战、障碍和关键资源。任何组织开始意识到某项问题对其商业模式很重要的时候，可能是基于自身不同的出发点、不同的背景和目标。亚历山大和伊夫提供了一个商业模式创新的基础模板，任何组织都可以根据自身的情况进行再调整。该基础模板可视作一个商业模式的流程，有五个阶段：动员、理解、设计、实施和管理。在该理论中，核心部分是商业模式的设计阶段。

动员阶段是为商业模式创新活动所做的资源准备，统一商业模式创新意识和动机，构建商业模式创新的规范语言描述。

理解阶段是对商业模式创新活动的需求、目标、类型、客户、场景、环境等知识与工具方法的学习、吸收、理解。

设计阶段是将前一阶段的信息和创意转化为可被开发和验证的商业模式模型，选择商业模式设计工具，开展商业模式设计。在设计阶段不仅会要熟悉并把握商业模式设计工具的实务特点，还会综合运用构思、蓝海战略、头脑风暴等多种工具。

实施阶段是执行、实施所选的商业模式设计。

管理阶段是建立管理组织构架来持续地监控、评估、调整或改变你的商业模式。管理是在商业模式的演进过程中，构思与实务形式的比照调整，采用视觉化思考、场景假设进行商业模式评估改进。

商业模式画布是一个视觉化的商业模式分析工具，用来帮助企业进行发展预测分析，进行商业模式创新，以及确定战略规划。

商业模式画布的使用者需要按照一定的顺序展开，首先要了解目标用户群，再确定他们的需求（价值定位），想好如何接触到他们（渠道），怎么盈利（收益流），凭借什么筹码实现盈利（核心资源），能向你伸出援手的人（合伙人），以及根据综合成本定价。商业模式画布的特征是将商业模式中的元素标准化，并强调元素间的相互作用。

代表性的商业模式画布包括 9 个要素，如表 1-4 所示。

表1-4　商业模式画布要素说明

要素名称	说　明
客户细分（CS）	Customer Segments，即公司所瞄准的消费者群体，这些群体具有某些共性，从而使公司能够（针对这些共性）创造价值
价值主张（VP）	Value Propositions，即公司通过其产品和服务所能向消费者提供的价值，价值主张确认公司对消费者的实用意义
渠道通路（CH）	Channels，即公司用来接触消费者的各种途径，阐述了公司如何开拓市场，涉及公司的市场和分销策略
客户关系（CR）	Customer Relationships，即公司同其消费者群体之间所建立的联系
收入来源（RS）	Revenue Streams，即公司通过各种收入流来创造财富的途径
核心资源（KR）	Key Resources，企业所控制的，能够使企业构思和设计好的战略得到实施，从而来提高企业经营效果和效率的特性，包括全部的财产、能力、竞争力、组织程序、企业特性、数据、信息、知识等
关键业务（KA）	Key Activities，是企业成功运行所不同于其他企业配置资源的业务活动
重要合作（KP）	Key Partnership，公司同其他公司之间为有效地提供价值并实现其商业化而形成的合作关系网络
成本结构（CS）	Cost Structure，成本核算、成本导向化

商业模式创新活动可以遵循价值主张—客户细分、价值主张—渠道通路—客户细分、价值主张—客户关系—客户细分、客户细分—收入来源—价值主张、关键业务—价值主张、核心资源—价值主张与关键业务、重要合作—核心资源与关键业务、重要合作—成本结构—价值主张的逻辑次序开展，如图 1-1 所示。

商业模式创新（BMI）轮式框架。由市场吸引力、独特的价值主张、盈利模式、销售业绩模式、持久的竞争优势、创新因素和避免隐患和平稳优雅地退出等八部分组成的 BMI 轮式框架可以实现对商业模式有效性的分析，以及改进或创造新的商业模式。运用 BMI 轮式框架可以帮助企业梳理商业模式逻辑流程，企业回答问题，并合理区分它们的重要性，发现问题，对商业模式进行调整，从而达到商业模式创新的目的，BMI 轮如图 1-2 所示。

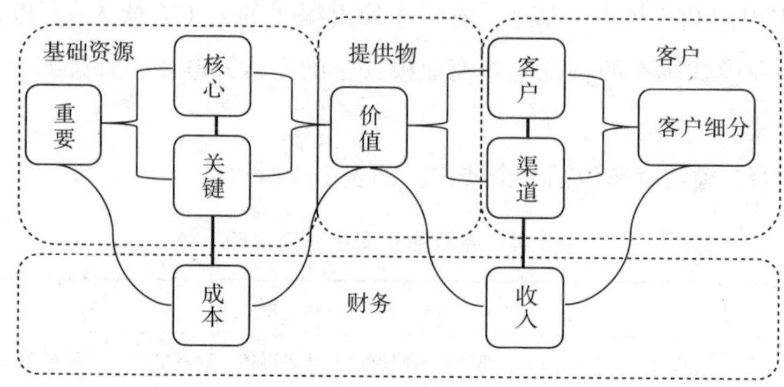

图1-1 商业模式画布

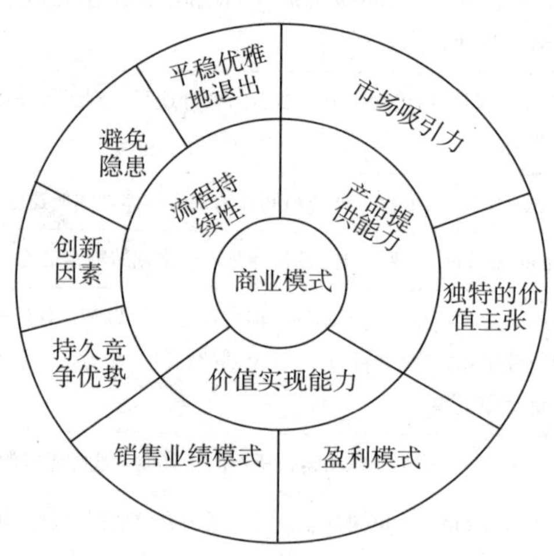

图1-2 BMI轮

企业商业模式创新，可借由BMI轮的八个要素评估，展开针对特定要素的创新活动，以获得企业商业模式的创新设计。

市场吸引力，指将产品卖给合适的大众市场、利基市场和客户，能够对盈利能力产生重大影响的问题和回答。

独特的价值主张，所提供的产品或者服务能否结合客户具体需求？客户在选择该产品时，是否能够完全获得满足感？产品为客户提供的价值是否远超其成本？产品是否涉及无服务或服务水平较低的市场？

盈利模式，销售该产品企业能获得多少利润？出售的不同产品间的相互作用如何影响企业的盈利能力？企业具有成本优势吗？企业的收入究竟是可重复实现还是一次性的？销售该产品企业能获得多少利润？出售的不同产品间的相互作用如何？市场上是否有其他类似产品？

销售业绩模式，企业是否能如预期销售那么多产品？是否能够通过市场营销吸引更多的消费者？或者说是否需要在销售方面投入大量精力，才能将产品推向市场？企业能创造一个有效且能重复使用的销售流程吗？

持久的竞争优势，企业是否拥有具有核心竞争力或者相较其他竞争者较为完善的竞争优势，比如成本优势、差异化或获取资源的能力？模式能否让自己保持并继续发展这些优势？是否有更加强大的竞争对手进入了市场？购买者的议价能力是提高还是降低了？

创新因素，每个企业都需要创新，但应该采用多大的创新力度呢？如何考虑创新度的问题？

避免隐患，即便企业拥有一款优秀的产品，有能力以高利润向一个非常完美的利基市场进行销售，企业的商业模式可能还是存在问题。比如政策的影响，例如航空业会受到航空政策的影响，公司地理位置是否合适市场的发展，快消品制造公司是否对潮流和时尚过度依赖等，这些因素都有可能危及商业模式。

平稳优雅地退出，企业（尤其是中小型企业）能够将多年的运营成果转化为现金或收入流。中小型企业不存在公开发行的股票，无法让所有者保持灵活状态。因此如何将利润转化为现金也是非常重要的问题。

1.4　物流企业商业模式创新类型

在新经济环境和新技术辈出的环境下，物流企业作为满足客户战略性需求以帮助客户建立竞争优势的利益相关者，商业模式创新成为其立足于未来市场的不二选择。现代工业物流企业商业模式的发展经历了三个阶段。第一个阶段，量贩式微利发展模式阶段，角色定位是以产品为导向的产品提供商，功能特征为大规模采购、国内贸易、国际贸易、运输仓储与配送；第二个阶段，嵌入式服务增值模式阶段，角色定位为以增值服务为导向的增值服务提供商，功能特征为电子商务、供应链金融、增值贸易、物料加工；第三个阶段，集成式综合服务模式，角色定位为以产品服务供应链整合为导向的集成服务提供商，功能特征是供应链整体解决方案（王岚，2014）。

物流企业的商业模式创新应关注企业本身的盈利模式、运作模式、客户感知的服务价值。物流企业商业模式的内涵是在一定的市场环境下，结合物流企业的内外部资源，优化组织流程以及业务设置，合理运用和协调各项相关要素，形成能产生并传递最大客户价值的高效、可持续的解决方案。物流企业商业模式的创新过程为创新动力—创新途径—创新绩效，其中创新动力的源泉是技术推动、需求拉动和环境推动。创新途径的要素是内容、结构、治理、效率、新颖性、互补性和锁定，其中效率是指企业减少交易过程成本以提高交易效率的措施，新颖性是指改变相关要素之间交易关系的新方法，互补性是指企业向客户提供的更为经济具有互补效果的多种类产品或服务，锁定是指与客户进行重复交易的程度。创新绩效的评价指标为运营效率、服务客户的价值、财物价值（李靖华、叶浅吟，2013）。

物流企业的商业模式创新是围绕企业对环境的适应性而展开的资源和能力优化组合的过程。物流企业商业模式创新的动态环境与企业绩效关系表明，对后创企业而言，外部环境因素对商业模式创新的正向影响大于内部环境因素。对成熟企业而言，内部环境因素对商业模式创新的正向影响大于外部环境因素。环境的动态影响通过商业模式创新的中介作用实现了企业价值增值。物流企业商业模式是一个企业为了创造新价值而建立的与利益相关者关联的动态生态系统，新价值包括动态价值和相对静态价值。动态价值由新理念和团队进化要素构成，相对静态价值由关键资源能力、业务系统和盈利模式三个要素构成，关键资源能力重构是企业商业模式创新的一块基石，包括实物资源、人力资源、知识资源、金融资源（王利、马胜铭、李莹，2017）。

在物流企业商业模式方面，研究者从不同的视角分别给出了低碳物流商业模式、物流信息平台商业模式、共同物流商业模式、物流园区商业模式、物流金融商业模式五种主要类型。

低碳物流商业模式。低碳物流是指在物流过程中以低能耗、低污染、低排放为目标，利用能效技术、可再生能源技术和温室气体减排技术等减少物流活动中的碳排放，降低物流活动对环境的污染，提高物流资源利用效率的物流活动方式。在低碳经济的大背景下，低碳物流成为物流企业转型发展的必要条件和战略选择。低碳物流商业模式的要素是低碳运输、低碳仓储、低碳流通加工、低碳装卸搬运、低碳包装、废弃物回收，低碳物流的发展趋势主要有物流活动的减量化模式、物流活动的循环化模式、物流活动的低碳化模式（徐旭，2011）。低碳物流商业模式创新的内涵是物流企业通过建立高效的信息配载平台，为发货方和运输方提供配对信息（时间、出发地、目标地、运输空间剩余、其他要求等），以达到充分利用运输空间，提升运输效率，实现发货方与运输方双赢的目标，可从初创期、成长期、成熟期三个阶段分别实现低碳物流商业模式的资源配置与盈利来源（黄山，2015）。

物流信息平台商业模式。物流信息平台是信息和通信技术在跨组织物流运作中的一种应用形态，是物流企业以及相关部门之间进行信息交换以改进组织间协调机制、提升物流运作效率的媒介架构。目标市场、价格撮合、运营策略、信息发布、盈利模式、流程整合六个要素的差异性导致了电子商务型、鼠标加水泥型、民营主导型、国有主导型四种信息平台模式的不同特征。物流信息平台运营初期的目标市场是中小企业，灵活的价格撮合机制是吸引和保留客户的可行策略，政府协会、企业联合会是我国物流信息平台建设的可行选择，隐私保护和信用机制、差异化服务、基于云计算的流程整合是必要条件（吴勇等，2013）。基于云生态的物流信息平台服务模式特点是物流信息平台作为开放平台连接各物流服务提供方、各物流需求方和其他相关组织机构，实现物流服务的线上集成（邢大宁等，2016）。物流信息平台运营方为双边（多边）市场服务，一方面，平台方和各物流服务提供方组建物流联盟共同对物流需求方提供包括物流服务方案设计、在线交易、协同物流信息化运作与管理等“一站式”综合物流服务，另一方面，平台方通过对物流需求进行云计算和大数据分析，为各物流服务提供商提供物流需求信息匹配，在线交易、物流信息化软件租用服务。平台方的核心业务在云计算、服务质量标准的监督考核、统一结算、统一客服、信息共享，各物流服务提供方的核心业务是物流业务的精细化管理和协同运作。

共同物流商业模式。共同物流是指两个或两个以上的经济组织，为实现物品流通的相关作业而共享物流资源、共同运作物流设施与设备、共同管理物流体系的战略联盟式管理模式。企业资源理论和交易费用理论的观点是，在资源与成本约束下最有效的物流组织安排是共同物流，物流联盟和物流虚拟企业是两种具有互补关系的运行模式（欧阳小迅、黄福华，2011）。从技术驱动和细分市场视角看，共同物流商业模式是供应链一体化服务、信息服务的内涵与范围扩展，供应链金融服务、知识发现与知识共享、链式网络合作、基于云技术的合作平台、共同物流客户的需求管理等是共同物流商业模式的创新路径（周敏、黄福华，2013；陆春华，2016）。

物流园区商业模式。《全国物流园区发展规划2013—2020》定义物流园区是物流产业规模化和集约化发展的客观要求和必然产物，是为了实现物流运作的共同化，按照城市空间合理布局的要求，集中建设并由主体统一管理，为众多物流企业提供基础设施和公共服务的物流产业聚集区（《全国物流园区发展规划》，2013）。物流园区是国家重点扶持的服务型行业，具有商用地产的售转租特征，物流企业通过产业投资和金融手段参与物流园区的建设，可采用标准开发模式、客户定制模式、收购回租模式、服务增值模式等实现园区与投资主体——物流企业的价值链扩展（叶琳，2016）。

物流金融商业模式。物流金融是指物流企业与金融机构合作，基于物流企业的运营特征和纽带作用，以供应链节点企业所从事交易项下的担保物，对企业资金投放、商品采购、销售货款回收等运营过程的物流和资金流进行锁定控制或封闭管理，以商品或资金流所产生的自源性现金流实现对银行或物流企业融资额偿付的一种增值服务业务。物流企业参与或主导的物流金融业务模式主要有三类：一是基于交易关系的预付款融资业务模式，二是基于存货的物流金融业务模式，三是基于应收账款的物流金融业务模式。物流企业参与或主导的物流金融业务无论是作为商业模式的构成要素还是作为物流企业商业模式的运营过程，或物流企业价值链的延伸，都可能会给物流企业带来价值增值（李占雷，2018）。物流业与金融业的协同可以催生三种物流金融协同创新商业模式，基于银保合作的“低碳物流金融模式”、基于动产质押的“智慧物流金融模式”、基于物流联盟的“联保物流金融模式”（唐建荣等，2016）。

物流企业商业模式创新的研究，无论是基于商业模式与企业价值增值的规范研究范式，还是案例分析的实证研究方式，都论证了物流企业商业模式创新是以物流企业对环境适应性为核心，通过价值创造、价值主张、价值获取三个维度对资源和信息进行优化组合，在满足客户需求的同时为企业获得持续竞争优势和盈利的过程的共识性观点。物流企业商业模式创新研究可从价值创造、价值主张、价值获取三方面结合环境技术的变革展开。

第2章
技术创新与物流企业商业模式创新

基于物流企业商业模式创新的市场竞争、技术创新、消费者需求、市场机会、国家政策五类外部动力，企业能力、服务质量、企业文化三类内部动力，构建物流企业商业模式创新的系统动力模型，以技术创新动力为切入点，通过系统动力方程和系统仿真分析，论证技术创新这一商业模式创新关键要素对物流企业商业模式创新的动力支持（张天译，2019）[1]。

2.1 物流企业商业模式创新的动力逻辑

在市场竞争中，任何类型的企业改革行为都不是自发的，都有其自身的原因和动机，物流企业商业模式同样如此。以物流企业的商业模式为研究课题的成果中，切入视角为物流企业商业模式创新的系统动力相对较少。企业对自身商业模式进行创新的意愿非常重要，这种意愿是创新的前提条件，对企业商业模式创新意愿的分析有助于有效地开展商业模式创新，商业模式创新的概率会更高。以企业边界为划分标准，将物流企业商业模式创新的动力分为内部动力和外部动力两大部分。

企业商业模式的创新不是一项企业自发的激励行动，它是源于企业发展过程中遇到的困境以及同行间的巨大竞争压力产生的企业被动行为，其前提是企业旧的商业模式已无法支撑企业的持续性发展。如果企业经营环境很不明朗，在技术层面很不稳定，而且需求也增多，那么企业基本上就会选择去创新自身的商业模式。从环境的角度来分析，市场给企业提供的机会越多，且涉及物流企业的法律法规越来越全面规范，那么企业就能够更加容易地进行商业模式的创新，市场所带来的竞争压力也对企业商业模式创新的动力具有推动性支撑。

[1] 硕士生参与课题的阶段性成果：张天译，物流企业商业模式创新的系统动力研究［D］. 邯郸：河北工程大学，2019.

2.1.1 物流企业商业模式创新的外部动力源

（1）市场竞争。市场竞争压力越大，物流企业就越容易完成对商业模式的创新。国内市场的开放程度越来越高，大量的国际知名物流企业来华投资建厂，这些知名企业拥在技术方面具有优势，而且非常善于物流管理，这就给国内的物流企业带来了巨大的竞争压力。所以我们的物流企业必须另辟蹊径，必须在旧的商业模式基础上创新。2006 年 IBM 对世界范围内 765 家公司高管的调查发现，有约 40% 的公司高管担心竞争对手的商业模式创新会从根本上改变行业前景，因此，公司高管们希望自己的公司能够参与并掌控这种创新。竞争给企业带来压力，当这种压力累积到一定程度时，企业就会产生商业模式创新的需要（Venkatraman，2008）。

（2）技术创新。技术是社会进步的重要支撑，所以技术的先进性对物流企业的发展至关重要，网络信息方面的新技术加快了企业对于自身商业模式的改革与优化（Timmers，1998）。对 IT 领域样本企业的研究发现，这些企业在对自身商业模式进行改革优化的时候，相应的一些新技术就发挥着非常关键的作用，制药工程领域的研究也发现技术的升级换代对制药企业的商业模式改革优化非常有利（Alfonso Gambardella，2009）。在零售界，沃尔玛对自身商业模式的改革优化就是非常成功的，这主要是因为沃尔玛对先进技术的使用，它建立了庞大的数据库，对消费信息有着全面细致的掌握。先进的技术能够让合作产生出更大的价值，而且构成了商业模式改革优化的基础（Xavier，2005），技术的升级换代对物流企业的商业模式创新至关重要。

（3）消费者需求。物流市场上消费者需求的波动性有利于企业商业模式的改革优化。社会物质生活越来越丰富，消费者的需求越来越多元化，对物流行业的发展提出了挑战。消费者的需求不仅变得更多，而且需求的种类也日益增多。物流企业既能给消费者带来物流上的便利，也能满足消费者更多种类的消费需求。因此，物流企业就必须对自身的商业模式进行创新（蒲国利，2011）。需求的波动性和商业模式创新间具有的内在联系，绝大多数企业是为了更好地实现更多种类的消费需求才去进行商业模式的创新，企业对自身商业模式的创新是非常依赖消费者消费需求波动性的。

（4）市场机会。市场所提供的机会越多，物流企业就越容易完成商业模式的创新。市场虽然带来了巨大的竞争压力，但同时也能提供更多的机会。那些商业模式取得了较高收益的企业，不代表它们企业资源的丰富，也不代表制定的目标有多清晰，只是因为它们把握住了市场所提供的机会，找到了非常适合自身的定位，所以才在企业竞争中取得了巨大的优势。21世纪初期金融危机里面幸存下来的企业，多数都完成了商业模式的创新，他们把握住了危机所带来的机会，大力开展创新，不仅幸存下来，而且还比危机之前发展得更好（Zhenya Lindgardt，2015）。对跨国公司的研究表明，保持总公司发展模式不变的分公司基本上都破产了，而得以生存并且发展得更好的分公司，基本上都是顺应市场变化并且成功地实现了商业模式创新的公司。由此可见，市场带来的机遇对企业商业模式的创新来说是非常重要（王生金，2013）。

（5）国家政策。国家出台的一系列物流法规及政策对企业商业模式创新的作用很大。交易成本理论指出，企业取得的利润，要么是企业在生产过程里花费的成本低于市场上的平均水平，低成本产生的利润，要么是企业在生产过程里花费的成本高于市场平均水平，因产品的高质量能够卖出更高的价格，所以产生了利润。国家出台的物流法规政策对企业利润的影响通常都是前者。有政策的保障，物流企业就能够更加充分有效地利用各种资源。西方学者戴维·伊斯顿的观点是：市场很难凭借自身去实现资源的有效利用，必须有政府层面的支持才行，由此可见，政策支持对于实现资源的有效利用是非常关键的。政策是一种为了达到目的而制定的国家性的实施方案，政策是国家执政机关为了完成历史任务而制定的行动规范。物流企业的相关政策是政府在法律法规层面对物流企业做出的支持和保障，它保障着物流企业的良性运转。

2.1.2 物流企业商业模式创新的内部动力源

（1）企业能力。企业自身的能力对创新工作来说非常重要，企业自身的能力体现在多个方面，比如企业的领导者视野、企业的市场适应能力以及企业的管理水平等。企业的领导者在进行预测和决定的时候必须要果断准确（王艳萍，2002），企业管理者必须要有前瞻性的目光，要有敏锐的洞察力，而且企业管理者要敢于创新和探索（朱红恒，2005），企业管理者只有具备这样的能力和精神才能成功地完成企业商业模式的创新。组织能力对企业而言同样非常关键，企业的竞争力强不强主要看组织能力的水平。如果物流企业很善于去协调环境和控制市场，那它就能留住大量的潜在客户和老客户，这样就能把进行商业模式创新的不利影响降到最低。企业如果具备很强的跨区经营能力，就能保证企业在完成商业模式创新以后取得稳定的经营效益，而且还有助于企业进一步地去扩大自身的经营规模。

（2）服务质量。物流服务质量的好坏对于企业商业模式创新来说非常关键。7Rs理论就对物流服务质量进行了细致的研究，该理论的观点是，在对的时间里把最好的产品用最合理的价格和最合适的数量送到需要的目的地，交给正确的人。物流服务质量越高，该理论就越能得到充分的证明，从而让企业拥有更好的企业形象，这对于企业商业模式创新来说至关重要（桂华明、马士华，2006）。如果物流服务质量很差，客户就会越来越少，那么物流企业就没有动力去进行商业模式的创新，导致老客户也会纷纷离开。

（3）企业文化。企业文化必须是全体员工都拥护的，而且能在思想和精神方面给员工带来帮助和引导，这主要依靠组织来体现。企业文化的渗透性越强，员工们就会越团结，公司的凝聚力就越强，企业就能更加健康地持续发展。外国学者霍兰德的指出，一个企业如果很成功，那么它肯定有着独具特点的企业文化（晏双生，2004），验证了企业文化对自身商业模式进行创新的动力作用。在创新的过程中，企业文化可以让改革者们更加明确自身在做决定的时候需要注意的问题。企业文化能够让企业可持续的发展，而一旦企业遇到了重大危机，企业才会重新思考自身的价值观（周修亭，2001）。处在变革年代的物流企业，在对自身商业模式进行创新之前必须先完成企业文化的创新，这样才能营造出更好的创新环境，才能确保商业模式创新的成功（魏宝兰，2007）。

2.1.3 物流企业商业模式创新的动力源识别

对物流企业商业模式关系的动力源识别可采用内容分析法。内容分析法是站在客观、系统以及定量的角度来进行分析和研究的方法，文献是具体的分析对象。内容分析是指一层又一层的推理，从本质上来说，就是分析和研究传播内容所蕴含的信息，并探究其变化，利用表征的词句层层推理出精确的信息。早期内容分析法是运用自然科学演变而来，通常都是量化分析和研究这些文献，然后把非定量的文献材料转变成为定量的资料，按照这些资料来展开推理判定事实。由于互联网的出现，导致传播的内容信息量越来越庞大，采用这样的分析方式，可以排除外界干扰来更好地处理数据，内容分析法业已成为社科管理领域实证研究有效工具。

鉴于商业模式创新所包含信息的非量化、时间跨度大等特征，不适合采用专家咨询、统计分析等传统方法（王霞、郭兵，2012）。利用内容分析法对文献内容做客观、系统和量化的描述，可将“用语言而非数量表示的文献转换为用数量表示的资料”，并可采用统计数字描述分析结果（马文峰，2000）。

基于物流企业商业模式创新的内外动力源，采用内容分析法，对含不同动力源和

"商业模式创新"主题的文献做定量分析，找出上述 8 种动力源在知网中的检索频率，选择出现频率最高的动力源作为物流企业商业模式创新系统动力的关键要素。选取的数据来自中国期刊网全文数据库，检索的关键词为"动力源（市场竞争、技术创新、消费者需求、市场机会、政策、企业能力、服务质量、企业文化）"+"商业模式创新"。

以 1994 年至 2019 年在期刊、会议和博硕学位论文上有关商业模式创新的文章为样本，共查到 5661 篇商业模式创新的相关文章，再对 5661 篇文章分别按不同动力源的主题词进行检索，如检索"市场竞争商业模式创新"，得到检索篇数为 253，因此市场竞争这一动力源的检索数为 253。依次检索其他七个动力源：技术创新、消费者需求、市场机会、政策、企业能力、服务质量和企业文化。检索结果如表 2-1 所示。

表2-1　商业模式创新动力源分析

动力源	外部动力源					内部动力源		
	市场竞争	技术创新	消费者需求	市场机会	政策	企业能力	服务质量	企业文化
篇数	253	855	144	24	10	55	6	34

由表 2-1 可以看出，商业模式创新动力源的研究热点主要集中在外部动力源，其中企业的技术创新被学者提及次数最多，基于此，拟从排序最高的企业技术创新动力为主线研究物流企业商业模式创新的系统动力问题。

2.1.4 物流企业商业模式的技术创新动力

从创新思维出发，运用目前所掌握的知识和物质条件，在相应的环境下，满足社会理性化的需要，然后研发出新的事物来获取相应效益的行为，但是创新的事物并不仅仅限定于产品，还可以围绕方法以及元素、路径等方面入手。一般来讲，对于创新这个词语，人们的理解是把已经存在的知识或物质，通过特定的手段和方法，进行升级或者是创造新的事物，并且创造的新事物能被有效利用或广泛推广。熊彼特的创新理论指出，创新就是建立一种新的生产函数，把一种从来没有过的关于生产要素和生产条件的"新组合"引入生产体系。这种新组合包括 5 种情况：①用一种新产品或一种产品的新特征；②用一种新的生产方法；③开辟一个新市场；④取或控制原材料或半制成品的一种新的供应来源；⑤现任何一种工业的新的组织。这个观点论证了将技术创新引入经济组织，形成新的经济能力的经济学逻辑。

Solo（1951）在《在资本化过程中的创新：对熊彼特理论和评论》一书中，定义技术创新是新思想的来源和后端的实现发展过程的“两步论”，“两步论”被认为是技术创新概念研究的一个里程碑。此后，许多的学者加强了对技术研究创新的宏观和微观、纵度和广度的研究，技术创新成果日渐丰富。学者对技术创新的研究成果可以归类为如下两种观点：

其一，技术创新是绝对的技术手段，将创新的目的看成是技术的进步和发展。这个观点认为，技术创新是产品研发的进步和手法上的改进，其重心是研发，是技术手段的进步。

其二，技术创新是一种单纯的经济行为，更关注创新的现实应用和市场前景。这种观点意味着，市场的需求会引导着创新的发展方向，只有具备良好市场价值的创新才是有意义的。这种认知的理论范式突破，强化了技术开发成果的市场成功以及技术创新对经济增长可靠的技术保证性。

综上观点，技术创新是一个从产生新产品或新工艺的设想到市场应用的完整过程，它包括新设想的产生、研究、开发、商业化生产到扩散这样一系列活动，本质上是一个科技、经济一体化过程。

商业模式创新和技术创新是两类典型的企业创新模式。从涵盖的范围角度看，商业模式更关注实际价值和市场前景，事关企业全局，涉及众多的参与者，商业模式维度的变化牵一发而动全身，一个要素的改变也会带动其他要素的改变。商业模式的创新是对要素组合、核心资源配置、持续价值增值能力的变革，其企业的可持续发展具有深远影响。

技术创新所涵盖的范围相对要小，它的实现一般是由专门的技术人员进行研究和测试，技术创新对企业的影响主要在产品的生产和升级层面。表面上来看，技术创新和商业模式创新相比影响较小，但技术创新事关企业的竞争力和综合实力。从投入的成本来分析，商业模式的经济风险相对技术创新要低，技术创新投入大、风险高，不一定会有回报。技术创新本身就是一种不可预知的研发成本投入，中途基本没有退出的可能。一旦研究开始就要坚持到底，研发周期之长，成本投入之高，使得很多人望而却步。

从创新动机的视角看，商业模式创新的动机是复杂市场环境的时变性，客户需求的多样性与变动区属、新技术新环境新新市场等要素的变革、企业战略方向的调整等。技术创新的动机是市场对新产品、新工艺、新服务、新应用的需求。技术创新所带来的产品升级借由商业模式创新实现产品的商业价值，相互交替的螺旋上升过程支撑企业的持续价值增值。

从泛化的创新视角看，技术创新是商业模式创新的一个关键要素，商业模式可持续价值增值的获取离不开有效技术创新的支撑。一个企业的技术创新的有效性取决于商业模式要素的价值主张、核心资源和客户需求，技术创新与是商业模式创新的有机协同是企业取得持续价值增值的一条逻辑路径。

2.1.5 商业模式创新系统动力学方法的适用性

系统动力学是站在微观的视角去构建系统模型，它运用回路来解释系统的结构，用逻辑关系和流图来描述系统各组成部分之间的内在联系，用方程来确定系统各组成部分间的数量关系，用专业的仿真软件来实现模拟研究。整个研究过程都是将数学模型转化成相应的软件程序，然后通过计算机来进行仿真研究。

系统动力学对问题的理解是基于系统行为与内在机制间相互依赖的紧密关系，并且透过数学模型的建立与操作，逐步发掘出产生变化形态的因果关系，系统动力学称之为结构。所谓结构是指一组环环相扣的行动或决策规则所构成的网络，这一组结构决定了组织行为的特性。

系统动力学观点认为，系统的基础单元就是反馈回路，即耦合系统状态、速率和信息的一条回路。社会经济系统的组成部分和回路以及决策等非常相似，它们的运动模式和流体在回路里的运动特征是相似的。流体在流动的时候造成积累，产生压力的过程，类似于信息传导到决策者，决策者通过对信息的分析以及评估做出决策，从而改变信息积累的程度。任何物质和信息的传导都是需要时间的，所以不可避免地存在延迟，延迟的出现就导致了系统状态的不稳定，这就意味着系统控制的难度更大，控制的过程中也更容易出现不稳定的因素。

系统动力学逐渐成为调研和解决企业复杂管理系统问题的关键方法之一。构成系统动力学模式结构的主要元件包含下列几项，“流”（flow）、“积量”（level）、“率量”（rate）、“辅助变量”（auxiliary）（Forrester，1961）。这些元件与商业模式的构成要素性质一致。商业模式是由要素构成的，无论 6 要素观还是 9 要素观，通过商业模式画布都可以看出要素及其关系的特性：①要素并不是独立存在的，而是相互联系；②都是按照有机框架结合多样的商业形式系统；③要素的联系有多种层次结合、多重形式表现的特点；④根据商业模式现状，要素和要素之间的关系也通过多元化和纵深化的展现方式变得丰富起来。

物流企业的商业模式创新是一项系统工程，物流企业商业模式创新系统作为一种丰富的、非线性的系统，按照经济学的基础原理，经济模式对它自我进步产生深远的影响，但是经济模式就是经济结构的里面的动作框架和回馈机构。从这种观点看，系统动力学应用与物流企业商业模式创新是使用的。

2.2　物流企业商业模式创新系统动力模型

技术创新是物流企业商业模式创新的一种关键动力，引入定量的系统动力学研究方法，界定基于企业技术创新视域的物流企业商业模式创新系统边界，构建基于企业技术创新视角的物流企业商业模式创新系统动力模型。

以企业技术创新为动力的物流企业商业模式创新是一个企业内部与外部环境相互作用下的开放系统。物流市场环境的时变性，对物流企业的管理提出了挑战。物流企业在企业技术创新的基础上，基于时刻变动的环境，利用原有商业模式所提供的重要基础和支持，不断地进行价值创造活动，创造出持续不断的收入，进而促生新的商业模式。基于企业技术创新和物流企业商业模式的相关理论研究，建立概念模型如图 2-1 所示。

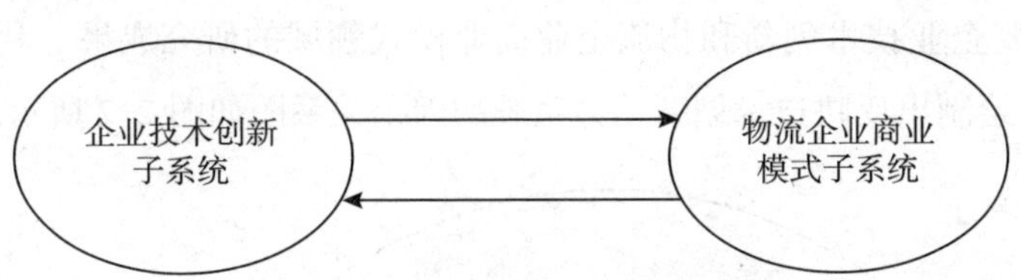

图2-1　技术创新动力概念模型

图 2-1 是基于企业技术创新的物流企业商业模式创新系统动力概念模型。该模型表明，基于企业技术创新的物流企业商业模式创新动力系统由企业技术创新子系统和物流企业商业模式子系统组成，这两个子系统协同演化成为基于企业技术创新的物流企业商业模式创新动力系统。

基于企业技术创新的物流企业商业模式创新动力系统模型，界定系统的边界。

企业技术创新子系统。企业技术创新是由组织系统、规则系统、资源配置系统与决策系统相互作用所构成的有机整体，其中每一要素的性质或行为都将影响到整体的性质和行为，牵一发而动全身，系统的每一要素都起作用。广义的企业技术创新是以创造新技术为目的的创新或以科学技术知识及其创造的资源为基础的创新。基于研究的目的，界定技术创新是指企业生产技术的创新，包括开发新技术，或者将企业已有的技术进行应用创新。从系统复杂性分析和相关性分析来看，企业技术创新子系统所包含的要素有：企业研发及投入、企业研发创新人员、企业创新意愿、新技术。

物流企业商业模式子系统。物流企业的商业模式创新是改变物流企业价值创造的基本逻辑以提升顾客价值和企业竞争力的活动，既可能包括多个商业模式构成要素的变化，也可能包括要素间关系或者动力机制的变化。通俗而言，是指物流企业盈利和生存的模式。从系统复杂性分析和相关性分析来看，物流企业商业模式子系统的变量体现在企业的市场竞争力、盈利水平的提高等维度，物流企业商业模式子系统所包含的要素有企业规模、企业利润、企业总资产、市场占有量。

企业技术创新和物流企业商业模式两个子系统相对独立，通过相互影响进行着动态演化。企业技术创新子系统描述的是物流企业根据商业模式的现状，促进企业实现技术创新的过程。物流企业商业模式子系统描述的是物流企业通过对技术创新成果的消化，实现商业模式创新的过程。企业技术创新是企业竞争优势的来源，企业运用先进的科学技术改进现有生产工艺和组织方式，从而提高企业的市场竞争力、盈利水平乃至可持续价值增值的能力，以此实现商业模式创新。

系统动力学的基本观点是，系统的行为由根植于系统的内部结构所决定，因果关系图是系统动力学刻画系统结构的基本工具。通过概念模型中两个子系统之间的动态反馈关系，借鉴企业技术创新和物流企业商业模式领域的研究成果，利用模拟仿真软件 Vensim PLE 绘制出反映技术创新动力系统的因果关系图如图 2-2 所示。

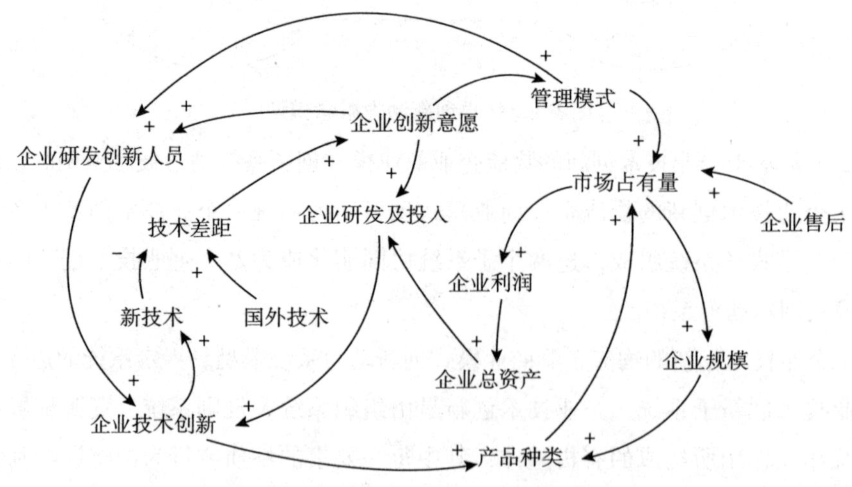

图2-2　技术创新动力系统因果关系图

由图 2-2 可以看出，该系统共有 18 条因果反馈回路，这些反馈回路相互作用，构成了系统的内部结构。系统的主要反馈回路含义是：

（1）企业技术创新—新技术—技术差距—企业创新意愿—企业研发及投入

（2）企业技术创新—新技术—技术差距—企业创新意愿—企业研发创新人员

（3）企业技术创新—产品种类—市场占有量—企业利润—企业总资产—企业研发及投入

（4）企业技术创新—新技术—技术差距—企业创新意愿—管理模式—企业研发创新人员

（5）企业技术创新—新技术—技术差距—企业创新意愿—管理模式—市场占有量—企业利润—企业总资产—企业研发及投入

（6）企业研发创新人员—企业技术创新—新技术—技术差距—企业创新意愿

（7）企业研发创新人员—企业技术创新—新技术—技术差距—企业创新意愿—管理模式

（8）企业研发及投入—企业技术创新—新技术—技术差距—企业创新意愿

（9）企业研发及投入—企业技术创新—产品种类—市场占有量—企业利润—企业总资产

（10）企业研发及投入—企业技术创新—新技术—技术差距—企业创新意愿—管理模式—市场占有量—企业利润—企业总资产

（11）企业总资产—企业研发及投入—企业技术创新—产品种类—市场占有量—企业利润

（12）企业总资产—企业研发及投入—企业技术创新—新技术—技术差距—企业创新意愿—管理模式—市场占有量—企业利润

（13）管理模式—企业研发创新人员—企业技术创新—新技术—技术差距—企业创新意愿

（14）管理模式—市场占有量—企业利润—企业总资产—企业研发及投入—企业技术创新—新技术—技术差距—企业创新意愿

（15）企业创新意愿—企业研发及投入—企业技术创新—新技术—技术差距

（16）企业创新意愿—企业研发创新人员—企业技术创新—新技术—技术差距

（17）企业创新意愿—管理模式—企业研发创新人员—企业技术创新—新技术—技术差距

（18）企业创新意愿—管理模式—市场占有量—企业利润—企业总资产—企业研发

及投入—企业技术创新—新技术—技术差距

"企业技术创新—产品种类—市场占有量—企业利润—企业总资产—企业研发及投入—企业技术创新"是一个正反馈回路。当企业技术创新能力增强时，产品种类得到丰富，从而市场占有量增加，相应地企业总资产增加，企业利润增加，这样企业自然会加大研发资金的投入，随着投入量的增加结果是企业技术创新的增强；反之则相反。所以企业技术创新的变化会使环路上每一个因素的值得到增强，即这个回路为一个正反馈回路。

"技术差距—企业创新意愿—管理模式—市场占有量—企业利润—企业总资产—企业研发及投入—企业技术创新—新技术—技术差距"则构成一个负反馈回路，这个回路使企业与国外企业的技术差距逐渐缩小，最后保持到一个平衡状态。研究中只考虑了技术差距受企业技术创新的情况，在整个系统中还要考虑其他反馈环路的作用来看总效果，如国外技术的增加等情况也会拉大技术的差距。

图 2-2 所示的因果关系图表明，商业模式的创新由市场占有量度量，取决于产品种类、管理模式和企业售后等因素，产品种类又受企业技术创新和企业规模的影响，系统中各种变量都会间接影响到市场占有量，也就是会对企业的商业模式造成影响，那么到底哪些因素影响较大，哪些因素影响较小，从因果关系图中并不能看到具体的量的影响程度，也只能是定性分析，要对系统进行定量分析就需要构建系统的仿真模型，用系统流图进行仿真研究。

2.3 系统流图和系统动力学方程

依据技术创新系统动力概念模型及因果关系图，首先确定系统中的 4 个状态变量：

L_1 为企业总资产，表征企业拥有或控制的、能够带来经济利益的全部资产，反映企业的商业模式创新程度；

L_2 为企业规模，表征在特定时点上企业的经营规模和市场竞争力；

L_3 为企业技术，表征企业某一时点拥有的技术创新成果的累积量；

L_4 为国外技术，表征国外企业某一时点拥有的技术创新成果的累积量。

由以上所述各存量的意义，确定与其相对应的各流量：

CP 为建立总资产的速率，是 L_1 的流入率；

ERDI 为企业研发及投入，是 L_1 的流出率，表示企业积累企业利润为资产的过程。

MS 为市场占有量的速率，是 L_2 的流入率。

NT 为新技术的速率，表示企业吸收新技术为企业技术，是 L_3 的流入率。

FTGR 为国外技术增长率，是 L_4 的流入率。

由上述系统 4 个状态变量、5 个速率变量，并根据系统的现实意义所添加的辅助变量和常量，得到系统流图，如图 2-3 所示。

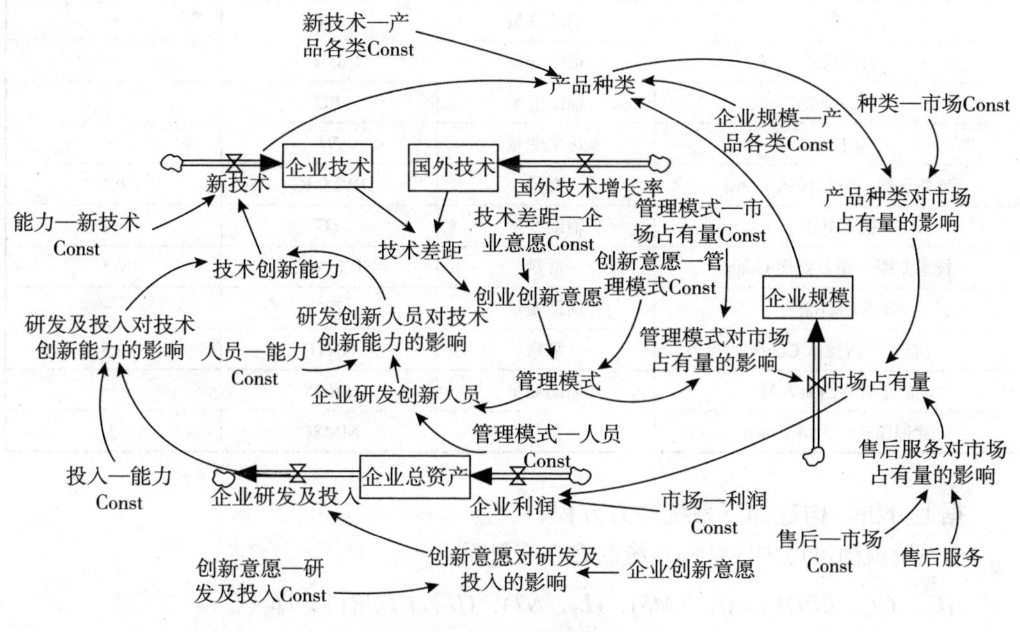

图2-3　系统流图

图 2-3 描绘了基于企业技术创新的物流企业商业模式创新系统动力的系统流图。该系统流图中共包含 36 个变量，其中包括 4 个状态变量、5 个速率变量、14 个辅助变量及 13 个常量。变量的具体情况及赋值见表 2-2。

表2-2　系统流图中各变量的名称、性质及赋值

变量名称	变量性质	符号	赋值
企业总资产	状态变量	L_1	—
企业规模	状态变量	L_2	—
企业技术	状态变量	L_3	—
国外技术	状态变量	L_4	—

续表

变量名称	变量性质	符号	赋值
企业创新意愿	辅助变量	*EIW*	—
企业利润	速率变量	*CP*	—
企业研发及投入	速率变量	*ERDI*	—
市场占有量	速率变量	*MS*	—
国外技术增长率	速率变量	*FTGR*	—
市场—利润 Const	常量	MSC	1000
创新意愿对研发及投入的影响	辅助变量	*RWRDI*	—
创新意愿—研发及投入 Const	常量	RWRDIC	0.7
售后服务	辅助变量	*ASS*	—
管理模式	辅助变量	*MM*	—
产品种类	辅助变量	*PC*	—
新技术	速率变量	*NT*	—
创新意愿—管理模式 Const	常量	IWMMC	0.5
技术差距	辅助变量	*TG*	—
技术差距—企业意愿 Const	常量	TGCWC	0.5
技术创新能力	辅助变量	*TIC*	—
能力—新技术 Const	常量	ANTC	0.8
企业研发创新人员	辅助变量	*ERDS*	—
管理模式—人员 Const	常量	MMSC	3

据上分析，构建如下系统动力方程。

由系统流图可得主导结构系统的状态变量系：

$\{(L_1, CP, ERDI), (L_2, MS), (L_3, NT), (L_4, FTGR)\}$，即

$$\begin{cases} \dfrac{dL_1}{dt}=CP-ERDI \\ \dfrac{dL_2}{dt}=MS \\ \dfrac{dL_3}{dt}=NT \\ \dfrac{dL_4}{dt}=FTGR \end{cases}$$

以上述状态变量系为基础，模型中主要变量间的函数关系的确立过程如下：

（1）企业总资产 L_1 的流入率 CP 和流出率 $ERDI$。市场占有量是建立企业利润（CP）的根本驱动力，因此它是 CP 的一个独立乘数因子。创新意愿对研发及投入的影响是企

业研发及投入（*ERDI*）的组成部分，因此它是*ERDI*的一个独立乘数因子。根据以上分析，企业总资产L_1的流入率CP和流出率*ERDI*方程为：

$$CP=MS\times \mathrm{MSC} \tag{2-1}$$

$$ERDI=RWRDI\times \mathrm{RWRDIC} \tag{2-2}$$

（2）市场占有量（*MS*）。市场占有量（*MS*）是企业规模（L_2）的流入率，售后服务（*ASS*）、管理模式（*MM*）和产品种类（*PC*）都对市场占有量有正向影响；它们作为无量纲参数，以不同权重构成一个联合因子（权重的确定基于相关文献研究成果）。根据以上分析，企业规模L_2的流入率市场占有量MS的方程为：

$$MS=ASS\times 0.2+MM\times 0.5+PC\times 0.3 \tag{2-3}$$

（3）管理模式（*MM*）和产品种类（*PC*）。管理模式（*MM*）在本模型中由企业创新意愿（*EIW*）函数表达；产品种类（*PC*）则由企业规模（L_2）和新技术（*NT*）共同影响，它们作为无量纲参数，以不同权重构成一个联合因子。因此，管理模式（*MM*）和产品种类（*PC*）的方程如下：

$$MM=EIW\times \mathrm{IWMMC} \tag{2-4}$$

$$PC=L_2\times 0.4+NT\times 0.6 \tag{2-5}$$

（4）企业创新意愿（*EIW*）和技术差距（*TG*）。企业创新意愿（*EIW*）在本模型中由技术差距（*TG*）所影响；技术差距（*TG*）则受企业技术（L_3）和国外技术（L_4）共同影响。因此，企业创新意愿（*EIW*）和技术差距（*TG*）的方程如下：

$$EIW=TG\times \mathrm{TGCWC} \tag{2-6}$$

$$TG=L_4-L_3 \tag{2-7}$$

（5）新技术（*NT*）。新技术（*NT*）是企业技术（L_3）的流入率，受技术创新能力（TIC）的影响。因此，新技术（*NT*）的方程为：

$$NT=TIC\times \mathrm{ANTC} \tag{2-8}$$

（6）技术创新能力（*TIC*）和企业研发创新人员（*ERDS*）。技术创新能力（*TIC*）受企业研发创新人员（*ERDS*）和企业研发及投入（*ERDI*）的共同影响，它们以不同权重构成一个联合因子；企业研发创新人员（*ERDS*）则受管理模式（*MM*）的影响。因此，技术创新能力（*TIC*）和管理模式（*MM*）的方程为：

$$TIC=ERDS\times 0.3+ERDI\times 0.7 \tag{2-9}$$

$$ERDS=MM\times \mathrm{MMSC} \tag{2-10}$$

综上，总结得到系统的动力学方程如下：

$$
\begin{cases}
\frac{dL_1}{dt}=CP-ERDI \\
\frac{dL_2}{dt}=MS \\
\frac{dL_3}{dt}=NT \\
\frac{dL_4}{dt}=FTGR \\
CP=MS\times \mathrm{MSC} \\
ERDI=RWRDI\times \mathrm{RWRDIC} \\
MS=ASS\times 0.2+MM\times 0.5+PC\times 0.3 \\
MM=EIWI\times \mathrm{IWMMC} \\
PC=L_2\times 0.4+NT\times 0.6 \\
EIW=TG\times \mathrm{TGCWC} \\
TG=L_3-L_4 \\
NT=TIC\times \mathrm{ANTC} \\
TIC=ERDS\times 0.3+ERDI\times 0.7 \\
ERDS=MM\times \mathrm{MMSC} \\
\mathrm{Time}=100 \\
\mathrm{Units: month} \\
\mathrm{TimeStep}=1 \\
\mathrm{Units: month}
\end{cases}
$$

上述方程表明，系统以月为单位，仿真期间为 100 个月。同时解释了 4 个状态变量及与其相关的 5 个速率变量、14 个辅助变量和 13 个常量之间互相影响的函数关系。

2.4 物流企业商业模式创新动力系统仿真

基于物流企业商业模式创新的技术创新动力系统模型以案例物流企业 A 的经营数据进行系统仿真，结合定量与定性分析，验证系统动力模型的效度。

（1）极端条件测试。所谓极端条件测试就是，在模型上不管加上任何值，添加多么苛刻的条件，最后得出的结果仍然是合理的，在这样的极端条件下，能够充分测试出模型的鲁棒性。极端条件测试有两种方式，即对模型方程的直接检查和模拟运行。直接检查是指，观察模型的变量方程和量纲等条件与相关资料对比分析，看是否与现实相符；模拟运行是指，通过对模型进行单独以及联合测试，观察不同输入变量的极端值响应是否合理。经过多次重复检查得出，变量方程和量纲两者与现实系统近乎完全相符，对企业利润、企业规模、企业技术、国外技术等指标在模型上进行极端模拟，发现与现实相符。

（2）行为检验。行为检验分为两种，即行为异常测试和惊异行为测试，通过这两种测试来检验数据方面存在的局限和使系统行为更加稳定。行为异常测试一般用回路中断分析法，将某关系进行删除或修改，来检测模型能否发生异常行为，从而验证这些结构的重要性；惊异行为测试通过观察变量在模型中的行为，发现并捕捉以前没有预料到或异常行为的来源。通过分析关键变量的回路中断，以及不断观察变量行为，发现模型没有异常行为，则该系统行为与现实情况相符。

（3）企业技术创新动力模型仿真结果。

以案例企业2014年的数据作为模型的初始输入，仿真设置的时间在2014～2018年之间，以1月为一个时间间隔，从模型中选取总资产、企业研发及投入、企业研发创新人员3个变量，利用系统动力学软件 Vensim PLE 进行模型仿真，得到数据结果，通过仿真数据与原始数据对比表（表2-3）可知，三个变量的仿真预测误差均小于5%，仿真预测错误率不得高于10%，模型的拟合效果将十分理想，可以准确地模拟现实系统。

表2-3　仿真数据与原始数据对比

年份	总资产（亿元）			企业研发及投入（亿元）			企业研发创新人员（人）		
	仿真值	实际值	拟合度	仿真值	实际值	拟合度	仿真值	实际值	拟合度
2014	258.1	257.5	100.22%	1.54	1.604	96.16%	840	847	99.19%
2015	360.2	352.8	102.10%	3.14	3.047	102.96%	1183	1135	104.24%
2016	452.6	441.4	102.54%	5.87	5.606	104.71%	2234	2088	106.98%
2017	558.4	576.6	96.85%	11.33	11.67	97.12%	2570	2800	91.77%
2018	720.4	716.1	100.60%	21.75	21.56	100.88%	5405	5139	105.18%

（4）企业创新意愿仿真。选取企业创新意愿为调节条件，变量参数在2014～2018年保持不变，研究未来一段时间内，赋予不同值的两个变量对系统行为造成的结果，并通过这些变化分析对企业发展的影响。

研究企业创新意愿的变化情况对企业总资产的影响，需要多次改变企业创新意愿的值来实行仿真研究，但是技术差距—企业意愿将直接影响企业创新意愿的值，所以采取三次仿真，分别取技术差距—企业意愿的值为 0.1、0.2 和 0.3，最终得出图 2-4 中的曲线（图中 r_1 表示第一次运行的结果，r_2 表示第二次运行的结果，r_3 表示第三次运行的结果，下同）。

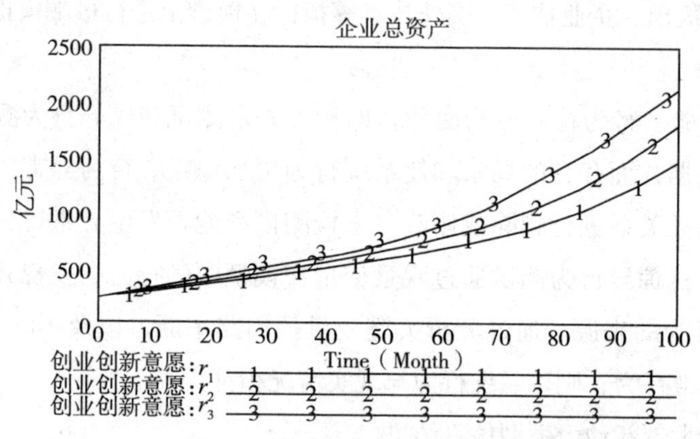

图2-4　不同企业创新意愿下企业总资产仿真结果

从三次仿真的结果来看，企业总资产随着企业创新意愿的增加而增加，企业创新意愿的增加使得企业总资产曲线明显上扬，由此可以看出，企业创新意愿增加比较快时企业总资产增加也比较快。从企业的发展来看，物流企业商业模式创新的核心是企业创新意愿，而企业创新意愿的变化对模型的行为有重要影响。

（5）国外技术增长率仿真。选取国外技术增长率作为调节条件，变量参数在 2014 ～ 2018 年保持不变，研究不同赋值的两个变量对系统行为造成的结果，并通过这些变化开展分析。

从因果关系图可以看出，国外技术的增长率与企业总资产没有直接的关联，为了研究它们之间的影响，把国外技术增长率对技术差距与企业新技术的影响作为基础，间接研究国外技术增长率的变化对企业不断技术创新系统的影响，同样采用上面的方法进行仿真，国外技术增长率的赋值分别为 2、3、4。

国外技术增长率对企业与国外技术差距的影响三次仿真结果如图 2-5 所示。

通过曲线 1 走势可知，技术差距随着国外增长率的减小而减小，也就是企业技术发展后会超过国外技术；通过曲线 2 的走势可知，较小幅度地加快国外技术增长率，结果最终都变为负值，企业将没有明显变化，差距始终维持在一个稳定范围；通过曲线 3 的走势可知，要想使企业和国外技术拉开差距，就应该加快国外技术增长率，但是技

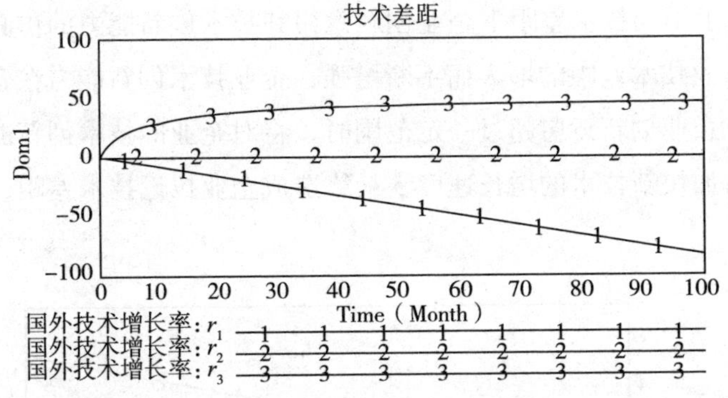

图2-5　不同国外技术增长率下技术差距仿真结果

术差距能够刺激企业创新意愿，使企业技术也加快增长，最终使差距又到了一个相对稳定的状态，这更与现实情况相符。

图 2-6 表现了不同国外技术增长率下企业技术和国外技术仿真的结果。企业和国外技术的增长都受国外技术增长的影响，国外技术与其增长率呈正相关，随着增长率的增加，国外技术也不断增长。反观企业技术的增长，发现企业技术的增长在国外技术增长率比较小时不受影响，而影响企业技术增长的主要因素为企业自身的创新意识等，然而国外技术增长率超过一定程度时，企业和国外技术的差距将在短时间内加大，同时加快了企业技术的增长速率，由此说明国外技术的迅速增长会刺激企业的创新意识，也会使企业技术的增长速度变快，同时还促进了物流企业商业模式的创新。

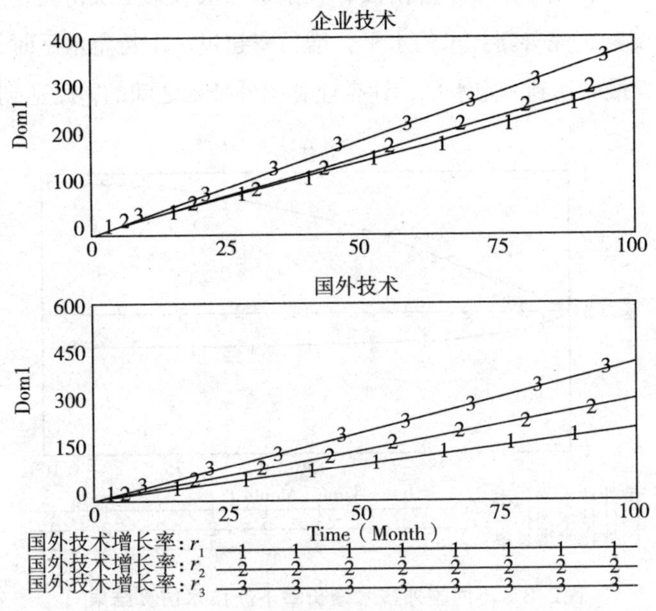

图2-6　不同国外技术增长率下企业技术和国外技术仿真结果

图 2-7 给出了不同技术差距下企业创新意愿和技术创新能力的仿真结果。企业的创新意愿随着企业技术差距的增大而不断增强，企业技术创新能力在企业创新意愿较小时不受影响，企业创新意愿超过一定范围时，将对企业的技术创新能力造成大的影响，在短时间内加快新技术的增长速度，最终造成企业拉近技术差距，使技术差距维持平衡。

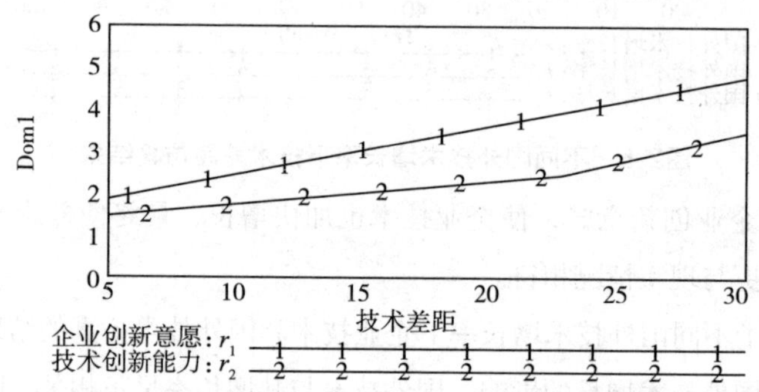

图2-7 不同技术差距下企业创新意愿和技术创新能力仿真结果

当预测到企业新技术的增长速度较小时，国外技术增长率也较小，当国外技术增长率比较大时，刺激内因要素，加快企业新技术的增长，可得三次仿真新技术的变化曲线如图 2-8 所示。

通过图 2-8 可知，进行第一次仿真时，企业没有较大的创新意愿，因为国外技术增长率比较小，也使得新技术处于下降阶段；观察第二次和第三次仿真，加大国外技术增长率会刺激内因要素，完善新技术的水平，增长率超过一个特定水平时，在短时间内新技术会不断增加，最后达到一定水平，让企业和国外技术之间的差距达到平衡状态。

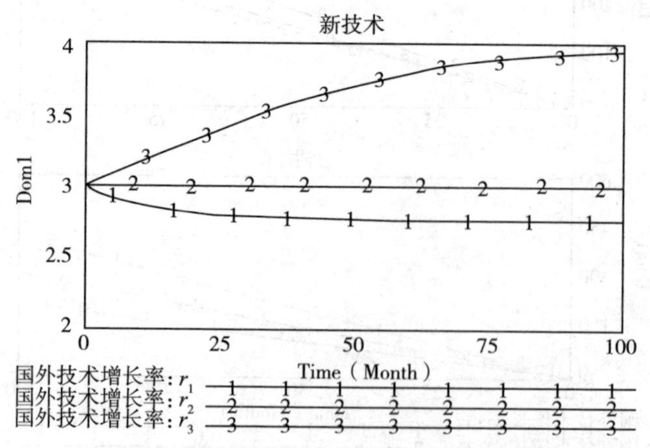

图2-8 不同国外技术增长率下新技术仿真结果

新技术的增加会扩大企业的市场占有量，从而增加企业利润，进而使得企业总资产得到增加。以上三次仿真国外技术增长对企业总资产影响的曲线如图 2-9 所示。

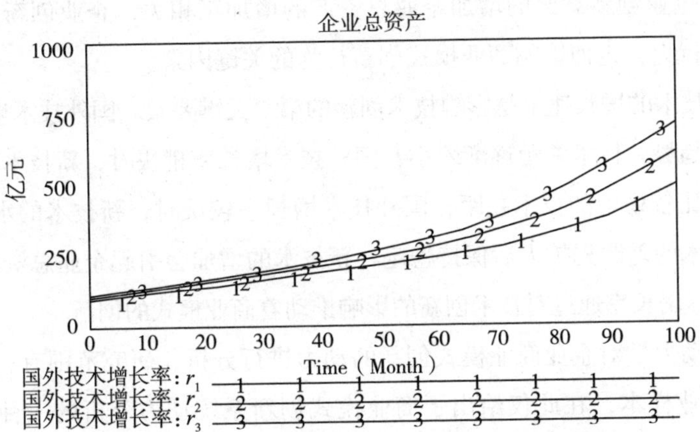

图2-9 不同国外技术增长率下企业总资产仿真结果

图 2-9 表明，国外技术增长率对企业总资产的增加有一定促进作用，但正向影响不显著。

通过上述仿真结果能够得出结论：企业的创新意愿对物流企业商业模式创新有很大影响；企业在商业模式创新成型的过程中需要管理者正视国外技术因素造成的影响，把国外技术的增长以一定的措施转化为内部的一种动力，促使商业模式创新的发展能够有一个良性的方向。

2.5 小 结

商业模式的创新是企业实现可持续竞争优势的动力源泉，研究商业模式创新的系统动力问题是物流企业商业模式创新领域研究的一个方向。物流企业商业模式创新的动力源，包括外部动力（市场竞争、技术创新、消费者需求、市场机会和政策）和内部动力（企业能力、服务质量和企业文化），技术创新为物流企业商业模式创新的一种关键动力。

物流企业商业模式创新的技术创新系统动力的模型与仿真，可以得到以下结论：

（1）企业创新意愿对技术创新影响有显著影响，企业总资产随着企业创新意愿的增加而增加，企业创新意愿的增加企业总资产的增加正相关，企业创新意愿的变化是影响技术创新行为，进而影响商业模式创新行为的关键因素。

（2）国外技术的增长速率是影响技术创新的第二关键要素。国外技术增长率较小时，新技术呈下降趋势，技术差距逐渐缩小；国外技术增长率稍快时，新技术基本不变，企业将保持一个比较稳定的技术差距；国外技术增长率较快时，新技术的水平有所改观，企业与国外技术的差距先扩大后保持稳定。新技术的增加会引起企业总资产一定程度的增加，国外技术增长率通过对技术创新的影响推动着商业模式的创新。

采用系统动力学对企业商业模式创新的动力进行分析，研究范围有一定的局限性，仅限于物流企业样本，在此仅给出了商业模式创新系统动力分析的一种视角与思路，考虑多种动力源以及企业行业特质是深入研究的方向。

第3章
知识管理与物流企业商业模式创新

基于知识管理的视角，梳理商业模式创新理论及其影响因素的研究脉络，以物流企业为研究对象，沿着知识获取、知识整合、知识吸收、知识创新的企业知识价值链，从商业模式创新动力的维度，筛选商业模式创新的影响因素并提出其作用机理假设，验证知识管理与物流企业商业模式创新的内在逻辑（霍帆帆，2019）[1]。

3.1 知识管理与知识管理活动

关于知识管理的概念界定，主要形成了如下几种观点。

知识管理是获取、储存、共享和创造知识的动态过程，其目的是提高组织的创新力和效率并实现知识资产的价值。

知识管理是企业或组织在坚持以人为本的前提下，用来获取、创造、存储、共享与运用知识以提高绩效的理论与技术，其核心是知识的共享与创新。

知识管理包含一系列新兴的组织设计、过程、结构、操作原则、综合管理策略和技术应用，这些因素显著影响知识工作者的创造力和交付商业价值的能力。

知识管理由过程、工具、方法和技术等综合系统组成，使员工有效地捕获和分享信息。

知识管理包括创造、存储、检索、传输和应用知识的基本过程，其最终目的是避免重复劳动，利用组织知识做出更明智的决策。其中，利用组织知识的方法包括：把最佳实践的知识从组织的一个部门转移到另一个部门；整理员工个人知识以降低员工流动率；汇集不同来源的知识从事某一特定项目（Kankanhalli & Tan，2005）。倾向于“知识管理＝对信息的管理”的研究者，一般都拥有计算机科学和信息科学的教育背景，常常将知识管理与信息管理系统、人工智能、重组和群件等的设计、构建过程相关联。倾向于“知

[1] 硕士生参与课题的阶段性成果：霍帆帆，物流企业商业模式创新影响因素研究［D］. 邯郸：河北工程大学，2019.

识管理=对人的管理”的研究者，一般拥有哲学、心理学、社会学或商业管理的教育背景，会将知识管理与人类个体的技能或行为的评估、改变或改进过程相关联。

知识管理的研究脉络根据研究时期可分为两代，第一代侧重于知识共享，知识管理是获取、编撰和分享有价值的知识的过程，并在合适的时间为合适的人获取恰当的信息；而第二代则强调知识创造和知识生产。

从狭义和广义的视角看，狭义得知识管理是对知识的创造、获取、加工、存储、传播和应用的管理；广义的知识管理对知识经济环境下管理思想与管理方法的总称，在囊括狭义的基础上还包括对与知识有关的各种资源和无形资产的管理。从知识管理的传统观念看，其目标是储存过去的信息从而使过去的教训不被忘记，因此将知识管理工作者看作是被动的信息接收者。从知识管理的设计观念看，知识工作者在工作时不断地创造新知识，其目标是通过支持同一领域和跨领域的知识工作者间的协作和交流，促进组织（共同体）层面的创新实践（邱均平，2011）。

根据现有的知识管理的文献成果，可以归纳以下几种有代表性的观点：其一，把知识管理是对信息的管理，强调知识系统中的知识是可以像信息一样被标记和处理的；其二，把知识管理是对人的管理，认为人的技能与活动是不断变幻的，知识管理就是对这种变幻作出即时的、动态的安排，从而调动企业员工运用和创造知识的积极性；其三，前两种观点的综合，强调知识管理要把信息和个人结合起来进行管理，认为知识管理是挖掘并传递形成于员工头脑和数据库的企业知识、信息等资源，以使其发挥最大效用的过程，也是对知识资源的搜集、传递、创新、运用和开发等活动的显性化和系统化管理的过程。

基于研究情境和研究对象的设定，定义知识管理是对一个组织的知识与技能的捕获并将这些知识和技能发布到能够帮助组织实现最大产出的任何地方的策略与过程，知识管理的目标是将最有利于组织发展的知识信息融合与组织内部，形成完整的知识网络。知识管理活动主要包括知识协同、知识共享、组织学习（知识吸收和知识整合）等内容。

3.1.1 知识协同

知识协同是指企业在运营过程中通过正式或非正式的合约安排，与企业外部组织进行交流互动，形成的相互协作的知识关系集合。知识协同是在知识管理和协同学两种现代战略管理理念集成创新的基础上提出的管理思想，以协同学的角度来看，知识协同是多个掌握知识资源的主体之间为了达到特定的目标或取得共同的成果进行的有序的知识互动过程，其成果最终以知识创新或新产品的形式表现出来。

学术界各学者对于知识协同的概念的界定还没有达成一致看法，最早出现的知识协同的定义将知识协同描述为一种能够动态集结内部和外部系统、商业过程、技术和关系（包括供应商、客户、竞争者等利益相关者），以达成商业绩效最大化的组织战略方法（Karlenzig，2002）。规模越大的组织，通过系统地开展知识协同越有利于实现收益最大化，对于大规模组织来说，知识协同不应该被限制在组织中单一的部门，在全公司范围内建立和维持网络化知识过程是必要的，可以弥补部门的、地区的和文化的缺口（Teece，2010）。

知识协同是知识管理中的主体、客体、环境等达到的一种在时间、空间上有效协同的状态，知识主体之间或“并行”或“串行”地协同工作，并实现在恰当的时间和空间（包括实体空间和虚拟空间）将恰当的信息和知识传递给恰当的对象并实现知识创新的“双向”或“多向”的多维动态过程（佟泽华，2011）。知识协同是知识管理的高级阶段，知识协同具有时间上的准时性、目标（对象）的准确性、知识流的多向性等特性。

知识协同以知识创新为协同目标，融合多项知识资源及多种协同能力，涉及多个组织个体共同参与，其最终所创造的整体知识协同价值应远远大于每个组织个体独立运作时所创造的价值总和。

知识协同是知识管理的协同化发展阶段，在以“知识协同”为主要标志的知识管理阶段，大多数公司是以协同、协作、共享、合作创新为主题，通过实践社区、学习社区、兴趣社区、目的社区等进行知识交互。

知识协同是可以看成是组织的一种能力，它能将合适的信息在合适的时间传递给合适的人。知识协同是一种“活动”，如协同开发、协同著作等，活动中参与成员努力进行个人知识创造，并最终形成有价值的成果。

基于研究的情境，研究中界定，知识协同是指企业在运营过程中通过正式或非正式的合约安排，与供应商、客户、竞争者等外部组织进行交流互动，形成的相互协作的知识关系集合。知识协同有利于企业降低交易成本、获取组织关键资源和战略优势，促进组织的动态学习和组织创新，保持企业竞争力。

知识协同的构成要素包括知识协同主体、知识协同客体和知识协同情境等。

知识协同的主体即为参与知识协同活动的各个成员。从知识协同涉及的范畴可以分为组织内部知识协同和组织之间知识协同，其中，组织内部知识协同侧重于强调利用组织自身资源，实现不同部门之间、不同员工个体之间知识的协调合作；而组织间知识协同则更注重利用组织联盟之间知识资源的共享，目的是实现不同个体、不同领域更广泛的协同。在组织之间这种群体性知识协同运行过程中，彼此交互共享知识资源，潜移默化地形成了一定模式的协同关系，共同配合和支持着知识的协调运行与创新。

知识协同是在协同主体之间知识的专业化分工和协作互动行为的基础上完成的。由于协同系统中知识协同主体的数量、类别及关联程度不同，产生的协同效果也千差万别，这也是知识协同活动需要协调管理的内在原因。从理论上说，作为知识协同网络的一个节点，每一个知识协同主体均处于平等地位，即合作伙伴关系，协同主体之间彼此不但拥有、支配自身的知识资源，还可以利用协同性知识资源。这其中也存在着一个现实问题，即每个知识协同主体均是异质的，具有不同的利益导向、知识储备水平和知识能力，彼此之间会存在相对强势与弱势之分。如何规避知识协同运作中存在的垄断问题，在有效保护知识产权的前提下，充分发挥每个参与协同运作的协同主体的主动性和能动性，最大限度地获得知识协同成效，这是支持和推动知识协同运作的焦点，同样也是每个参与主体最为关注的问题。

知识协同客体即所需协同的知识资源。基于市场的开放性、竞争性，知识协同资源是抽象界定的协同性知识资源库。为保证知识协同过程的顺畅运行，需要根据各类协同资源占有的难易程度、稀缺性等不同特点，设计更有效的协同活动，制定更有针对性的协同机制。

跟知识协同主体类似，根据知识协同的范畴，也可将知识协同资源划分成内部协同资源和外部协同资源。若知识的可描述程度较高，能够通过简单初级的沟通实现交易，称其为显性知识，如企业的管理制度与方法、操作规程、市场信息等。知识协同运作通常需要每个协同主体具备这类基础性知识资源，并借助这类知识资源构建共同的协同平台，制定统一的、便于执行的操作规则和标准，从而规范知识协同运作流程，提高协同成效。因此，是否拥有这类知识资源也往往成为组织能否参与知识协同运作的一个前提条件。如果协同的知识资源无法用语言、图例等工具表述，难于依赖简单方式实现共享与交流，称它为隐性知识，如依存于个别协同主体内某个专家、员工头脑中的技术诀窍、智慧等。拥有这类知识资源的协同主体往往在合作中占据重要的引领地位，其合作意向及实施的协同行为直接影响协同成效的最终获得（Karlenzig，2002）。大部分知识资源均介于两者之间，可称其为显隐性知识，对于这类知识协同，其协同环境就显得尤为重要，需要建立顺畅的协同渠道和强化有效的协同模式。

在内部协同资源范畴中，各协同主体拥有的知识资源相对成熟且易于传播，多数为显性知识，这些资源无论是针对组织内部的知识协同还是组织间的知识协同运作均属于易掌握的非关键性资源，但是却属于必要性因素，是需要参与协同运作的协同主体必须实现快速整合的资源体。

当组织间进行知识协同时，某类协同知识资源仅仅被个别协同主体所拥有时，知识协同的难度也相对增加。不仅因为这些资源多为隐性知识或者显隐性知识，难于模仿和掌握，需要花费的协同时间及协同成本较大，取得相应的协同成效较低，还因为协同主体间存在竞争，他们担心核心资源外泄等风险，对核心知识资源会产生自发地保护。这两方面的问题同样增加了该类知识资源的协同难度，这类知识资源的协同运行活动就成为组织间知识协同的重点。如若某一协同主体所需的知识资源没有其他协同主体能够提供时，则需要向系统外部的组织发出寻找请求，此时拥有该稀缺性资源的企业也会参与到知识协同运作中，成为新的协同主体。

知识协同情境包括软件和硬件两部分构成。软件主要是指不同企业之间的企业文化和价值观，企业文化和价值观的不同可以造成企业在思维模式和行为规范上的区别，使企业间彼此缺乏合作经验、共同规划、相互信任和知识认知，进而导致协同目标下的知识活动与协同结果之间缺乏必要的逻辑联系，企业间也缺乏共识性的理解，导致知识协同活动的不完整和不清晰。参与协同的企业双方在组织文化、组织目标与组织能力等方面的差距越不明显，双方在沟通与互动过程中的冲突将越小，知识协同的效率越高，效果越明显。硬件方面主要是操作渠道和运行平台的畅通程度，以及企业双方知识势能的差距。无论是在企业内部还是企业之间，拥有顺畅的知识运行平台和信息管理系统时，知识协同活动更容易进行。对于知识势能，过大和过小都不利于知识协同活动的发生。对于企业内部的知识协同，当知识势能过小时，企业双方因协同成本太高而丧失协同动力。对于不同企业之间的知识协同，当知识势能过大时，企业双方会因协同困难过大而放弃。

知识协同的不同主体往往涉及供应链上的不同利益相关者，供应链上知识协同的具有以下三点特征：

协同主体是相互有关联的企业。供应链上知识协同的主体就是构成供应链的各个节点企业，而供应链上的各节点企业间都是相互关联的，或者是相连的上下游关系，或者是隔着几层的上下游企业，各节点企业之间存在着一定的业务联系，他们共同完成从原材料采购到产品传送，再到最终用户的业务。

客体存在互补性。供应链上各主体之间协同运作的客体是整个供应链中的知识资源，由于各节点企业在供应链中扮演着不同的角色，担负着不同的任务，如承担提供原材料、加工零部件、生产产品、分销、销售、配送等业务的一种或多种活动，因此，他们彼此之间掌握的知识资源也是不相同的，而这些活动之间的联系，使得他们掌握的知识资源存在着互补的特性，这样才能更好地刺激他们进行知识的协同。

知识协同是个过程性活动。供应链上的知识协同是各节点企业间通过一系列的交流、共享、创新和整合等协同活动来实现系统有序的一个过程性活动，它是一个不断由无序到有序、再到高级有序的循环过程。

3.1.2 知识共享

不同的主体拥有不同的知识和资源，组织内部成员之间和组织与组织之间进行积极的知识共享或资源共享，有助于提高组织的创新能力并增强组织的竞争力。

知识共享是知识管理的核心，是个体与个体之间进行隐性知识或显性知识的交换，彼此分享经验、技能和信息，从而共同实现知识创新的过程。知识共享由知识发送者、知识接收者和传播渠道组成，个人、群体、组织通过正式或非正式的交流进行知识的传播（李丹，2009）。从学习视角看，知识共享是组织内员工、团队之间学习的过程，从沟通视角看，知识共享是知识主体之间沟通交流的过程，从转化和交易的视角看，知识共享是不同的知识所有者之间彼此分享、交换知识资源，并将交换所得知识转化为自身资源的过程（李随成，2009）。

供应链上各节点企业间的知识共享是知识协同、组织学习的前提条件，从内涵上界定具有广义和狭义之分。从广义上理解，知识共享泛指知识扩散、知识转移等一系列与知识管理活动相关的行为，目的是实现企业联盟之间知识资源的同步性和一致性。从狭义上理解，知识共享特指企业根据需求和意愿，对知识进行选择，进而将自身的知识资源通过编码等方式被对方接纳、理解、掌握，此过程中知识的所有权为共享双方共同所有，供应链上各节点企业间的知识共享是一种有意识的，自愿的集体信念和知识交换的行为规则，是帮助对方理解知识内涵和自身得到所需知识的交互过程。因此，知识共享的过程不仅是通常理解的知识由知识发出者到知识接受者，更侧重于知识发出者愿意并且有能力协助知识接受者接受知识的内涵，进而使其转化知识接受者的知识资本并创造生产力。知识发出者要能够以知识接受者容易理解和消化的方式将知识资源呈现，并根据知识的不同特性选择相对应的知识共享平台（杨建君，2016）。

供应链上各节点企业的知识共享也可以视为一种沟通行为，即知识拥有方通过自己的动作、言语或书写等形式使知识更直观、通俗，知识需求方则在感知这些表达方式的基础上，通过模仿、倾听以及阅读等方式来认同、理解和消化知识。因此，企业联盟间知识共享的实质是知识所有者与供应链中的其他知识主体彼此分享各自的知识，是组织个体知识转化为供应链知识的过程，是对知识资源的效率的提升和效用的放大。

从知识转化的角度，知识共享也可以理解为隐性知识与显性知识的相互转化的过程，即知识拥有者将知识外化，知识接受者将知识内化，供应链成员之间通过单向或者双向的交流实现知识的共知和共用，以及知识从企业层面向供应链层面的扩展。可见，供应链节点企业所拥有的知识存量是知识共享的基础，彼此间通过对知识的转化和提炼进一步丰富供应链的知识含量，进而提高知识承载者的知识交叉和复合的程度，知识共享作为知识双方的知识交易行为，是持续学习的动态过程，该过程的知识双方互利双赢。

基于研究的情境，从知识管理的角度出发，界定知识共享是指在一致目标和互利共赢的利益驱动下，组织成员之间彼此信任，通过组织成员间的交流互动，与他人分享工作报告、工作技巧、技能或灵感，通过知识转化等方式使自身拥有的知识或技能等资源能够被其他知识主体接触和识别，在分享自己的知识或技能的同时也得到了新的知识或技能，通过进一步的吸收和整合，内化为自己的知识和能力，进而成为组织的知识和能力，使供应链内知识产生放大效应，提升知识资源的利用价值。因此，研究中使用的知识共享是狭义的知识共享行为，是组织成员间自愿形成的、有意识的行为，为后续的组织学习提供资源储备，知识共享实质上是一种信息或资源的共享。

依据知识的表现形式，可以将知识共享分为显性知识共享和隐性知识共享两种类型，其中显性知识是成文化的，是以文字、图片、图表等具体而形象的形式存在于已形成的文献、报告等资料以及网络、数据库中，方便在实体与实体之间进行展示与传播。隐性知识是指储存于个体大脑中的尚未成文的知识，难以用文字、图片、图表等具体形式表现出来，如人的内在观念、感受、经验、价值观等，因为具有个人特质而不易被传播。显性知识和隐性知识的划分完善了人们对知识的认识，使人们可以更加精确地依据知识的表现形式和呈现的难易程度理解知识。隐性知识的重要程度远大于显性知识，隐性知识更容易创造出新的价值，因此对于隐性知识共享研究将成为一个企业成功的关键之处。

依据知识的所有者将知识共享分为个人知识共享和团队知识共享。个人知识是指某个单一个体所拥有的知识，这种知识存在于个体的头脑，主要的表现类型有经验、心智模式、技能、学习和想象能力等。通过外界的学习，自身的知识挖掘与探索导致个人知识所自有。由于个人知识是团队知识的来源和基础，要将个人知识转化为团队知识，就要进行知识的转移和共享，方法有学习、传教、轮岗、培训、会议、网络以及构建社区等。团队知识是指存在于一个组织或者机构中的知识，属于内部系统知识，它的主要表现形式是团队的文化、价值观、团队默契、习惯等。团队知识散布于团队中的各个个体之间，依附于个体存在，团队知识表现出整体性、不能分割性，因此相对于个人知识更为复杂、没有结构，较难定义及搜索，且具有不可分割性，是员工个人无法带走的知识。

知识共享按照其进行形式，可以分为人际化知识共享和编码化知识共享，前者主要借助于电话、研讨会、团队活动、视频会议等口头方式直接交流，后者更侧重于数据库、电子邮件、社群软件等 IT 技术和报告、手册等传统形式对知识进行编码，并将其存放在以便于组织内使用。

知识共享也可以按照正式和非正式的标准划分为正式的知识共享和非正式的知识共享，其中正式的知识共享行为包括培训计划、结构化的工作组、推动知识共享的技术系统，非正式的知识共享行为包括对数据库的贡献、通过正式的相互作用发生的知识共享、通过非正式的相互作用发生的知识共享、实践社区，这些行为通常是建立在彼此认同和信任的基础之上的。

综合学者们对知识的分类形式，采用应用较广泛的按照知识的表现形式将知识共享分为显性知识共享和隐性知识共享两种类型，以此为基础来分析知识共享与组织学习能力及其与商业模式创新的关系。

3.1.3 组织学习

学习与企业的可持续竞争优势的保持紧密相关，不断地学习可以增进创新的效率和效果，这一观点已得到研究证实。关于组织学习定义的研究形成几种不同视角的观点。从学习的过程角度看，组织中的个体都是有限理性的，当所处环境出现不确定的风险或变化时，他们会在有限理性的控制下采取相应的措施，改变原有的决策和计划，以应对环境的变化，直接反映出来的结果是信息处理方式的改变，这种环境改变引导组织个体计划相应改变的循环过程就是所说的组织学习。当组织实际表现出的结果不同于与预期结果时，组织成员需要对存在的差别进行检测、更正，并将累积的丰富经验以程序、形式、系统、规则或其他经验传承的形式保留在系统中。因此，组织学习也可以看作发现并改正错误的过程或者组织与其所处的环境的相互适应与互动的结果，通过更好地理解创造、获取、传递新的知识，以修正和完善组织的行为活动（郝文杰，2010）。

从个人学习的角度界定组织学习，即“组织的学习转换过程也可以看作一个人的学习过程”，因为先有个人的学习，再有组织的学习，只有个人存在学习的行为才能促进和达成组织的学习，尽管个人学习并不能代表组织整体的学习过程，若没有个人学习的行为，组织学习也是无从谈起的。一个成功的组织必然是能够成为一个整体的组织，组织的学习也可以分为组织内学习和组织间学习，组织成员既要进行组织内个人头脑的学习，又要将组织看作一个整体，向认同的其他组织整体学习，就像个人之间的头脑学习一样进行学习，组织学习必然存在个人组织间学习，但个人学习并不意味着组织的学习（March，1958；Pedler，1989）。

从知识管理的角度看，组织学习的过程先后包括互相分享隐性知识、创造知识新概念、检验新概念、构建知识模型以及转移利用知识等阶段（Schwandt，2000）。

综上所述，组织学习过程整合为三个阶段：首先是知识获取过程，在这一过程中，由组织研发或开创新技术、培养和提高洞察力与关系等；其次是知识分享过程，这一过程是将第一阶段获取的学习成果进行扩散和发扬；最后是知识利用的过程，获取、掌握和扩散的知识最终目的是被企业利用以发挥其价值，这一过程是学习过程的整合阶段，使学习的成果不断被应用于更广泛的情境。

组织学习是一个包括知识吸收和知识整合的不断学习、不断发现和改正错误的过程。不仅要吸收和利用组织内现有的知识或技能，还要将外部学得的知识或技能，内化为自身能力，整合运用于自身发展，通过不断的学习和完善，可以开发组织活动及成果间关系的知识，并掌握组织所处内外部环境对组织活动的影响。因此，组织学习是一种引导组织应对内外部环境的变化而采取有效行动的过程，这个过程有助于组织在自身经验的基础上维持或提高组织绩效。

知识吸收是指企业将所获取的内部化知识和外部知识在企业内部传播和分享，并经过系统分析和有机整合的过程。企业在与外部的合作伙伴、顾客合作交易过程，贮存于不同知识主体的知识在交流过程发生流动，当企业拥有足够的吸收能力时，这些来自外部的知识便成为促进企业成长创新的知识源。知识吸收的本质是知识从一个环境转移到另一个环境的过程，很大程度上受吸收能力的影响。企业的生存和发展，在很大程度上依赖于将员工的知识转变为公司的知识。知识吸收将不同环境中的知识组织起来，极大地提高了知识的价值，为组织的发展奠定了基础。

知识整合利用是知识管理重要的过程，就是对知识的整合、吸收、创新和使用的过程，是组织已经吸收的知识进一步的精炼、内化、重用，并将知识从理论形态转化为实际应用的过程是知识管理的重要环节。知识在被企业获取的过程中，是分散的、随机的，通过知识管理体系将分散于不同个体的零散的知识整合为系统的、有序的知识体系为企业所用，流入到企业被吸纳整合的知识只有被使用才具有价值。知识的组织记化、编码化等都属于知识整合利用的范畴，个人记忆或经验的形成是内部知识重用的过程，外部编码化或纸质文档的形成则是外部重用的过程。知识的整合利用是提高知识效率，帮助企业获得竞争优势和核心能力作用的关键。

3.2　物流企业商业模式创新知识管理因素识别

商业模式创新的研究聚焦于商业模式创新客体与主体两个层面，客体关注商业模式创新本身，如商业模式的概念、构成、类型和特点等，主体关注商业模式创新者的行动，尝试着寻求影响商业模式创新的因素，以及这些因素又是如何作用于商业模式创新过程的。知识管理视域下的商业模式创新要素是这方面研究的一个方向。

3.2.1 识别方法

识别方法主要采用内容分析法、实地访谈法两类。

在管理学的相关研究中，尤其是在实证研究中分析研究问题的主要影响因素时，研究者所探讨的影响因素是否关键性影响因素经常会受到其他研究者的质疑，这个问题给很多学者带来了困扰，而内容分析法则为解决这个问题指明了思路。

内容分析法是指依据特定的标准，把文本内容系统地归类，并运用数学统计方法对包含在各个类目中的关系进行分析，是适用于将大量的文字数据经由编码分析之后提炼成精确的分类及描述的方法。内容分析法一般在媒体分析和期刊分析中应用较多。该方法具有非侵入性、能处理未经结构化的数据，具有场域性和关联性、能处理大量数据的优点，而互联网的发展使得传播内容具有海量的特点，因此内容分析法受到了越来越多的重视，已成为社会科学实证研究的重要方法之一（Bauer，2000），被认为是一种能够提供新的洞见、增加对特殊现象了解的科学方法。

内容分析法主要应用于期刊和媒体等分析，采用简化、编码的方法，使分析内容数量化，从中发现一些特有的现象或规律。对某一期刊或某类期刊在一定时间段内所发表的文章进行内容分析，可以将这些文章按照研究类别不同归类。对某类期刊在某一时间段发表的某一研究领域的文章进行内容分析，可以将该研究领域按照研究主题不同归类，并探索该领域的研究热点和未来发展趋势。内容分析法也可以用来分析实践调查和媒体报道等所得数据。

考查影响组织知识创造的因素，可通过实地访谈和问卷的形式，访问相关管理人员，运用内容分析法获得编码单元及影响组织知识创造的若干个维度。

实证研究不能脱离对现实问题和理论问题的回应。理论问题既可以来源于文献，同时也可以来源于现实问题的升华。内容分析法通过有关商业模式创新及其影响因素等文献的回顾和梳理，结合物流企业行业特征、业务特征，逐渐形成了对于物流企业商业模式创新的一些理论判断，但这种判断缺乏现实依据，而实地访谈恰好能够让我们更好地了解现实状况，并获得更多的信息和资料。

实地访谈是一种获得信息和资料的方法，主要靠直接面对面的访问完成，研究者可以通过此方式了解受访者正在做什么或在想什么，以及为何要如此进行等。当面交谈，易于形成友好合作的气氛，可以把研究目的、要求和问题解释得更加清楚，加上现场互动的随机问题，研究者能够获得问卷调查法所难以得到的实证资料，答案也就更加准确。

采用内容分析法和实地访谈法相结合的方式，可以确定物流企业商业模式创新的影响因素。 访谈结束后，按以下步骤对访谈记录进行数据处理：①对访谈记录的每个句子进行词语归纳和词语规范；②将规范后的所有词语录入数据库，以供后续研究使用；③由作者和导师分别单独对所有词语进行归类，根据归类的结果进行一致性与信度的计算；④对未达成一致的词语共同讨论，确定最终类目，并为所归入的类目命名；⑤对归类后的类目编码进行相关的统计分析与推论，以确定物流企业商业模式创新。

3.2.2 知识管理创新因素的识别

内容分析的文本可以是书本、书本的个别章节、小品文、采访报道、报刊标题和文章、历史文献、日记、演讲、剧本、广告词等（Neuendorf，2002）。内容分析中经常使用的单位包括单词、句子、段落、图片、文章、电视节目等，可根据需要而定。采用内容分析文本为实地访谈记录中提炼、整理出的商业模式创新影响因素词汇，对这些词汇进一步归纳和分类，确定物流企业商业模式创新的影响因素（Riffe、Lacy & Fico，2005）。

访谈问题主要围绕“您认为物流企业商业模式创新受到哪些因素直接或间接的影响？这些因素是如何影响物流企业商业模式创新的呢？”展开。鉴于商业模式创新主要涉及企业中高层管理人员，将访谈对象定位于物流企业中高层管理人员，共访问了10家物流企业30名管理者。在访谈过程中，访谈者与被访谈者面对面交流，要求被访者描述他们认为的影响商业模式创新的因素，访谈者做好记录。访谈结束后，对访谈记录进行分析。

为了避免主观性过强，对数据库的词语单独进行归类，以避免相互间的影响。研究的目的是探讨影响物流企业商业模式创新的因素，故研究中未预先设定具体的分类数目与类别名称，主要根据调查者所掌握的知识自主决定类别。在此基础上，对分类结果进行对比，相同的分类不再探讨，对归入类别不同的词语共同商量并查阅资料，再决定具体归入何种类别中。

归类中出现分歧的相关词语均是与领导相关的词语，包括：领导、领导者能力、领导决策、领导者风格、领导者思维、领导者引导、领导者认可度、领导者态度、领导者战略等。这主要基于两类观点，第一种观点是，领导相关词语应归入组织学习能力中，领导者的价值观念、创新思维以及系列行为等是组织学习的一种前提环境，在这种学习环境中，组织学习能够更顺利地进行，组织学习能力得以更好地提高（Cameron & Quinn，1999）；第二类观点是，领导者相关的词语应归入企业文化中，研究了企业文化的八个构面，认为领导者的系列领导行为与思维观念是一种支持性文化，领导者的支持可以营造良好的创新文化氛围，引导企业员工培养创新精神（O'Reilly、Chatman & Caldwell，1991）。

基于观点的分歧，查阅企业文化与组织学习能力的相关文献，以便更深入地理解相关概念。学者们一般将组织学习能力定义为一个组织在萌发、传递、利用新创意方面具有影响的能力，侧重于企业对知识或资源的辨识、获取、吸收、消化和整合利用等。而企业文化是企业的价值观、信仰和思想的集合，企业领导者凭借这些仪式、领导方式或象征物将其价值观和信仰传递给其成员，是企业成员间共享的意义和信念，很多学者将企业文化分为团体文化、创新文化、层级制文化、领导者行为文化等，基于此，考虑将一般把领导者的风格、态度等包含在企业文化中，得到物流企业商业模式创新影响因素的词语归类如表3-1所示。

表3-1　物流企业商业模式创新影响因素的词语归类表

关键词命名	访谈记录中的词语（合并归纳后，重复词语只列一次）
企业文化	创新环境、行为规范/准则、价值观、创新文化、创新氛围、创新环境、工作环境、人际关系、领导文化、领导者能力、领导决策、领导风格、领导观念等
组织学习能力	知识辨识、资源辨识、资源获取、知识获取、探索精神、钻研精神、开发能力、消化、理解、领悟、资源重组、资源整合、资源利用、转化等
知识协同	供应链知识、协同、协作、交流、互动、合作、知识传递、协同开发、协同研发、协同竞争、协同效应、物流管理、物流知识协同等
知识共享	资源分享、知识分享、方法分享、经验分享、技能分享、工作记录分享、工具分享、专门技术分享等

内容分析中的信度是指不同研究者把相同的分析单元归并到相同的类目中的一致性程度。这种一致性程度越高，则内容分析的信度越高。根据“评分员信度”法（Hosti，1969），采用平均相互同意信度指标。在归类过程中，共涉及待归类词语425个，经初步归类最初共有42个词语的归类不一致，相互同意度指标值为90.11%，计算如下：

$$相互同意度=\frac{2M}{N_1+N_2}$$

$$=2\times（425-42）/（425+425）=90.11\%$$

其中，M为归类完全相同的词语数量；N_1为评分员1归类的词语总数；N_2为评分员2归类的词语总数。

两个评分员进行归类，因此平均相互同意度与相互同意度的值相同，信度系数计算如下：

$$信度系数=（n\times 平均相互同意度）/[1+（n-1）\times 平均相互同意度]$$

$$=2\times 0.9011/1.9011=94.80\%$$

采用相互同意度来计算信度系数时，其值应当大于85%，当信度系数大于85%时，证明研究者的归类一致性程度较高，可以进行下一步的编码工作（Signletary，1993）。

对关键词进行命名与统计分析，结果如表3-2所示。从表3-2中可见，企业文化出现的频次最高，达到了94次，占全体词语的22.12%；组织学习能力出现了83次，占全体词语的19.53%；知识共享和知识协同分别出现了66次和53次，分别占全体词语的15.53%和12.47%。男女性别比例出现的频次也比较高，约占全体词语的8.24%。

表3-2　物流企业商业模式创新影响因素表（按频次高低排列）

序号	关键词	频次	序号	关键词	频次
1	企业文化	94	9	环境压力	10
2	组织学习能力	83	10	人格特质	8
3	知识共享	66	11	企业战略	5
4	知识协同	53	12	企业制度	3
5	男女比例	35	13	员工培训	2
6	组织资源	30	14	员工忠诚	2
7	个体激励	21	15	社会资本	1
8	思维方式	11	16	运气	1

由物流企业商业模式创新影响因素表可以看出，与物流企业商业模式创新相关的因素主要有企业文化、组织学习能力、知识共享、知识协同、性别等。关于企业文化对商业模式创新的影响已得到研究证实，故将研究重点放在排序最靠前的几个知识管理活动维度的商业模式创新影响因素上，对企业文化不再涉及。

在整理的访谈记录中，大部分受访者都认为组织学习能力对商业模式创新有直接的影响作用。按照组织学习的过程，组织学习能力有知识吸收和知识整合两个学习过程，知识协同和知识共享则对组织学习能力有直接的推动作用，并通过组织学习能力间接作用于商业模式创新。从供应链知识协同及知识协同主体的角度将知识协同分为供应商知识协同、客户知识协同、竞争者知识协同，从共享知识或资源的表现形式的角度将知识共享分为显性知识共享、隐性知识共享。其中，员工性别比例以某种形式影响着企业商业模式创新。

3.3　研究假设

通过内容分析法和实地访谈法，结合物流企业的特征，初步确定物流企业商业模式创新的知识管理维度的影响因素，以组织学习能力为前因变量，探讨组织学习能力与商业模式创新的关系，将商业模式创新拓展为效率型商业模式创新和新颖型商业模式创新两种类型，将组织学习能力分为知识吸收和知识整合，并提出假设；以组织学习能力为前因变量，探讨知识协同与组织学习能力、知识共享与组织学习能力的关系，将知识共享分为显性知识共享和隐性知识共享两个方面，根据物流企业与供应链上下游企业的关系，将知识协同分为与供应商的知识协同、与客户的知识协同和与竞争者的知识协同，并提出相关假设；同时引入控制变量性别，探讨性别在商业模式创新路径中的调节作用。

3.3.1 组织学习能力与商业模式创新的关系

随着知识与能力越来越成为提高企业竞争力的工具，良好的组织学习能力有利于形成良好的创新氛围，促进企业创新能力的提高。如何战略性地与伙伴建立关系，提高学习能力，需要从对组织学习能力对商业模式创新关系研究切入。

组织学习能力是指企业通过将从外部环境中获取的知识进行吸收并加以内化，转化为企业自身的竞争优势，合理、充分地抓住市场机遇，以帮助企业盈利的能力。组织学习能力的类型，可以按照组织学习的过程划分为吸收能力与整合能力两种。学习得到的知识是日益累积的，已累积的知识有利于新知识的吸收、消化并进一步增强吸收能力，因此，对先前知识方面的投入与知识吸收能力而言更显得至关重要，吸收能力是影响企业创新能力最关键的因素。

吸收能力对组织的其他方面能力起着决定性作用，吸收能力在一定程度上可以决定组织或国家间的技术能力的强弱，一个国家的科技政策的制定、一个企业的创新管理都需要拥有优越的技术能力，只有建立良好的技术吸收能力，才能更加畅通无阻地进行新技术的研发，好的吸收能力也有助于促进技术能力的提高。

整合能力是在组织从外部吸收进来新的知识后，整合为自己的成果，企业能够取得并保持市场优势的原因之一就是识别与整合组织外部知识的能力。

企业所处的环境是动态的、复杂的、不确定的，在不断动荡、变化的环境中，企业为了生存需要，针对环境的变化不断改革和调整组织的管理，从而快速、准确地适应各种环境的变化。西方的很多学者的研究证明，组织学习能力对组织创新能力有正向的影响。例如在企业中，尤其是知识密集型产业中，组织学习可以引导组织创新，在无差别的组织条件下，组织学习能够提高组织的创新能力（Stata，1989；Schon，1978）。

企业的成功、强盛与否关键在于组织自身拥有的知识创造的能力和技术，也就是企业以一个整体识别新知识，并将新知识整合、传播到整个组织内部，与企业产品、服务和组织系统融为一体的能力。因此，组织学习是维持创新的关键因素，其对组织的技术创新、管理创新等方面都有着显著的影响。组织学习能力中的整合能力能够将嵌入在组织内部或组织外部环境中的知识予以整合并且体现在新产品、新技术的研发过程中。

组织学习可以带来组织新产品的研发，进而促进组织创新，通过组织学习这一关键又复杂的资源能够为企业带来持续的竞争优势。此外，提出组织通过学习而获取的知识或能力，先是储存在组织内部，以备后续的产品或技术研发使用，组织学习可以增加组织知识的创新，进而提高产品研发效率（Arora，2002）。组织学习能力对组织的创新能力有显著的正向影响，通过组织间知识的识别、共享、转化与整合，有利于提高组织的创新效率和效果。知识吸收和知识整合构成了组织学习的关键动力。

在快速发展的信息化时代，组织学习能力是企业生存和不断发展的资本和动力，是将通过知识协同、知识共享得来的知识、信息等资源进行消化吸收、整合并转化为实际运用的能力。组织学习能力是企业实现创新的重要因素之一，利用组织学习从内部和外部吸收或创造新的知识或技能，再将所得知识或技能内化、整合为与企业的发展战略相关联的能力，促进企业商业模式的创新。

组织学习分为探索型学习和利用型学习：探索型学习强调对新技术和新机会的把握，而利用型学习注重对现有知识的深化和拓展，以提高企业的运作效率、规避风险。组织创新区分为渐进性创新和突破性创新两个维度，探索型学习以推出新产品或新服务的方式对突破性创新产生显著正向影响，利用型学习通过改进现有的产品或流程而对渐进性创新存在显著正向影响（徐蕾等，2013）。

组织学习按照其过程分为知识吸收和知识整合，同时将商业模式创新分为效率型商业模式创新和新颖型商业模式创新，分别强调了效率和新颖，类似于上述渐进性创新和突破性创新。

企业在知识协同和知识共享网络中获得的知识或信息等资源往往只是零散的碎片，流动的知识或信息资源的简单堆砌不能直接为企业带来竞争优势，较难引发企业商业模式的创新，因此在知识协同和共享的基础上，需要进一步通过对知识的吸收和整合，根据内部机会重新定义产品组合，才能提升企业的核心竞争力，促进商业模式创新。大量的实证研究结果表明，组织学习能力的提高有助于促进企业创新能力的提升，增强企业的竞争优势。基于组织学习的机理与作用机制，提出假设H1、H2。

H1（a）：企业知识吸收能力对企业的效率型商业模式创新存在显著正向影响；

H1（b）：企业知识吸收能力对企业的新颖型商业模式创新存在显著正向影响。

H2（a）：企业知识整合能力对企业的效率型商业模式创新存在显著正向影响；

H2（b）：企业知识整合能力对企业的新颖型商业模式创新存在显著正向影响。

3.3.2 知识协同与组织学习能力的关系

在组织学习能力对商业模式创新的直接影响假设的基础上，考查影响组织学习能力的动因。

知识协同是指知识管理中的主体、客体、环境等达到的一种在时间、空间上有效协同的状态，知识主体之间协同工作，并实现在恰当的时间和空间将恰当的信息和知识传递给恰当的对象并实现知识创新的多维动态过程，知识协同对组织学习能力具有正向影响。

企业在谋求发展的过程中，除了依赖自身拥有的信息、资源、技术能力等，还需要同外部组织交流协作，优势互补，降低运营风险。由于科学技术的持续快速发展和市场环境的变化无常，企业面临巨大的外部竞争压力，必须通过与知识协同网络中的供应商、客户、竞争者等主体的交流互动增强自身的竞争优势并获取关键能力和资源。

组织学习是指通过外在环境的学习将学得的知识、能力加以内化形成自身的优势，并利用市场时机使企业获利。依据组织学习的过程，可以将其划分为知识吸收和知识整合两个部分。知识吸收是指企业通过辨识外界有用知识，将这些知识消化或者转化为组织知识基础，并借助创新性和竞争性的企业活动而加以发挥。

知识整合是指将嵌入在组织内部或组织外部网络中的知识予以整合，加以体现在新产品开发和应用中。知识吸收和知识整合共同构成了组织学习。知识协同为企业提供了知识的空间转移平台，有助于其将从外部组织中获得的知识和信息等资源进行消化、吸收，内化为自身具有的能力或资源。

首先，知识协同提升了知识资源的广度和深度，更好地把握市场需求的动态变化，加快知识获取和吸收速度，持续不断地为企业注入新的知识能量；其次，知识协同注入的新的知识能量好比组织在生产过程中采购的“原材料”，它可以改变企业原有的思维和惯性，激发企业运用知识资源产生灵感和创意，促进企业对知识的整合利用，降低了知识利用成本。同外界的知识协同，可以使企业接触到相关领域最前沿的信息和技术，突破传统束缚，进行知识创新，更新组织学习理念，精准地了解顾客需求和竞争对手的动向，进一步促进知识消化吸收和知识整合利用。根据物流企业在供应链中的角色以及与其他利益相关者的关系，其知识协同的主体包括供应商、客户、竞争者等，基于上述分析，提出假设 H3、H4、H5。

H3（a）：企业与供应商之间的知识协同对企业的知识吸收能力存在显著正向影响；

H3（b）：企业与供应商之间的知识协同对企业的知识整合能力存在显著正向影响。

H4（a）：企业与客户之间的知识协同对企业的知识吸收能力存在显著正向影响；

H4（b）：企业与客户之间的知识协同对企业的知识整合能力存在显著正向影响。

H5（a）：企业与竞争者之间的知识协同对企业的知识吸收能力存在显著正向影响；

H5（b）：企业与竞争者之间的知识协同对企业的知识整合能力存在显著正向影响。

3.3.3 知识共享与组织学习能力的关系

不同的主体拥有不同的知识和资源，组织内部成员之间和组织与组织之间进行积极的知识共享或资源共享有助于提高组织的创新能力并增强组织的竞争力。随着对知识共享问题的深入研究，知识共享对组织学习能力（知识吸收和知识整合）的影响也受到了学者们的极大关注，论证了知识共享对组织学习能力的正向影响关系。

知识共享对于高水平知识创新具有关键，只有当企业内的隐性知识能够显性化，继而显性知识内部化之后，企业高管和员工共享知识才能将这些知识运用到实际工作中，知识才能够为企业创造价值。企业高管和员工间的知识共享可以减少信息传递和理解偏差的交易成本，有利于双方对企业共同目标的追求，并为之付出努力，从而实现组织学习。知识共享意味着相关知识可以在高管团队和员工间传播和分享，并进一步引导他们解决特定问题的行为及其互动模式（Arora R，2002）。企业高管和员工间彼此分享知识不断的驱动着公司进行知识创造并获取竞争优势。

对于一个组织而言，学习不能仅仅停留在个体层面，需要通过组织成员的交流与互动，让个体的知识与经验扩散到组织层面。组织知识的积累很大程度上依赖于企业高管团队与员工的知识共享。高管团队与员工间的知识共享可以促使知识、技能、信息和新观念等在企业内传播与流动。这有利于将企业的个体知识聚合为组织知识，从而实现组织学习。知识共享是组织学习成功的关键因素，也只有通过知识共享活动，企业内个体知识和组织知识才能够不断交互并得以发展。如果企业无法实现高管团队与员工间的知识共享，那么组织学习将难以获得成功。信息的高速传播建立了有效的知识共享机制，通过组织成员相互学习与合作，极大地促进了组织学习（Jarvenpaa，2001）。组织学习本质上是个人学习概念基础上的扩展，组织卓越竞争优势的塑造，不仅需企业重视组织内的个人学习，更需企业高度关注组织内知识的传递与共享。实证研究表明，组织学习过程有赖于成员间的知识共享意愿和能力，组织内部员工知识共享意愿的提升，将有助知识在组织内部的传递和组织成员间的互动和对话，从而塑造集体学习的氛围并提升组织的学习能力。组织内部对知识共享的心智模式和行为有助于组织学习过程中对知识的交流、创新和发展，促进组织成员间互动关系和产生，而知识在组织内部的交流与转移，将促进组织内现有的知识采用新的方法加以重建，从而提升组织的学习能力。

知识共享实际上是一种信息或资源的共享，是通过组织成员间的交流互动，与他人分享工作报告、工作技巧、技能或灵感，在分享自己的知识或技能的同时也得到了新的知识或技能，通过进一步的吸收和整合，内化为自己的知识或能力，进而成为组织的知识和能力。根据知识的表现形式可以将其分为显性知识和隐性知识两种类型，其中显性知识是成文化的，是以文字、图片等具体而形象的形式存在于已形成的文献、报告等资料中，方便在实体与实体之间进行展示与传播；而隐性知识是指储存于个体大脑中的尚未成文的知识，因具有个人特质而不易被传播。企业营造良好的知识共享与交流的环境，可以促进企业成员间相互学习、共享知识与技能，将隐性知识显性化，进一步促进知识的吸收和整合。知识共享为企业提供了知识的空间聚集平台，有助于企业内部知识的流动和利用，有利于充分发挥知识的价值，有效的显隐性知识共享将会促进知识的吸收和整合。基于知识共享与组织学习的内涵，提出假设 H6、H7。

H6（a）：企业显性知识共享对企业的知识吸收能力有显著正向影响；

H6（b）：企业显性知识共享对企业的知识整合能力有显著正向影响。

H7（a）：企业隐性知识共享对企业的知识吸收能力有显著正向影响；

H7（b）：企业隐性知识共享对企业的知识整合能力有显著正向影响。

3.3.4 性别的调节作用

对于组织中的性别研究，不同学科有不同范式。社会学提出社会性别的概念，认为它是指由社会文化形成的对男女差异的理解，以及社会文化中形成的属于女性或男性的群体特征和行为方式（Santos- Vijande，2012）。管理学则将其从组织多样性领域提取出来，提出性别多样性的概念，认为性别不同的组织成员对组织工作和绩效的影响不同，改变性别多样性主要是改变组织内成员性别的分布特征（梁汶洁，2007）。

从组织行为学的视角来看，女性组织成员能够为企业经营提供新视角，为决策提出新问题，对组织绩效产生积极影响，性别多样性能够为组织提供多方案，提高组织解决问题的能力。因此，合理配置群体成员，提高性别多样性，有利于资源的储备和利用，从而提升组织绩效。从公司治理角度来看，董事会成员的性别不同可以通过影响董事的监管质量从而进一步影响企业财务绩效，合理配置组织成员性别比例可以完善公司治理的结构，提高治理的效率和效果，促进组织绩效的增长（李乐旋，2017）。

尽管男女在解决问题、分析问题、社会交往与学习等方面的能力差异性并不大，但仍有理由相信男女在思维方式、遵从权威以及行为预期方面存在差别。当工作团队中有适当数量的女性存在时，性别多样性会对团队绩效发挥积极作用，性别多样性对团队绩效和创造力存在正向效应。当组织执行某项决策时，女性与男性相比可能存在差异性的心理感知和态度、行为趋向。这种对决策信息处理方式的生理差异性很可能是造成管理决策对男性与女性员工产生差异性结果的致因。女性员工与男性员工相比，同事之间的信任关系可能表现得更密切些。因此，当组织实施高承诺工作系统依次影响同事之间的信任关系及知识共享时，男性员工与女性员工会表现出差异性的作用关系。女性员工之间的惯常信任关系使得她们之间不会因信任关系得到提高而更愿意共享知识，相反，男性员工可能因为重新构建起了信任关系而显得更愿意共享彼此掌握的专有性知识。

一个组织仅可以通过影响男性员工之间的信任关系来影响他们的知识共享意愿和行为，无法通过影响女性员工之间的信任关系来影响其知识共享意愿和行为。女性员工与男性员工相比更可能遵从权威，而男性员工有更高的进取心和成功预期。男性在企业组织中对各种资源的把控程度高于女性员工的优势使得男性知识共享行为的发生受理性驱动。女性在组织中因处于性别弱势一方，知识共享行为的发生主要受权威驱动而表现为直接顺从。组织对女性员工的信任关系、知识共享意愿和行为的影响均强于男性员工，女性员工这种比男性员工更遵从权威的特性值得管理者在管理员工时加以区别和重视（张松波，2016）。

不同性别的员工对知识管理活动的认知、作用方面存在差异，并在知识管理活动对商业模式创新的影响中有一定的调节作用。基于此，提出假设 H8：

H8：性别对商业模式创新路径有一定的调节作用。

3.4 研究设计

基于上述变量关系假设，给出知识协同、知识共享、组织关系与商业模式创新的作用及机理图，设计商业模式创新子问卷、组织学习能力子问卷、知识协同子问卷和知识共享子问卷，界定研究样本的选取与数据分析方法。

关于知识管理与商业模式创新关系的研究思路如图 3-1 所示。研究前提是，将商业模式创新分为效率型商业模式创新和新颖型商业模式创新，根据组织学习的过程将组织学习能力分为知识吸收和知识整合两种模式，根据知识协同的主体不同，将知识协同分为供应商知识协同、客户知识协同和竞争者知识协同三种类型，根据知识的显隐性特征，将知识共享分为显性知识共享和隐性知识共享两种类型（田立法，2015）。

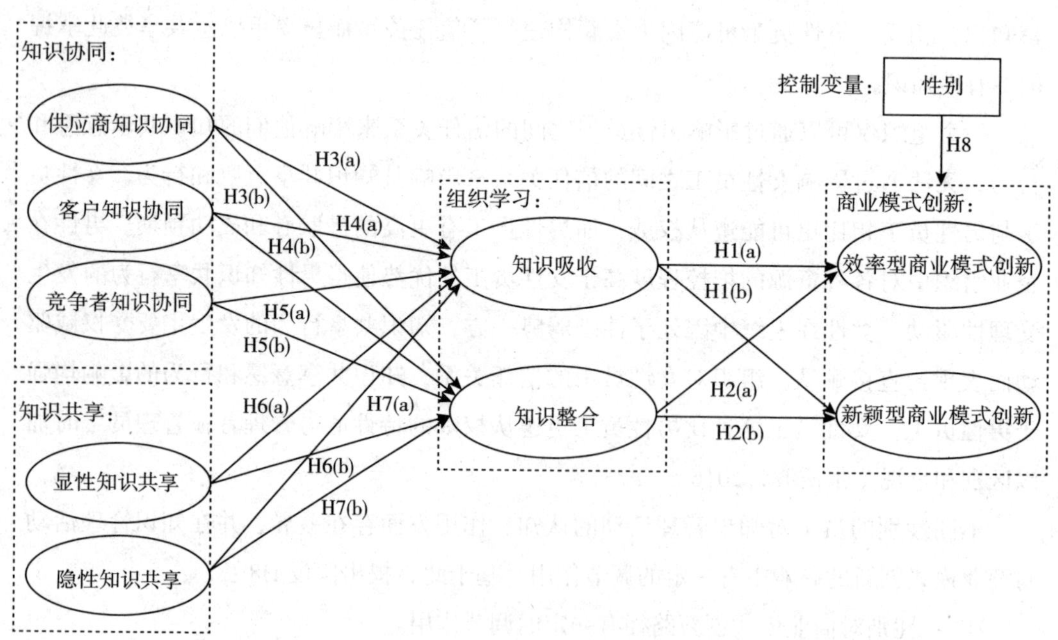

图3-1　知识协同、知识共享、组织学习与商业模式创新的作用机理模型

调查问卷主要是用来获取研究样本的基本情况及测量模型中的变量情况的相关数据。有效的测量是科学研究的基石，是良好的潜变量评估和实证研究的核心要素。问卷设计的核心环节是量表的开发。管理学研究中的量表开发方法可归纳为：直接翻译法、修改法、去情境法和情境化法四种。研究使用的研究问卷由商业模式创新子问卷、组织学习能力子问卷、知识协同子问卷和知识吸收子问卷四个部分构成，为了确保问卷量表能达到较好的信度和效度水平，采用修改经典量表来完成量表的设计，使用成熟量表来度量相关变量，并根据具体的研究背景进行了适当的修正。

3.4.1 商业模式创新子问卷

商业模式创新的子问卷的设计，依据商业模式设计主题的差异，把商业模式创新划分为效率型商业模式创新和新颖型商业模式创新两种类型（Amit，Zott，2007，2008；蔡俊亚，2013）。其中效率型商业模式创新重点强调降低成本、提高效率，包含“我们的商业模式降低了交易成本”“我们的商业模式简化了交易流程”“我们的商业模式减少了交易差错”“我们的商业模式降低了交易过程中的信息不对称现象”“我们公司加快了交易速度”“总体来说，我们的商业模式提高了交易效率”6个测度项；新颖型商业模式创新重点强调推陈出新，包含“我们的商业模式引入了新的产品或服务”“我们的商业模式创造了新的盈利方式”“我们的商业模式创造了新的盈利点”“我们的商业模式创造了新的运营流程和规范”“总体来说，我们公司的商业模式是新颖的”5个测度项。商业模式创新子问卷具体题项分布见表3-3。

商业模式创新子问卷共由11个题项构成，所有题项全部采用李克特7点计分法为题项描述打分，其中“1-7”分别表示“非常不赞同”“比较赞同”“赞同”“一般”“不赞同”“比较不赞同”“非常不赞同”，请问卷填答者根据自己所在企业的实际情况判断每一个题项的符合程度。

表3-3　商业模式创新子问卷

变量	题　项
效率型商业模式创新 Efficiency-centered innovation	ECI1 我们的商业模式减少了各参与方的存货、营销及沟通等交易成本
	ECI2 我们的商业模式简化了交易流程
	ECI3 我们的商业模式减少了交易差错

续表

变量	题 项
效率型商业模式创新 Efficiency-centered innovation	ECI4 我们的商业模式减少了交易过程中的信息不对称现象
	ECI5 我们公司加快了交易速度
	ECI6 总体来说，我们的商业模式提高了交易效率
新颖型商业模式创新 Novelty-centered innovation	NCI1 我们公司的商业模式引入了新的产品或服务
	NCI2 我们公司的商业模式创造了新的盈利方式
	NCI3 我们公司的商业模式创造了新的盈利点
	NCI4 我们公司的商业模式引入了新的运营流程或规范
	NCI5 总体来说，我们公司的商业模式是新颖的

3.4.2 组织学习能力子问卷

组织学习能力是指通过外在环境的学习及知识的吸收并加以内化，形成自身的优势，利用市场时机使企业获利的能力。学习能力由知识吸收能力与知识整合能力构成，其中，知识吸收是一个组织有能力去辨识、获取外部信息，并且消化吸收以及加以开拓利用于组织营运之目的，也就是说吸收能力是以既有知识与经验为基础，加以辨识、消化与吸收外部技术知识，发展符合市场潮流的新产品等。因此，可将知识吸收细化为知识获取、辨识与理解消化，包含“我们公司可以获取关于顾客需求等新服务的开发信息”“我们公司可以获取具有价值的新服务开发关键技术”等四个测度项。

由于知识吸收无法持续地为企业创造竞争优势，进而提出知识整合作为对知识吸收观点的补充。知识整合是开发、存储知识的能力，需要经过长时间的历练才能将外在知识转移到组织内。知识整合能力可将嵌入于组织内外部网络中的知识予以整合并且将其用于新产品的实际开发。因此，可将知识整合细化为整合外部知识、重组内部与应用知识的程度等方面，具体包含“我们公司能够结合外部新知识从事新服务开发”“我们公司能够重新整合内部既有知识从事新服务开发”等四个测度项，组织学习能力子问卷题项如表 3-4 所示。

组织学习能力子问卷共由 8 个题项构成，所有题项全部采用李克特 7 点计分法为题项描述打分，其中“1-7”分别表示“非常不赞同”“比较赞同”“赞同”“一般”“不赞同”“比较不赞同”“非常不赞同”，请问卷填答者根据自己所在企业的实际情况判断每一个题项的符合程度。

表3-4　组织学习能力子问卷

变量	题　项
知识吸收 Knowledge absorption	KA1 我们公司可以获取关于顾客需求等新服务的开发信息
	KA2 我们公司可以获取具有价值的新服务开发关键技术
	KA3 我们公司能够辨认新服务开发的机会与可行性
	KA4 我们公司对于取得的新服务开发专业知识能够有所了解与吸收
知识整合 Knowledge integration	KI1 我们公司能够结合外部新知识从事新服务开发
	KI2 我们公司能够重新整合内部既有知识从事新服务开发
	KI3 我们公司能够有效且弹性地使用既有或新取得的知识以应对环境变化
	KI4 我们公司能够将获得的新知识应用于整体运营流程中

3.4.3 知识协同子问卷

关于知识协同的子问卷，量表设计包括与供应商的知识协同、与客户的知识协同和与竞争者的知识协同三个维度，以与供应商的知识协同为例，每个维度包含“与供应商（客户或竞争者）建立合作关系并经常与之交流互动”“与供应商（客户或竞争者）交流互动产生新的想法”“ 经常与供应商（客户或竞争者）交流互动开发新的产品或服务”“经常与供应商（客户或竞争者）交流互动共同检验新产品或新服务”等四个测度项（Huang H C，2012），共 12 个题项。知识协同子问卷题项如表 3-5 所示。

知识协同子问卷共由 12 个题项构成，所有题项全部采用李克特 7 点计分法为题项描述打分，其中“1-7”分别表示“非常不赞同”“比较赞同”“赞同”“一般”“不赞同”“比较不赞同”“非常不赞同”，请问卷填答者根据自己所在企业的实际情况判断每一个题项的符合程度。

表3-5　知识协同子问卷

变量	题　项
供应商知识协同 Supplier knowledge cooperation	SUKC1 我们公司与供应商建立伙伴关系且经常与之交流互动
	SUKC2 我们公司经常与供应商交流互动产生新产品或新服务的想法
	SUKC3 我们公司经常与供应商交流互动开发新的产品或服务
	SUKC4 我们公司经常与供应商交流互动共同检验新产品或新服务

续表

变量	题 项
客户知识协同 Customer knowledge cooperation	CUKC1 我们公司与客户建立伙伴关系且经常与之交流互动
	CUKC2 我们公司经常与客户交流互动产生新产品或新服务的想法
	CUKC3 我们公司经常与客户交流互动开发新的产品或服务
	CUKC4 我们公司经常与客户交流互动共同检验新产品或新服务
竞争者知识协同 Competitor knowledge cooperation	COKC1 我们公司与同行建立伙伴关系且经常与之交流互动
	COKC2 我们公司经常与同行交流互动产生新产品或新服务的想法
	COKC3 我们公司经常与同行交流互动开发新的产品或服务
	COKC4 我们公司经常与同行交流互动共同检验新产品或新服务

3.4.4 知识共享子问卷

关于知识共享的子问卷，研究量表设计将知识按照知识的表现形式区分为显性知识和隐性知识，其中显性知识共享包括“公司员工经常互相分享彼此的工作报告或资料等”“公司员工经常互相分享彼此的工作手册、方法或模型等”两个测度项；隐性知识共享包括“公司员工经常互相分享彼此的工作经验或专业技能等”“公司员工经常以更有效的方式与其他组织成员分享从教育和培训中学到的专门技术或知识”等三个测度项（Bock G W，2002）。知识共享子问卷题项如表 3-6 所示。

知识共享子问卷共由两个维度、5 个题项构成，所有题项全部采用李克特 7 点计分法为题项描述打分，其中“1-7”分别表示“非常不赞同”“比较赞同”“赞同”“一般”“不赞同”“比较不赞同”“非常不赞同”，请问卷填答者根据自己所在企业的实际情况判断每一个题项的符合程度。

表3-6 知识共享子问卷

变量	题 项
显性知识共享 Explicit knowledge sharing	EKS1 我们公司员工之间经常互相分享彼此的工作报告或资料等
	EKS2 我们公司员工之间经常互相分享彼此的工作手册、方法或模型等
隐性知识共享 Implicit knowledge sharing	IKS1 我们公司员工之间经常互相分享彼此的工作经验或专业技能等
	IKS2 我们公司员工经常提供自己的知识或技术给其他组织成员
	IKS3 我们公司员工经常以更有效的方式与其他组织成员分享从教育和培训中学到的专门技术或知识

3.4.5 问卷发放与数据处理

根据研究需要，以物流等相关企业为数据收集对象，在2016年11月1日至2017年1月14日期间，问卷发放的途径包括：①亲自发放，通过老师、亲友的关系，联系北京、石家庄、邯郸等华北地区的几家大型物流企业亲自发放问卷；②委托同学、亲戚和朋友等熟人代为发放，请在北京、石家庄、邯郸等地市物流企业工作的同学、亲友在他们所在公司发放问卷；③通过购买专业网络调查平台“问卷星”的样本服务发放问卷。因考虑到将调查周期尽可能缩短，在预调查时通过问卷星发放了50份问卷，回收周期在30天左右。研究问卷的发放主要针对物流企业的中高层管理人员，在发放问卷时，对委托发放人进行了反复说明，叮嘱确保问卷由中高层管理人员填写，同时在问卷的“填写说明”部分也已注明由物流企业的中高层管理人员填答问卷。

问卷调查经历了预调查和正式调查两个阶段。在预调查阶段主要通过私人关系发放和“问卷星”发放。在问卷发放前，向参与调查的人员就本研究的目的和意义做简要的引导说明，预调查阶段共发放问卷70份，回收问卷60份，经逐一筛选，删除题项漏选较多、答卷不认真的问卷，最终获得有效问卷50份，问卷有效率为65.56%。检验预调查问卷数据的信度和效度，对原始问卷进行修改，删除不合适的、内容重复的题项，完善难以理解的措辞，使其更清晰易懂，得到最终完善的正式调查问卷。

在正式调查阶段，共发放问卷500份，回收问卷460份，有效问卷436份。通过在线发放、实地发放、发送邮件等多种方式对北京、邯郸、石家庄、深圳等多地的物流等相关企业进行了问卷调查。本研究共回收问卷460份，排除填写不完整或填写时间过短的问卷，最终筛选出有效问卷436份。在这436份有效问卷中，男性人数占比48.17%，女性人数占比51.83%。18~25岁年龄人群占比为33.94%，26~30岁年龄人群占比35.78%，31~40岁占比23.85%，41~50岁占比5.05%，50岁以上人数占比1.38%。在教育程度方面，初中及以下占比2.75%，高中占比6.42%，专科占比22.94%，本科占比54.13%，硕士占比15.59%，博士占比0.92%。收入为1001~3000元的人群占35.78%，收入为3001~ 5000元的人群占31.65%，5001~7000元的人群占17.43%，7001~10000元的人群占10.09%，10000元以上的人群占5.05%。具体如表3-7所示。

研究中使用的问卷见附录1。

鉴于前期调研中被调研对象普遍不愿填写单位名称及个人姓名等信息，因此正式调研中将采取不记名的方式，单位名称也只以代码，以便于后面的数据分析。

表3-7　样本描述性特征

项目	选项	人数	比例（%）
性别	男	210	48.17
	女	226	51.83
年龄	18~25 岁	148	33.94
	26~30 岁	156	35.78
	31~40 岁	104	23.85
	41~50 岁	22	5.05
	50 岁以上	6	1.38
教育程度	初中及以下	12	2.75
	高中	16	3.67
	专科	100	22.94
	本科	236	54.13
	硕士	68	15.59
	博士	4	0.92
收入水平	1001 ～ 3000 元	156	35.78
	3001 ～ 5000 元	138	31.65
	5001 ～ 7000 元	76	17.43
	7001 ～ 10000 元	44	10.09
	10000 元以上	22	5.05

采用结构方程模型处理数据。结构方程模型是一种用于验证某一理论模型或假设模型适切性与否的统计技术，是一种验证性（Confirmatory）而非探索性（Exploratory）的统计方法。相对于传统的统计方法，结构方程模型是一种可以将测量与分析整合为一的计量研究技术，它可以同时估计模型中的测量指标、潜在变量，不仅可以估计测量过程中指标变量的测量误差，也可以评估测量的信度与效度。结构方程模型包括两个基本模型：测量模型（Measured model）与结构模型（Structural model）。测量模型描述的是潜在变量如何被相对应的显性指标所测量或概念化（Operationalized），而结构模型描述的是潜在变量之间的关系。测量模型由潜在变量（Latent variable）与观察变量（Observed variable，又称测量变量）组成，就数学定义而言，测量模型是一组观察变量的线性函数，观察变量有时又称为潜在变量的外显变量（Manifest variables 也称线性变量）或测量指标或指标变量。所谓观察变量是量表或问卷等测量工具所得的数据，潜在变量是观察变量间所形成的特质或抽象

概念，此特质或抽象概念无法直接测量，而要由观察变量测得的数据资料来反映。测量模型分析主要是评估测量变量与潜在变量的信度、效度，以及估计参数的显著水平等，此即为模型内在质量的检验，因而测量模型可以检验模型中各因素构念的聚合效度（Convergent validity）与区别效度（Discriminant validity）。所谓聚合效度是指测量相同潜在特质的测验指标会落在同一个共同因素上，而区别效度则是指测量不同潜在特质的测验指标会落在不同的共同因素上。结构模型是潜在变量间因果关系模型的说明。结构模型又可称为因果模型、潜在变量模型或线性结构关系。

早期的结构方程模型是协方差型结构方程模型（CB-SEM），以变量的协方差结构进行分析，借由定义一个因素结构来解释变量的共变关系，模型在正态概率模型下最大似然估计。研究中采用方差型结构方程模型（PLS-SEM），求解偏最小二乘法（Partial Least Squares，PLS）进行验证。该研究方法数据分布灵活、对数据样本要求较小，是用来处理潜变量的第二代多因素分析方法。数据处理所使用的软件为Smart PLS 2.0，分别依据PLS Algorithm 算法和 Bootstrapping 算法进行测量模型分析和结构模型分析。

3.5　实证检验的信度与效度

实证检验主要包含测量模型验证和结构模型验证两个部分，其中测量模型验证是对量表信度和效度的考察，而结构模型验证是对模型假设是否成立的检验。采用偏最小二乘法（Partial Least Squares，PLS）进行验证。该研究方法数据分布灵活、对数据样本要求较小，是用来处理潜变量的第二代多因素分析方法（Anderson，1988；Wold，1982）。数据处理所使用的软件为Smart PLS 2.0，分别依据PLS Algorithm 算法和Bootstrapping 算法进行测量模型和结构模型分析（Chin，1998）。

测量模型分析主要是对变量的信度和效度的检验，其中，信度验证主要是对测量的可靠性与一致性的检验，可以通过执行Smart PLS 的 Algorithm 算法观测各潜变量的Cronbach's alphas 值（α 值）和组合信度 Composite Reliability 值（*CR* 值）验证其信度。效度包括聚合效度（Convergent Validity 值）和区别效度（Discriminant Validity

值)，聚合效度解释了观测变量附载到所测量潜变量的程度，通常由观测变量的因子负载系数、对应潜变量的 Cronbach's alphas 系数和平均萃取方差（Average Variance Extracted，*AVE* 值）来检验。区别效度解释了各个潜变量与对应观测变量的相关度和潜变量对应观测变量区别于其他潜变量的程度大小，区别效度可以通过比较各个变量 *AVE* 值的平方根与变量间的相关系数来检验。当潜变量的 Cronbach's alphas 值大于 0.7 且 *CR* 值大于 0.7 时，表明此变量具有良好的信度；当潜变量对应的观测变量的因子负载大于 0.7 且该潜变量的 *AVE* 值大于 0.5 时，表明该变量有良好的聚合效度；当潜变量的 *AVE* 值的平方根高于此变量与其他变量的相关系数时，表明此变量具有良好的区别效度。

3.5.1 商业模式创新检验的信度与效度

对商业模式创新的三个维度进行信度检验和聚合效度检验，观测各潜变量的 Cronbach's alphas 值、组合信度 CR 值，以及观测变量的因子负载和对应潜变量的 AVE 值，结果如表 3-8 所示。

表3-8 商业模式创新因子负载，α 值，*CR* 和 *AVE*

变量	测度项	因子负载	Cronbach's alphas	*CR*	*AVE*
效率型商业模式创新 Efficiency-centered innovation	ECI1	0.8860	0.9076	0.9182	0.7924
	ECI2	0.8896			
	ECI3	0.8964			
	ECI4	0.8958			
	ECI5	0.8730			
	ECI6	0.9000			
新颖型商业模式创新 Novelty-centered innovation	NCI1	0.8780	0.9201	0.9344	0.8071
	NCI2	0.9288			
	NCI3	0.9196			
	NCI4	0.8808			
	NCI5	0.8835			

表 3-8 表明，商业模式创新两个潜变量效率型商业模式创新和新颖型商业模式创新的 Cronbach's alphas 值均大于 0.7，组合信度 *CR* 值均大于 0.7，商业模式创新量表具

有较好的信度。对变量进行效度检验，依据评判标准（Ringle，2014；Bagozzi，1988；Wetzels，2009），各潜变量的观测变量的因子负载均大于 0.7，各变量平均萃取方差 *AVE* 值均大于 0.5，可见各变量均具有良好的聚合效度。

将各个潜变量 *AVE* 值的平方根与其他潜变量的相关系数值进行对比，结果如表 3-9 所示。从表 3-9 可以看到，各个变量的 *AVE* 值的平方根（对角线上的值）均高于该变量与其他变量的相关系数（相应行列非对角线上的值），由此可见商业模式创新量表具有良好的区别效度。

表3-9 变量*AVE*值的平方根和变量相关系数

变量	*SUKC*	*CUKC*	*COKC*	*EKS*	*IKS*	*KA*	*KI*	*ECI*	*NCI*
SUKC	0.9180								
CUKC	0.7316	0.9301							
COKC	0.6718	0.6277	0.9317						
EKS	0.5620	0.5260	0.5590	0.9529					
IKS	0.5787	0.5234	0.5869	0.6951	0.9491				
KA	0.6253	0.6544	0.6971	0.5887	0.6731	0.9191			
KI	0.6304	0.6110	0.6728	0.5739	0.6272	0.7703	0.9277		
ECI	0.5867	0.5669	0.6708	0.5503	0.5788	0.7081	0.7641	0.8902	
NCI	0.5650	0.5903	0.6430	0.5202	0.5728	0.6534	0.7434	0.7717	0.8984

3.5.2 组织学习能力检验的信度与效度

对组织学习能力的两个潜变量进行信度检验和聚合效度检验，观测各潜变量的 Cronbach's alphas 值、组合信度 *CR* 值，以及观测变量的因子负载和对应潜变量的 *AVE* 值，结果如表 3-10 所示。

表 3-10 表明，组织学习能力的两个潜变量知识吸收和知识整合的 Cronbach's alphas 值均大于 0.7，组合信度 *CR* 值均大于 0.7，组织学习能力量表具有较好的信度。对变量进行效度检验，各潜变量的观测变量的因子负载均大于 0.7，各变量平均萃取方差 *AVE* 值均大于 0.5，各变量均具有良好的聚合效度；将各个潜变量 *AVE* 值的平方根与其他潜变量的相关系数值进行对比，各个变量的 *AVE* 值的平方根（对角线上的值）均高于该变量与其他变量的相关系数（相应行列非对角线上的值），表明组织学习能力量表具有良好的区别效度。

表3-10　组织学习能力因子负载，α 值，*CR* 和 *AVE*

变量	测度项	因子负载	Cronbach's alphas	*CR*	*AVE*
知识吸收 Knowledge absorption	KA1	0.9281	0.9387	0.9561	0.8447
	KA2	0.9087			
	KA3	0.9181			
	KA4	0.9213			
知识整合 Knowledge integration	KI1	0.9220	0.9492	0.9634	0.8606
	KI2	0.9209			
	KI3	0.8949			
	KI4	0.9328			

3.5.3 知识协同的信度与效度

对知识协同变量的三个潜变量进行信度检验和聚合效度检验，观测各潜变量的 Cronbach's alphas 值、组合信度 *CR* 值，以及观测变量的因子负载和对应潜变量的 *AVE* 值，结果如表 3-11 所示。

表 3-11 表明，知识协同的三个潜变量供应商知识协同、客户知识协同和竞争者知识协同的 Cronbach's alphas 值均大于 0.7，组合信度 *CR* 值均大于 0.7，量表具有较好的信度。对变量进行效度检验，各观测变量的因子负载均大于 0.7，各个潜变量的 *AVE* 值均大于 0.5，知识协同量表具有较好的聚合效度；将各个潜变量 *AVE* 值的平方根与其他变量的相关系数值进行对比，可以看到各个潜变量的 *AVE* 值的平方根（对角线上的值）均高于该变量与其他变量的相关系数（相应行列非对角线上的值），由此可见量表具有较好的区别效度。

表3-11　知识协同因子负载，α 值，*CR* 和 *AVE*

变量	测度项	因子负载	Cronbach's alphas	*CR*	*AVE*
供应商知识协同 Supplier knowledge cooperation	SUKC1	0.9013	0.8377	0.8554	0.8428
	SUKC2	0.8434			
	SUKC3	0.9205			
	SUKC4	0.9063			

续表

变量	测度项	因子负载	Cronbach's alphas	*CR*	*AVE*
客户知识协同 Customer knowledge cooperation	CUKC1	0.9036	0.9079	0.9024	0.8651
	CUKC2	0.9376			
	CUKC3	0.9362			
	CUKC4	0.8424			
竞争者知识协同 Competitor knowledge cooperation	COKC1	0.898	0.9292	0.9234	0.8681
	COKC2	0.9384			
	COKC3	0.8694			
	COKC4	0,9402			

3.5.4 知识共享的信度与效度

对知识共享的两个潜变量进行信度检验和聚合效度检验，观测各潜变量的Cronbach's alphas值、组合信度*CR*值，以及观测变量的因子负载和对应潜变量的*AVE*值，结果如表3-12所示。

表3-12表明，知识共享的两个潜变量显性知识共享和隐性知识共享的Cronbach's alphas值均大于0.7，组合信度*CR*值均大于0.7，量表具有较好的信度。对变量进行效度检验，各观测变量的因子负载均大于0.7，各个潜变量的*AVE*值均大于0.5，量表具有较好的聚合效度；将各个潜变量*AVE*值的平方根与其他变量的相关系数值进行对比，可以看到各个变量的*AVE*值的平方根（对角线上的值）均高于该变量与其他变量的相关系数（相应行列非对角线上的值），由此可见量表具有较好的区别效度。

表3-12　知识共享因子负载，α值，*CR*和*AVE*

变量	测度项	因子负载	Cronbach's alphas	*CR*	*AVE*
显性知识共享 Explicit knowledge sharing	EKS1	0.8677	0.8991	0.9319	0.9081
	EKS2	0.9081			
隐性知识共享 Implicit knowledge sharing	IKS1	0.9426	0.9450	0.9646	0.9008
	IKS2	0.9531			
	IKS3	0.9516			

3.6 假设检验

在各变量的信度、效度达到可接受的前提下，接下来进行假设检验，分析具体的假设是否成立。结构模型分析主要是验证模型的路径假设是否成立，通过执行 Smart PLS 来完成。在进行变量间显著性检验时，一般认为样本最少进行 500 次抽样才是较准确的，本研究采用 Bootstrapping 算法，并进行 1000 次样本抽样来完成各变量之间关系的显著性检验。我们用结构模型验证得出的路径系数 β 的大小来检验各变量之间关系的相关程度，用估计系数的标准误差，可以得出实证 T 值。其中，$1.96 < T < 2.58$ 表示在 $p < 0.05$ 的水平上显著，$2.58 < T < 3.3$ 表示在 $p < 0.01$ 的水平上显著，$T > 3.3$ 表示在 $p < 0.001$ 的水平上显著。用可决系数 R^2 值来检验变量的解释能力的高低，可以检验模型的预测精确度。在 PLS-SEM 中只有内生潜变量才有 R^2 值，R^2 值取 0 到 1 之间，值越大表示模型的预测精确度越高，R^2 值大于 0.25 并小于 0.50 表示变量解释能力较低，R^2 值大于 0.50 并小于 0.75 表示变量的解释能力较高，R^2 值大于 0.75 表示变量的解释能力很高（Wong，2013）。

3.6.1 组织学习能力与商业模式创新的关系检验

通过执行 Smart PLS 的 Bootstrapping 算法并进行 1000 次样本抽样来完成组织学习能力与商业模式创新关系的显著性检验，得到组织学习能力与商业模式创新的假设检验结果见图 3-2。

图 3-2 的含义是，假设 H1(a) 以 $p < 0.01$ 的水平显著，假设 H2(a)、H2(b) 均以 $p < 0.001$ 的水平显著，假设 H1(b) 验证结果不显著，假设不成立。结果显示，知识吸收对效率型商业模式创新有显著正向影响，路径系数 β 为 0.231，而对新颖型商业模式创新的正向影响不显著，路径系数 β 为 0.080；知识整合对效率型商业模式创新和新颖型商业模式创新均具有显著正向影响，路径系数 β 分别为 0.665、0.794。其中知识吸收和知识整合对潜在变量效率型商业模式创新的解释能力达到了 76.0%，知识整合对新颖

型商业模式创新的解释能力达到了 71.3%，R^2 值均达到了 0.50 以上，表示知识吸收和知识整合对潜变量效率型商业模式创新和新颖型商业模式创新的解释能力较好，模型具有良好的预测能力。

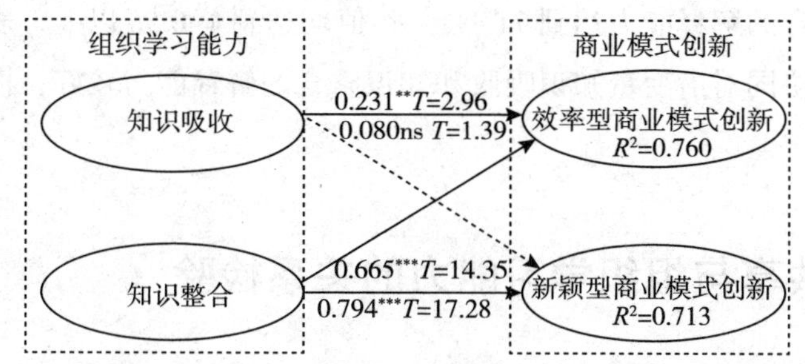

、*分别表示$p<0.05$、$p<0.01$、$p<0.001$，ns=not significant,即不显著

图3-2　组织学习能力与商业模式创新假设检验结果

3.6.2 知识协同与组织学习能力的关系检验

通过执行 Smart PLS 的 Bootstrapping 算法并进行 1000 次样本抽样来完成知识协同与组织学习能力关系的显著性检验，得到知识协同与组织学习能力的假设检验结果见图 3-3。

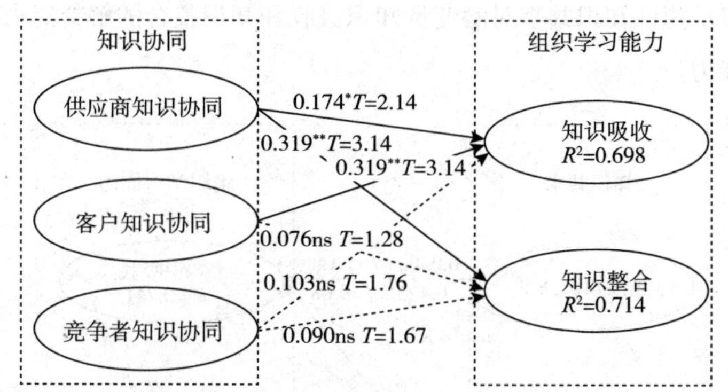

*、**、***分别表示$p<0.05$、$p<0.01$、$p<0.001$，ns=not significant,即不显著

图3-3　知识协同与组织学习能力假设检验结果

图 3-3 表明，假设 H3(a)、H4(a) 均以 $p<0.05$ 的水平显著，假设 H3(b) 以 $p<0.01$ 的水平显著，而假设 H4(b)、H5(a) 和 H5(b) 验证结果不显著，假设不成立。结果显示，与供应商之间的知识协同对知识吸收和知识整合均具有显著正向影响，路径系数 β 分别为 0.174、0.319；与客户之间的知识协同对知识吸收有显著正向影响，路

径系数 β 为 0.233，而对知识整合没有显著影响，路径系数 β 为 0.076；与竞争者之间的知识协同对知识吸收和知识整合均没有显著影响，路径系数 β 分别为 0.103 和 0.090。其中，供应商知识协同、客户知识协同对知识吸收的解释能力达到了 69.8%，供应商知识协同对知识整合的解释能力达到 71.4%，R^2 值均达到了 0.50 以上，表示供应商知识协同和客户知识协同对潜变量知识吸收和知识整合的解释能力较好，模型具有良好的预测能力。

3.6.3 知识共享与组织学习能力的关系检验

通过执行 Smart PLS 的 Bootstrapping 算法并进行 1000 次样本抽样来完成知识共享与组织学习能力关系的显著性检验，得到知识共享与组织学习能力的假设检验结果见图 3-4。

图 3-4 表明，假设 H7(a)、H7(b) 均以 $p < 0.001$ 的水平显著，而假设 H6(a)、H6(b) 验证结果不显著，假设不成立。结果显示，显性知识共享对知识吸收和知识整合均没有显著影响，路径系数 β 分别为 0.040 和 0.114；隐性知识共享对知识吸收和知识整合均具有显著正向影响，路径系数 β 分别为 0.425、0.336；其中隐性知识共享对潜变量知识吸收的解释能力达到 74.1%，对知识整合的解释能力达到 68.6%，各潜变量的 R^2 值均大于 0.50，表示隐性知识共享对潜变量知识吸收和知识整合的解释能力较好，模型具有良好的预测能力。

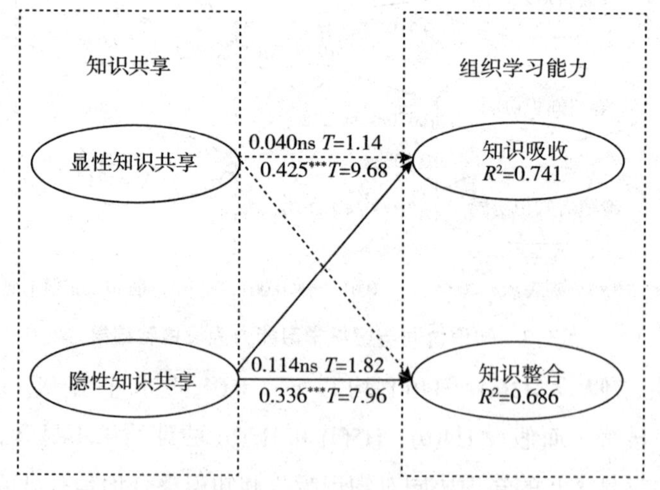

*、**、***分别表示 $p<0.05$、$p<0.01$、$p<0.001$，ns=not significant,即不显著

图3-4 知识共享与组织学习能力假设检验结果

3.6.4 性别的调节效应检验

在性别调节验证部分，采用男女分组的方法展开对比研究，并基于男女两个群体的分析数据构造 t 统计量来验证调节作用（Keil，2000；Ma F，2017）。在下面的公式中，N_1 和 N_2 分别表示样本 1（女）和样本 2（男）的样本数；P_1 和 P_2 分别表示样本 1 和样本 2 进行模型检验的路径系数；S_1 和 S_2 分别表示样本 1 和样本 2 进行模型检验的标准误差。如果 $t < 1.96$，则调节作用不显著，验证结果不支持假设；如果 $2.58 > t \geqslant 1.96$，则调节作用满足 $p < 0.05$ 水平上的显著，验证结果支持假设；若 $3.3 > t \geqslant 2.58$，则调节作用满足 $p < 0.01$ 水平上的显著；如果 $t \geqslant 3.3$，则调节作用满足 $p < 0.001$ 水平上的显著。根据上述原理，分析出性别在企业知识管理活动推动商业模式创新过程中的产生的影响，如表 3-13 所示。

$$t = \frac{P_1 - P_2}{\left[\sqrt{\frac{(N_1 - 1)}{N_1 + N_2 - 2} S_1^2 + \frac{(N_2 - 1)}{N_1 + N_2 - 2} S_2^2}\right]\left[\sqrt{\frac{1}{N_1} + \frac{1}{N_2}}\right]} \tag{3-1}$$

表3-13　性别调节作用验证

假设	女（226）		男（210）		t 值	结果
	路径系数	标准误差	路径系数	标准误差		
供应商知识协同→知识吸收	0.131*	0.0528	0.123	0.1228	0.8944	不支持
供应商知识协同→知识整合	0.220**	0.0849	0.381***	0.0993	-18.2352	支持
客户知识协同→知识吸收	0.058	0.0799	0.416***	0.0873	-44.7075	支持
客户知识协同→知识整合	-0.059	0.0799	0.241**	0.0809	-38.9383	支持
竞争者知识协同→知识吸收	0.140**	0.0489	0.213	0.1144	-8.7699	支持
竞争者知识协同→知识整合	0.111	0.0618	0.146	0.1029	-4.3401	不支持
显性知识共享→知识吸收	0.183*	0.0857	-0.085	0.0586	37.8362	支持
显性知识共享→知识整合	0.325**	0.0932	-0.069	0.0636	51.1798	支持
隐性知识共享→知识吸收	0.502***	0.0913	0.305***	0.0759	24.3999	支持
隐性知识共享→知识整合	0.393***	0.1047	0.237**	0.0892	16.6858	支持
知识吸收→效率型商业模式创新	0.251**	0.0783	0.198*	0.0981	6.2559	支持
知识吸收→新颖型商业模式创新	0.058	0.0811	0.096	0.1297	-3.6953	不支持
知识整合→效率型商业模式创新	0.624***	0.0719	0.722***	0.0884	-12.7377	支持
知识整合→新颖型商业模式创新	0.796***	0.0725	0.755***	0.1147	4.4939	支持

表 3-13 表明，相对于女性员工，男性员工与供应商之间的知识协同更有助于其进行知识整合（0.220** VS 0.381***），女性员工与男性员工在供应商知识协同对知识整合的影响方面存在着显著差异（$p < 0.001$）。与客户之间的知识协同对知识吸收和知识整合的作用只在男性员工群体中显著，对于女性员工群体，与客户之间的知识协同对知识吸收和知识整合没有显著影响（0.416*** VS 0.058ns），与竞争者之间的知识协同对知识吸收的作用却只在女性员工群体中显著；对于男性员工而言，与竞争者之间的知识协同对其知识吸收没有任何显著作用（0.140** VS 0.213ns）。显性知识共享在促进企业知识吸收和知识整合方面只对女性员工适用，对于男性员工而言显性知识共享对知识吸收和知识整合等组织学习没有任何显著作用（0.183* VS -0.085ns；0.325** VS -0.069ns）。而且相对于男性员工，隐性知识共享对女性员工的知识吸收和知识整合的推动作用更大（0.502*** VS 0.305***; 0.393*** VS 0.237**）。在商业模式创新方面，女性员工更倾向于通过知识吸收来实现效率型商业模式创新，更倾向于通过知识整合来实现新颖型商业模式创新，而男性员工更倾向于通过知识整合来实现效率型商业模式创新，性别在知识吸收对效率型商业模式创新、知识整合对效率型商业模式创新、知识整合对新颖型商业模式创新方面具有显著差异。

3.7 小 结

模型的实证检验的有效性支持了知识管理是物流企业商业模式创新的一个关键要素的论点。根据其在男性、女性群体中分别呈现出的显著差异，也给出了基于知识管理的商业模式创新男女有别的新观点。

整体而言，假设 H1（a）成立、H1（b）不成立，表明知识吸收只对效率型商业模式创新有效力，而对新颖型的商业模式创新却没有效力，仅仅提高知识吸收可能更倾向于提升效率，从而实现效率型商业模式创新，而在新颖型方面仅仅知识吸收还远远不够。假设 H2（a）、H2（b）均成立，表明知识整合不仅可以提升效率实现效率型商业模式创新，还能够帮助实现新颖型商业模式创新，对于新颖型商业模式创新可能更依赖于企业对知识的整合。对男女性别群体而言，女性更偏向于通过知识吸收实现效率型商业模式创新，通过知识整合实现新颖型商业模式创新，男性更偏向于通过知识整合来实现新颖型商业模式创新，男性与女性在组织学习与商业模式创新方面存在着显著差异。企业的长足发展依赖于组织学习能力的提升，组织学习包括知识吸收和知识整合，知识吸收和知识整合有助于促进商业模式创新。未来企业应当通过促进知识吸收和知识整合推动效率型商业模式创新，促进知识整合推动新颖型商业模式创新。同时，根据性别差异突出组织学习能力对不同类型商业模式创新的推动作用，能够更高效地实现商业模式创新，企业应当充分发挥女性员工在知识吸收方面对效率型商业模式创新的推动作用，在知识整合方面对新颖型商业模式创新的推动作用；对于男性员工，应强化其在知识整合方面对效率型商业模式创新的推动作用。

假设H3（a）、H3（b）成立，表明与供应商进行知识协同有利于企业自身进行知识吸收和知识整合，尤其对知识整合方面的影响（β=0.319）较大于对知识吸收方面的影响（β=0.174），因此未来在企业知识管理方面要更加注重与供应商的协同，以实现对企业自身知识的有效整合。假设H4（a）成立、H4（b）不成立，表明与客户进行知识协同能够促进企业自身的知识吸收，但是对企业自身的知识整合却没有显著作用，与客户之间的知识协同更倾向于客户对自身需求的表达，从而满足了企业对客户知识的积累和吸收，因此未来企业要更加注重对客户知识的吸收，从而提高自身的组织学习能力。假设H5（a）、H5（b）均不成立，表明与竞争者知识协同对企业的知识吸收和知识整合都没有显著作用，可能由于竞争者之间涉及利益冲突，在协作过程中难免有所保留，从而导致竞争者之间的知识协同形同虚设，没有效力。

相对于女性群体倾向于同竞争者进行知识协同从而实现知识吸收，男性更倾向于与客户进行知识协同从而实现知识吸收和知识整合，由性别差异而导致了在知识协同对象选择上的显著差异。供应链管理要求企业实现与供应商、客户等上下游企业的协同，与供应商的知识协同有助于促进企业的知识吸收和知识整合，与客户的知识协同有助于明确市场需求。未来企业应当重视与供应商进行知识协同，提升对自身知识的有效吸收和整合，加强与客户之间的知识协同促进企业对客户知识的吸收和利用，从而更精确地掌握市场需求。同时，根据性别合理地选择知识协同对象能够有效地发挥知识协同对企业知识吸收和整合的推动作用，要合理利用男性员工与客户之间的知识协同，注重女性员工与供应商之间的知识协同，以提升企业的知识整合，充分发挥性别在知识协同方面的不同优势，提升组织学习能力。

假设H6（a）与H6（b）不成立，H7（a）与H7（b）成立，表明整体而言显性知识共享对知识吸收和知识整合都没有显著作用，但隐性知识共享却对知识吸收和知识整合具有显著效力，尤其是对知识吸收的影响（β=0.425）要大于对知识整合的影响（β=0.336）。在企业中可能由于显性知识多是以文字、图片等具体形式存在于已形成的文献、报告等资料中，是普遍易于获取、掌握和传播的，而隐性知识由于具有个人特质，多以知识、技能的形式存在于个人脑海中，是不易传播和分享的；相对于显性知识，隐性知识对企业而言更有价值，隐性知识的共享更能够促进企业对知识的吸收和整合，提高组织学习能力并实现商业模式创新。但就部分而言，显性知识在女性员工群体中具有显著效力，在男性员工群体中却没有显著效力，这表明显性知识共享对女性员工还是比较适用的，而对男性员工应该更侧重于进行隐性知识共享。知识管理活动要求企业进行知识共享，隐性知识共享可以促进知识的吸收和整合，提升企业组织学习能力。未来企业应当积极开展企业内部知识共享活动，鼓励和促进员工之间的知识共享，为知识共享创造便利的条件，营造良好的氛围。同时，根据不同性别开展不同层面的知识共享活动，能够有效发挥企业知识共享对企业知识吸收和整合能力提升的作用。对于女性员工，可以在加强隐性知识共享的同时加强显性知识共享，从而促进其知识吸收和知识整合；但是对于男性员工，只能通过强化其隐性知识共享，有效提升其组织学习能力。

知识管理促进商业模式创新过程中作用的研究表明，企业与供应商进行知识协同有利于企业进行知识吸收和知识整合，与客户进行知识协同能够促进企业自身的知识吸收而对知识整合没有显著作用，与竞争者的知识协同对企业的知识吸收和知识整合都没有显著作用；显性知识共享对知识吸收和知识整合没有显著作用，隐性知识共享对知识吸收和知识整合具有显著效力，并且对知识吸收的影响大于对知识整合的影响；知识吸收对效率型商业模式创新有效力而对新颖型商业模式创新没有效力，提高知识吸收能力更可能提升效率从而实现效率型商业模式创新，而新颖型商业模式创新仅仅有知识吸收是不够的；知识整合可以借由提升效率实现效率型商业模式创新，并能够帮助实现新颖型商业模式创新，新颖型商业模式创新可能更依赖于企业对知识的整合。性别分析研究表明，女性群体倾向于同竞争者进行知识协同，而男性更倾向于与客户进行知识协同，导致了在知识协同对象选择上的显著性别差异；显性知识共享在女性群体中具有显著效力，而在男性群体中没有显著效力；女性更倾向于通过知识吸收实现效率型商业模式创新，通过知识整合实现新颖型商业模式创新，男性更倾向于通过知识整合来实现新颖型商业模式创新，男性与女性在组织学习与商业模式创新方面存在着显著差异。

研究的调查对象限定于物流企业，只针对物流企业的商业模式创新影响因素进行了研究和实证，研究范围有一定的局限性，剔除行业特征的宽泛性研究商业模式创新是未来的研究方向。

第4章 会计信息质量与物流企业商业模式

基于委托代理理论、有效市场理论、信息不对称理论和商业模式创新理论，以沪深两市2014—2018年A股物流上市公司为样本，采用规范研究方法，研究会计信息质量、商业模式与企业价值的关系问题，论证会计信息质量和企业价值的正相关关系，商业模式和企业价值的正相关关系，会计信息质量和商业模式的交互项对企业价值的正向影响，商业模式在会计信息质量对企业价值的作用中的调节作用（郑紫旺，2020）[1]。

4.1 理论基础

4.1.1 会计信息质量相关理论

会计信息质量理论主要包括委托代理理论、有效市场理论和信息不对称理论。

委托代理理论由美国著名的经济学家伯利和米恩斯在20世纪30年代提出，他们认为企业的经营者和所有者不应该为同一方，这样会产生舞弊问题，所以他们提议经营权和所有权两权分离，企业的所有者只是享有税后利润分配的权利，不参与企业日常经营管理，把经营权委托给其他专业人士。委托代理理论是现在经济学契约理论的核心内容，以非对称信息博弈论为理论前提，是现代公司治理体系的逻辑起点。众多观点表明委托代理关系是规模化作业和生产力爆发的产物，一方面，规模化大生产使得企业的所有者没有精力或能力管理企业的每个方面；另一方面，分工进一步细化形成了一大批科班出身的专业管理人员，他们有专业能力替企业所有者经营好企业，同时企业所有者根据企业的运行状况和利润水平支付给经营者一定的薪酬。然

[1] 硕士生参与课题的阶段性成果：郑紫旺，会计信息质量、商业模式与企业价值——基于物流板块上市公司的实证［D］. 邯郸：河北工程大学，2020.

而所有者和经营者之间存在一定的利益矛盾，所有者寻求的是企业价值最大化，要求经营者以此为目标运行企业，经营者寻求的是报酬奖金最大化和闲暇时间最大化，有可能出现投资不足或投资过度的经营决策损害到企业所有者的利益，这就会导致所有者和经营者的矛盾冲突。所以企业所有者一般通过赋予经营者期权或股权来缓解他们之间的利益冲突，使他们之间的利益关系紧密连接，进而让经营者更用心地为企业服务，也就是说企业所有者要为委托代理关系付出代理成本，那么企业所有者应该制定什么样的措施来减少代理成本从而实现企业价值最大化，就变成企业所有者思考和重视的问题。提高会计信息质量能够在一定程度上缓解委托代理关系产生的利益冲突，一方面，高质量会计信息能够有效减少代理成本；另一方面，高质量会计信息可以约束经营者决策行为，监督他们正确行使权力，减少经营者利己行为。研究会计信息质量不仅可以改善委托代理问题，也能为我国现代企业制定高标准会计信息披露制度提供实践指导。

有效市场这一概念最早出现在财务分析杂志上，由美国芝加哥大学著名教授尤金·法玛于1970年提出，其对有效市场的定义是：在资本市场中，如果股票价格能够全面反映可得的信息，就称这种市场为有效市场。也就是说在任何时候，单个股票的市场价格全部反映了过去发生的事情和现在还没发生但未来会发生的事情，除非存在操作市场的行为，否则投资者不可能通过分析历史股票价格实现超出股票市场平均利润水平的收益。有效市场理论涉及三个要点：首先，证券市场当中的每个人都是理性的经济人，都会谨慎的平衡市场中的收益与风险；其次，股票价格完全平衡了理性人的需求与供给，想卖出股票的人恰好等于想购买股票的人，即不存在套利的可能性；最后，股票价格可以充分反映该市场的所有能够获得的信息。按照市场中有关信息决策的种类不同，所有的有效市场细分为三种形态：

（1）弱式有效市场：在弱式有效的市场情况下，股票价格完全显示了历史的股票价格信息，这些信息有股票的成交数量、成交价格、融资资金等，股票价格的技术分析起不到作用，投资者无法通过技术分析获取超额收益，有可能通过基本分析获取超额收益。

（2）半强式有效市场：在半强式有效的市场情况下，股票价格已经完全反映出企业公开的与日常经营活动有关的所有信息，包括成交量、成交价、获利水平、资本成本构成、财务杠杆利用情况、经营业务范围等。如果投资者证券市场交易过程中能够充分的掌握并利用这些财物信息，股价会迅速波动做出调整。投资者在市场上利用技术分析和基本分析都不可能获取超额利润，有可能通过内幕消息获取超额利润。

（3）强式有效市场：在强式有效的市场情况下，股票价格已经完全反映出企业已经公开或尚未公开的与日常经营活动有关的所有信息。任何利空消息或利好消息的出现，股票价格不会有任何变动，也就是说股票价格已经完全吸收了企业所有的公开和未公开信息，这种情况就是说市场达到强式有效。在强式有效市场中，即使有内幕消息投资者也不可能获取超额回报。

有效市场假说在于提高资本市场的有效性，介绍了企业相关信息与投资者行为的相关性，目的是解决股票价格机制形成过程中信息的流通问题，建立信息披露制度，所以有效资本市场的前提是保证会计信息质量。提高会计信息质量，搭建与投资者信息沟通桥梁，使投资者能够合理评价公司价值和未来发展前景从而进行合理的投资。

信息不对称这一现象在 20 世纪 70 年代由三位美国经济学家提出并受到众多关注和研究，它为现代企业经营活动提供了一个新的视角。该理论认为在市场经营过程中，不同人员对信息的掌握程度是不同的，那些信息掌握较多的人员，在交易过程中占据优势，有选择的主动权，那些信息掌握较少的人员，在交易过程中居于劣势，只能被动接受。市场交易过程中卖方对商品信息的掌握程度要高于买方，掌握更多信息的卖方可以通过向信息贫乏的买方传递有利于自身的信息从而在市场中获得收益。信息不对称理论证明了信息对市场经济的重要程度，市场中的参与方因为信息掌握的渠道不同，信息掌握的质量不同会承担不同的收益和风险。1970 年，阿克尔洛夫在哈佛大学经济学期刊上发表的《次品问题》这篇文章中第一次提到了“信息市场”概念，从二手车市场入手，发现了旧车市场由于买卖双方对车况信息掌握情况不同而产生的矛盾冲突，并最终导致旧车交易市场的由盛而衰。在旧车市场中，卖主掌握更多的信息一定比买方多，旧车交易市场的卖主一般会采取以次充好的手段来吸引价格预期低的买主，从而使得旧车市场交易环境越来越差，最后日渐式微。由于公司经营权和所有权分离，信息不对称性就会出现在企业经营者和投资者之间，经营者对企业自身的基本经营情况掌握得十分充分，但投资者只能利用企业发布的财务报表信息来把握企业基本情况，这就很容易造成市场交易双方的利益冲突，干扰市场经济正常秩序以及市场资源配置效率，影响市场的可持续发展。在新经济时代，只有快速获取及掌握有价值的信息，才能变不确定性为确定性，掌握主动、加快发展。为了降低信息不对称带来的道德风险和逆向选择风险，政府职能部门应该树立正确的信息意识，加强对信息披露质量的管控力度，发现有信息质量低下问题要严肃处罚，提高会计信息质量，发挥信息在市场经济中不可估量的作用，防止出现市场失灵，从而使市场机制自由发挥作用。

4.1.2 会计信息质量与企业价值的关系

会计信息质量和企业价值的关系研究是当今众多企业重点关注的问题，理论界和学术界对这个问题研究取得了相对正向的研究结论。信息不对称产生的劣币驱除良币的次品市场效应，优质品被淘汰，劣质品逐渐占据市场，导致利益投资者错误评估企业价值，造成市场机制失灵。这时候，经营者必须提高财务报表会计信息质量，搭建和投资者沟通信息的桥梁，增强投资者信心，使之正确投资高价值企业（Healy、Palepu，1993）。股票价格和会计信息质量是正相关关系，会计信息质量水平越高，越容易增加外部投资者的信心，越有利于投资者做出正确合理的投资决策，提高企业价值（Madhavan，1996）。会计信息质量能够有效减少信息不对称现象，当企业面临市场风险时，会计信息质量较好的企业比会计信息质量较差的企业更具优势，会计信息质量较好的企业，不容易造成利益投资者的恐慌，能够降低利益投资者疯狂抛售企业股票的可能性，在很大程度上避免了股价下跌，从而尽可能地稳住企业市场价值（Baek，2004）。真实、可靠的财务报表会计信息能够使投资者行使监督企业经营管理的权利，可以有效缓解经营者和投资者之间利益冲突，能够帮助企业各项监督和激励机制的有效运作（Bushman 等，2004）。企业能否实现可持续健康发展取决于企业盈余管理的水平，会计信息质量能够很好地衡量企业盈余管理，是评估企业未来发展潜力的一个新思路和新方法（Richardson，2006）。会计信息质量和企业资本成本是负相关关系，企业各项资本项目质量较好时，容易得到利率更低、期限更长、限制条件更少的资金融资，大幅度降低企业债务成本（Bharath 等，2008）。在市场经济环境保护力度不同的情况下，投资者公允信息和企业价值具有相关性，市场环境保护力度越大，公允信息的价值相关性就越强（Jimi Siekkinen，2016）。财务报表会计信息中隐藏着不正当支出项目与企业价值的相关性，为企业发现并读取包括差旅和娱乐费用在内的不正当支出项目的报表信息指明了方向，不正当支出与企业价值是负相关关系，减损企业价值（Edward Lee，2016）。

国内学者在上市公司会计信息质量与企业价值方面的问题研究上取得了以下代表性观点。在进行企业价值估值时，利用企业的营业成本、营业收入、利润总额、固定资产、无形资产等财务指标评价，表明这些财务指标对会计信息质量影响程度很大，会计信息质量对企业价值的促进作用明显，会计信息质量较好的企业，各项市场指标和财务指标具备很好的参考价值，能够为企业制定发展规划提供准确、相关及充分的财务会计信息，有利于企业价值增值（张宗新、杨飞等，2007）。在以我国上市公司为研究样本的情境下，财务报表会计信息能够衡量盈余管理水平和持续良性发展水平，我国上市公司的财务杠杆贡献率、存货周转率、主营业务收入毛利率、经营现金流量净额等指标对企业价值都有着正向的促进作用（陈兴述、陈煦江，2008）。从融资成本的视角看，会计信息质量的改善有利于企业减少融资成本，从企业治理的视角看，会计信息质量的改善有利于企业经营管理的良性开展，从企业价值的方面来看，会计信息质量的改善有利于企业股票价值的增加（张丹，2008）。在以我国化工行业的上市公司为样本的研究中，会计信息质量用信息披露等级的标准来替代，企业价值用托宾 Q 值来度量，发现会计信息质量促进企业价值增值的作用明显，可以通过会计信息质量的改善来提升企业价值（杨华，2012）。基于新的新会计准则，分析以之为标准生成的财务数据来研究利润构成与企业价值之间存在的关系，发现企业利润构成对提升企业价值有促进作用，会计信息质量水平的高低影响着企业价值（黄晓波、张袁媛，2012）。基于股票投资者视角的研究发现，高质量会计信息可以有效缓解信息不对称关系，减少企业所有者和股票投资者的利益冲突，增加股票投资者的投资信息，提升股票投资者的投资收益（朱松，2013）。低质量会计信息既降低了投资者的投资预期回报，增加了投资成本，还会导致企业无法快速补充所需的经营资本，影响企业的可持续发展（邓启稳，2013）。采用我国上市公司财务数据，实证研究利益相关者投资信心的生成机制与企业价值的关系发现，会计信息质量水平越高，越有利于增强利益相关者投资信心，从而会加大投资力度对价值增值产生正向促进作用（陈平，2013）。信息公开程度越高，意味着信息不对称程度越少，这会使股票价格得到一定程度的提升（史永，2014）。把 2003 ～ 2014 年我国上市公司作为研究样本，基于年度财务报表附注中公布的或有事项财务信息，研究或有事项财务信息和企业价值的关系，发现公布或有事项财务信息能够促进企业价值增值（董小红，2017）。改善会计信息质量，有利于推动企业开展税收筹划，对企业价值增值产生积极作用（张晓林，2017）。

4.1.3 商业模式与企业价值的关系

商业模式及商业模式创新是现代公司治理体系的核心问题，在实务和理论层面受到了广泛关注，每位学者基于自己的研究视角，提出了关于商业模式和企业价值关系的观点。创新商业模式有利于企业在价值网络体系中更好地进行价值创造和价值传递，为企业带来核心竞争优势，进而全面提升企业价值（Mitchell、Coles，2003）。从价值创造理论的观点看，优秀的商业模式体系不但能够使企业创造更大的利润，还能给企业带来先行发展优势帮助企业实现价值增值（Osterwalder，2004）。创新商业模式有利于企业开拓新型业务占据更多市场份额，在目标市场中处于领先地位从而获得丰厚的投资回报（Giesen、Berman、Bell，2007）。商业模式创新能够按照新颖型和效率型进行划分，而且新颖型商业模式创新和效率型商业模式创新都能影响企业价值增值（Zott、Amit，2007）。无论企业实施商业模式创新战略还是产品市场开拓战略，都能够对企业价值产生积极影响（Kamuriwo，2009）。商业模式创新不是简单的企业服务层面或产品质量层面的改进，而是企业经营发展政策层面的颠覆改变，创新商业模式能够在客户价值主张方面符合目标用户群体的服务需求，在企业价值创造方面能够促使企业开辟蓝海市场，找到新的获利市场，有效利用企业资源，激发潜在发展能力，使之领跑于同行业竞争对手，增加企业价值（Zott和Amit，2010）。企业要想科学高效地创新商业模式，必须掌握自身实际情况，同时与行业的发展环境、业务范围以及制度标准等方面相契合（Kastalli、Looy，2013）。商业模式创新不仅有利于企业进行价值网络的整合和开拓，还能够帮助企业找到新的利润增长点，使企业获利水平增加，实现企业价值增值的目的（Casadesus-Masanell，2013）。研究发现商业模式创新可以显著提升企业的竞争优势从而作用于企业获利水平，提升企业经营业绩，实现企业价值增值（Taran，2015）。

国内学术界对商业模式及其创新和企业价值的关系研究的代表性观点包括，商业模式创新能够影响企业战略转型和业务变革，是提高企业价值的重要手段（罗珉，2009）。企业商业模式创新过程是一个颠覆性的创新重组过程，核心在于调整现有的发展模式以便于更好地实现企业价值创造，保持核心竞争地位（王炳成，2010）。以有色金属行业A股上市公司为样本，从发展能力、盈利能力、经营效率能力和价值创造能力四个方面，借助统计学分析工具，分析差异化的商业模式和企业价值各项指标之间的关系的研究发现，在不同类型商业模式的影响下，企业价值各项指标之间差异显著，对盈利能力的作用最明显，然后是发展能力和价值创造能力，对经营效率能力的作用最小（王翔、李东、张晓玲，2010）。商业模式理论分析的研究重点是商业模式创新，企业进行商业模式创新是为了契合市场经济发展潮流，促进企业价值增值，使企业能够可持续发展（文亮，2012）。商业模式创新是一种层次性的创新行为，是对价值主张、价值创造、价值传递和价值实现等一系列流程进行的调整和重组，可以给客户带来新的体验（王雪冬，2013）。实现商业模式创新应该重点关注创新能力、创新过程和创新途径三个维度，创新能力方面的研究关键在于研发投入、行业竞争状况和核心资源价值，创新途径方面的研究关键在于商业模式构成要素重组、经营结构调整和创新系统重塑，创新过程方面的研究关键在于矛盾情景、执行过程以及创新机会（夏清华，2014）。商业模式创新和服务或产品创新相比存在本质区别，创新商业模式的重点在于经营方式、业务系统、价值网络和供应链的变革和创新，体现了企业创造价值的新逻辑（李永发，2015）。基于商业模式基础理论的合规性视角看商业模式创新和企业价值的关系，商业模式创新不但可以增强企业经营的合规意识，而且能够使企业经营业绩明显提高（罗兴武等，2017）。以 2014 ～ 2017 年间 18 个新能源上市公司为样本，分析新能源企业的商业模式和企业价值关系的研究中发现，商业模式的价值创造维度，价值传递维度以及价值实现维度都正向作用于商业模式，其中价值实现维度的影响作用最显著，价值创造维度的影响作用最弱。新能源企业应该合理设计适合自身特性的商业模式来提高企业价值，同时应当考虑外部环境和商业模式的契合度和匹配性，增强商业模式和企业价值的相关性程度（刘正阳，2019）。

4.1.4 会计信息质量与商业模式的关系

美国会计学领域的专家 Kevin Stocks 在报告中阐述现代企业商业模式的创新带动了会计准则的变革，修改及完善，现有的会计基本准则应该把商业模式考虑在内。英国著名会计师协会的联合创始人 Robert Hodgkinson 认为，财务报表会计信息和商业模式相互匹配、相互契合，才能发挥商业模式的最大作用。研究发现商业模式体现了企业的资本成本构成，财务报表会计信息不应该只是企业经营活动中交易或事项的机械表达，也应该能够从会计信息中发现商业模式为企业带来的经济价值（Hawkins，2001）。商业模式体系包括企业的资本结构、盈利途径等价值逻辑，为投资方的预期回报奠定了坚实基础。商业模式是企业经营活动体系的战略架构，决定利益相关方的投资回报。在证券市场上，企业差异化的商业模式很容易在股票价值中反映出来，优秀商业模式的企业会引起大量的外部投资者购买其股票，股价上升使企业价值明显提升。劣质商业模式的企业会让投资者对其未来发展前景不乐观，不购买甚至抛售企业股票，使股价下降（Elliott，2002）。商业模式对企业会计盈余管理的作用显著，财务报表会计信息就是商业模式构成要素的载体。传统的财务报表仅仅基于财务信息，展示企业发展能力、获利能力、偿债能力及经营现金流量等基本指标，依靠这些指标衡量企业的发展情况，与商业模式相契合的财务报表会计信息能够凸显企业日常经营活动中的异常指标，更加科学和客观地反映出企业的财务信息和发展状况（Dichev，2013）。美国财务会计准则委员会（FASB）与国际会计准则理事会（IASB）共同发表的《关于财务报表列报的初步观点》（2008）指出，应该基于商业模式体系来披露财务报表会计信息，提出了按照商业模式披露会计信息的观点。商业模式能够预先判断企业的经营业务风险，降低企业未来发展受挫的可能性。商业模式内含了企业的收入来源、成本结构、核心资源、价值网络和经营体系等要素，这些要素同时也是企业会计信息列报的基础，所以商业模式保证了会计信息的价值相关性，企业的所有者和投资者能够利用商业模式来评价企业的未来发展前景和可持续竞争优势，对企业价值增值具有重要意义（Teece，2010）。

国内相关研究的代表性观点有，财务报表背后蕴含的商业模式对于财务报表使用者来说有着十分重要的作用，企业外部的利益相关者，独立第三方的注册会计师，企业内部的管理层，都应该重点关注商业模式，才能很好地进行企业评价（马贤明、郑朝晖，2007）。财务报表是企业日常经营业务的货币体现，财务报表会计信息的真实性与其相匹配的商业模式有关，商业模式的重要性也体现在企业内控标准的建立上。会计标准与内控制度的变革，中国概念股折戟美国资本市场事件，分别从制度角度、事实角度体现了会计信息质量评价的商业模式化导向（王仲兵，2013）。财务报表背后蕴含的商业模式决定了会计信息质量，苹果公司案例研究表明了商业模式与财务报表会计信息两者之间的价值相关性，轻资产运营的商业模式产生了轻资产特色的财务报表，从财务报表中也能反推苹果公司的轻资产运营商业模式（晁国喻，2015）。

学术界和理论界对商业模式理论体系的研究取得了相对丰硕的成果，从商业模式的不同视角展开的会计信息质量与企业价值关系的研究，奠定了以物流企业为研究对象，探讨会计信息质量、商业模式与企业价值三者之间的关系的理论基础。

4.2　研究假设

以商业模式为切入点，通过分析会计信息质量、商业模式、企业价值三者之间的内在关系，研究物流企业会计信息质量和企业价值的关系、商业模式和企业价值的关系，以及商业模式、会计信息质量与企业价值的关系，提出研究主题假设。

4.2.1 会计信息质量与企业价值的关系假设

在企业日常经营管理活动中，投资者与经营者之间的信息不对称引起了委托代理问题。信息不对称理论和委托代理理论指出，企业投资者不会直接参与公司日常的经营和管理，只是享有分配公司利润的权利，公司经营者代表公司投资者来治理公司，维持企业的正常运行。信息不对称的存在，使投资者和经营者之间普遍存在一些矛盾，投资者希望看到经营者能够尽最大的努力使企业价值实现最大化来增加自己的财富，经营者可能为了自己利益最大化而进行不必要的投资，从而减损企业价值，牺牲投资者利益。由于投资者主要是通过公司财务报表披露的会计信息来了解公司的日常经营状况，会计信息质量对企业投资者来说至关重要。财务报表提供的会计信息能够给投资者及利益相关者评价企业经营情况提供参考，使之能够很容易地区分价值不同的企业，更好的吸引投资，促进企业价值增值。

高质量会计信息能够缓解信息不对称导致的企业与投资者之间的利益冲突，增加债券和股票在资本市场上的吸引力，激发投资者的投资欲望，降低企业在证券市场上的经营成本。高质量会计信息能够降低企业的代理成本，能够有效地监督管理者的经营决策，使之能够更好地为企业服务，促进企业价值增值（Verrecchia，1991）。我国的证券市场环境越来越好，相关法律制度日益完善，监管力度不断加强，上市公司提供的会计信息质量逐年提高，但还是存在一些会计信息造假不完整、会计信息披露不及时的公司，投资者无法合理评价公司的经营情况和发展前景，往往造成投资者低估优质企业的价值，高估劣质企业的价值。所以经营者必须强化会计信息质量，增加与投资者的沟通交流，使投资者能够正确区分公司价值，合理投资。如果企业财务报表所披露的盈利信息被投资者认可，投资者就愿意投资该企业，也会花费高昂的价格购买公司股票，推动公司发展，提升企业价值（Healy、Palepu，1993）。提高会计信息质量的根本目的是降低企业与投资者的信息差异，让投资者更客观地了解企业，掌握企业经营活动的重要信息，建立企业和投资者之间信息沟通的纽带，强化企业和投资者之间的有效交流，让投资者可以合理判断企业的竞争优势，对企业未来的发展前景有一个科学预判，避免因委托代理问题和信息不对称问题引发的逆向选择问题。高质量会计信息可以帮助企业管理者发现投资回报率高的项目，企业管理者能够合理分配企业现有资金，转换资金用途，较大比例地投资于回报率高的项目，增加盈利提升企业价值。基于盈余质量的视角研究我国 A 股上市公司的样本，证明了盈余质量和企业价值两者之间正相关的关系，盈余质量可以通过对代理成本的影响作用来影响企业价值（周春梅，2009）。自愿和强制两种情境下公布的会计信息与企业价值的相关性比较研究表明，自愿公布的会计信息与企业价值相关性更强（罗宏、张玮倩，2010）。高质量会计信息能够有效帮助投资者合理评价企业未来发展潜力，帮助管理者合理分配企业资源，减少经营者投资决策过程中的选择风险，帮助企业实现可持续健康发展，达到企业价值增值的最终目的。

从公司治理的视角来看，基于委托代理理论可发现高质量的会计信息能够对企业内部的治理机制产生重大影响，在缓解企业经营者和企业管理者由于信息不对称产生的矛盾摩擦中发挥着十分重要的作用。企业管理者可以利用高质量会计信息，掌握企业的日常生产经营状况，发现经营者在投资决策过程中可能出现的利己行为，从而可以更好地对经营者进行监督管理。高质量会计信息不仅能够减少信息不对称产出的委托代理成本，使企业经营者能够从公司利益最大化角度出发，尽最大努力创造企业价值，还能够有效避免经营者不作为或者投资过度甚至侵吞公司财产等不利于企业的行为。高质量会计信息是企业可持续发展的基础，企业价值增值的有力保障。

从资本成本的视角来看，高质量会计信息有利于缓解信息不对称问题，投资者能够合理判断企业价值和未来发展前景，降低预期损失风险增加投资信心，有助于企业吸引投资减少融资成本，促进企业价值上升。由于存在信息不对称，投资者相比于企业来说掌握的有用信息很少，投资者对企业未来发展情况信心不足，为降低信息掌握不充分造成的潜在投资损失，投资者会让企业提供资产担保，或者减少甚至取消对企业的价值投资，从而增加企业对外融资成本，导致企业价值减损（张肖飞，2015）。高质量会计信息能够帮助投资者获取企业的财务状况，资产价值和现金流量等关键信息，便于投资者更科学的对股票价格进行评估，减少对企业投资带来的风险，降低了投资者的预期损失风险，投资者更愿意对企业进行投资，企业融资成本也会降低，对提升企业价值产生积极作用。低质量会计信息会使投资者质疑公司的经营状况，对公司未来发展前景不乐观，假如公司出现一些可行的经营项目，需要通过发行股票扩张资本、筹措资金，有可能出现认购不足导致发行失败的情况，使企业缺少项目启动资金，对提升企业价值产生消极影响。提高会计信息质量能够帮助投资者更好地评价公司现状和未来发展情况，吸引投资，降低企业资金不足而丧失投资机会的可能。上述研究表明，会计信息质量的提高有助于促进企业价值的提升和增强企业的竞争优势。

基于上述分析，提出如下假设：

假设 H1：物流企业会计信息质量与企业价值存在着正向关系。

4.2.2 商业模式与企业价值的关系假设

商业模式可以帮助企业培养超越竞争对手的独特竞争力，为企业提供持久的价值。成功的商业模式是企业如何利用现有资源实现企业最大的价值。所以对于物流企业来说，最为关键的是如何利用现有资源建立有效的商业模式，为企业和客户创造源源不断的价值。相关研究成果已经证明，商业模式对企业价值的提升有着显著的促进关系，商业模式被看成企业竞争力的来源，商业模式创新能够提高企业的核心竞争力，为企业创造更多的价值。新颖的商业模式对建立可持续发展优势有促进作用，可持续发展是提升企业价值的未来保障。商业模式创新是基于合理的分配方法来调配企业的现有资源，使资源得到合理利用，这就是一种创新型商业模式，同时现有资源有效充分利用，降低了企业经营过程中协调资源分配比例的成本（孟迪云，2016）。商业模式创新能够形成有别于其他企业的核心竞争优势，领先于同行业的其他企业，使其无法与之抗衡，实现价值增值。商业模式创新是一种多层次有维度的商业体系，能够颠覆性地改变企业经营模式和管理结构，使企业优于竞争对手，让竞争对手在短时间内无法找到应对措施超过自己的领先地位，从而更好地占据市场份额，提升企业价值。

价值主张是商业模式的基本元素，体现了企业为目标客户制定的服务体系。在商业模式和企业价值关系中，客户价值主张对企业价值产生正向促进作用（王慧慧，2016）。马斯洛需求层次理论提到，每个人一出生就会有需求，需求随着满足程度逐层上升。需求在一定情况下与经济条件正相关而且是无止境的，随着外界环境和自身条件的变化而变化。所以企业要拥有自己独特的价值主张，为客户量身定制需求服务。价值主张是动态的，可以是原有基础上价值的简单增加，也可以是彻底的革新。换句话说，价值主张是企业为客户制定的优于其他竞争对手的服务集合，这种服务集合能够体现出目标客户的满意程度。对在核心资源、关键能力、市场规模等方面处于劣势的企业来说，如果可以精准掌握客户的潜在需求，为客户制定优于竞争对手的价值主张，保留现有客户吸引新客户，就能够扩大市场份额，占据主动地位，提升行业竞争优势。价值主张很大程度上影响了企业的经营范围、战略方针和业务流程，能够指导企业构思商业模式设计，制定可行性商业方案，创造独特的价值体系。独特、合理和清晰的价值主张是商业模式成功的关键，也是企业可持续发展实现价值增值的前提。

价值创造是指企业具备的实力，能够通过自身拥有的设备、资源和技术，为目标客户创造符合其需求的服务或商品，企业在实现目标客户价值主张的过程中，如果能够充分地进行价值创造，就会提升自己的企业价值。价值创造说明了企业如何利用自身核心资源来安排经营活动，自身核心资源包括了生产经营的独特能力以及内部资本要素构成情况。独特能力可能包括专利技术、创新水平、服务质量等，内部资本要素构成情况是指企业资本成本结构，体现了企业经营杠杆的大小以及生产投入的多少。企业为客户提供产品或服务，只有按照符合目标客户需求的价值主张进行价值创造，才能够更好地实现企业价值增值。

价值传递是企业将价值创造过程中形成的服务或产品方便快捷地传递到目标客户群体手中，是价值实现的前提和关键。价值传递可以通过价值网络和市场交易来完成，通过价值网络企业能够快速有效地掌握资源、市场、信息、技术等，通过市场交易将价值创造过程形成的价值转交给目标客户。价值传递能够帮助企业打开市场销路，推广产品服务，让更多的人了解企业的价值创造，来实现更多的收益。企业进行价值创造不是价值实现的终点，也不会得到客户的认可，只有将价值创造过程中产生的价值传递给客户，才可能使客户满意，从而得到客户认可，实现企业的利润收入，促进企业价值增值。

价值实现是企业的最终目标，是企业获取目标客户群体利润的方式或途径，企业实施商业模式的目的是赚取收入和实现利润，价值实现程度体现了企业的获利水平，只有做到更高程度的价值实现，才能达到企业盈利的要求。所以企业要优化和变革商业模式，设计符合企业自身的商业模式，完善商业模式的各个层次，从而保持独特的竞争地位，获得客户群体的认可支持，获取更多的市场份额，实现大幅度盈利，更高程度促进企业价值增值。价值实现是企业经营活动的终点，是企业生存发展的前提，设计任何的商业模式都是为了实现企业盈利。价值实现不但满足了客户需求，创造了客户价值，而且在很大程度上符合企业利益最大化诉求，实现了企业预期利润目标。

关于商业模式、创新二元性和企业价值三者之间的内在联系，对173家制造业上市公司问卷调查基础上的层次回归分析表明，新颖型商业模式和效率型商业模式都会对企业价值产生正向促进作用的结论（胡保亮，2015）。客户价值主张和企业价值有正相关关系，客户价值主张是商业模式构成要素之一，具备强烈的吸引性、方向性，能够作用于企业的价值创造、价值传递和价值实现过程，进而作用于企业价值（赵明辉，2019）。

商业模式各个维度的细化研究为企业价值研究提供了一个新思路，不同维度的商业模式对企业价值的提升都有正向的促进作用。商业模式是一个系统化逻辑概念，某个构成维度可能解释不了整体的商业模式，系统学重视整体集合观念，每一个系统都是一个完整的集合体，系统整体功能是各个维度在单一情境下不能实现的特征，也就是整体功能要优于各部分功能之和。商业模式是企业经营管理的战略工具，具有层次性、逻辑性、动态性等功能特性，是实现企业价值增值的新途径，应该从整体角度考虑，研究商业模式对企业价值的影响。

基于上述商业模式和企业价值之间关系的研究成果，提出如下假设：

假设 H2：物流企业商业模式与企业价值存在着正向关系。

4.2.3 会计信息质量、商业模式与企业价值的关系假设

投资者在评估企业价值的过程中，会重点关注商业模式和会计信息两个方面，而且商业模式是定性分析和主观认知会计信息的基本标准。商业模式是影响会计信息的主要变量，能够使公司的经营方式不同于其他企业从而改变会计信息基本特征，可以为财务报表使用者提供科学参考的价值逻辑。商业模式可以让企业经营模式展现出自己的特色，企业有别于竞争对手并很难被其复制经营模式，从而可以超越竞争对手获得更好的市场份额，实现价值增值。商业模式是企业生产经营过程中的运作模式，也是实现目标客户价值的战略逻辑，管理学家德鲁克在《管理的实践》一书中提到，企业能够生存可持续发展的首要因素就是进行价值创造满足客户需求，盈利只是展示公司有能力满足客户价值主张的表现。在企业经营决策过程中，商业模式与竞争对手相比差异化越明显，会计盈余表现的价值就越高，能够引起投资者关注，如果净资产体现的价值变小，投资者会减少关注，就不会对企业投资（吴正杰，2016）。会计信息在某种程度上披露出企业日常经营过程中的业务处理方式和收入结算方式等标准规则，反映出企业价值创造过程中包含的资本结构、经营模式、核心资源和顾客关系等一系列商业模式构成要素。财务报表会计信息特征的首要影响因素是企业独特的商业模式，会计信息能反映出商业模式结构特征和要素体系，商业模式一种良性资本成本收入结构，体现客户价值主张，展现客户服务诉求、表达客户行为惯例等诸多方面，会计信息能够体现资本成本收入结构中与目标客户价值主张有关的成本费用占比情况。会计信息与商业模式相互作用，相互匹配，具有合理性、相关化，能够使企业良性健康发展（Dichev，2013）。

商业模式作为企业创造价值的商业逻辑体系，通过一系列生产经营活动满足客户需求达到盈利目的，符合企业价值实现动因。价值动因解释了企业如何进行经营管理以及

生产什么类型产品等核心问题，它是实现企业盈利现金流及可持续发展的动力源泉。客户购买产品的频次、周期及推广带动其他客户消费的影响力是客户价值动因，是客户能给企业带来的现实价值。财务报表不仅仅体现出企业日常交易和收入费用利润等基本信息，某种程度上还体现了商业模式的价值属性，两者体现出互动关系。商业模式逻辑揭示利润来源构成，利润来源构成体现在收入来源，成本构成，盈利额度等会计报表信息中，能够说明利益相关方的成本、收入和利润。研究开发费用与企业所有者权益成正比，尽管研发相关性不如资产相关性强，也表明了企业在进行研发项目披露时，企业所有者权益会上升（Wyatt，2008）。企业商业模式水平的优劣在很大程度上决定了企业经营发展的风险，商业模式是企业能够制定一种优于竞争对手经营战略的方法，是提高企业行业地位，降低企业经营风险的核心工具。商业模式逻辑架构能反映出客户价值主张、企业经营方式和内部资本结构等方面，会计信息反映业务范围、成本费用与利润构成等方面。商业模式最终能够将企业研发投入、杠杆运用、资本运营等风险呈现在会计信息中。如果企业的商业模式与行业相似，不愿意进行商业模式创新或恪守现有商业模式，经营风险会提高。

财务报表是会计信息的载体，会计信息的公允与真实应该是企业道德行为准则的体现。财务报表中包含商业模式，才能符合外部投资者对企业会计信息质量的预期和对企业行为规范的认可，有利于强化会计信息与企业商业模式之间的价值相关性。会计日常处理过程中存在很多不完善的地方，比如说会计准则运用不恰当、收入确认日期不正确、会计处理方法不规范等，导致了财务报表会计信息和实际业务指标不匹配。商业模式具有收入标准、定位标准、指导标准等作用，这些标准既能单独发挥作用，又能相互协同来影响企业价值。所以企业实际业务指标可以参照商业模式标准进行追溯调整，促使准确披露财务报表会计信息，从而能够提升会计信息质量，增强价值相关性。商业模式体现出是公司创造价值的经营方针，公司商业模式与财务报表会计信息相契合能够让企业具有竞争优势。在经济市场大环境下生存发展，一般来说都十分重视商业信用，正确评价财务报表会计信息质量应该同时关注与财务报表相契合的商业模式，它是合理披露财务报表基础和关键。披露会计信息要重点参考商业模式，只有与企业特定商业模式相契合的财务会计信息才能引起投资者的关注，实现企业可持续发展。商业模式在会计信息与企业价值的关系中发挥着如下作用：差异化商业模式能够增强企业净收益与会计信息之间的价值相关性，投资者能够利用会计信息科学合理的评估企业价值，增强投资信心，使企业的融资成本降低，促进企业价值增值。

基于上述研究结论，提出如下假设：

假设 H3：物流企业商业模式在会计信息质量与企业价值的关系中发挥着调节作用。

会计信息质量和企业价值的关系、商业模式和企业价值的关系以及商业模式在会计信息质量和企业价值关系中发挥的调节作用等相关研究成果，为研究假设的建立奠定了理论基础。

4.3　研究设计

采用物流企业上市公司为研究样本，确定度量商业模式、会计信息质量、企业价值的指标，针对提出的三个假设，构造会计信息质量影响企业价值、商业模式影响企业价值以及商业模式调节会计信息质量与企业价值关系的回归分析模型。

4.3.1 样本选取及数据来源

我国物流行业迅速成长，孕育了良好的发展环境，一大批物流企业应运而生。但是我国物流行业还是中小企业居多，中小企业的财务报表没有公开，不容易获取财务数据，所以专家学者们对物流企业的研究大都选择物流板块上市公司作为研究样本。一方面上市公司的财务报表公开，可以从上市公司的年度报表和相关财经网站得到，准确性高，分析结果具有说服力。另一方面上市公司在日常经营管理方面比中小企业更加规范，更加权威，说服力强，具有代表性。基于上述原因，本研究选取物流板块上市公司作为研究样本。

选用我国 A 股物流板块上市公司 2014—2018 年的财务数据进行研究。在分析数据之前，为了确保所采用数据的真实完整及科学合理，上市公司选取考虑了以下几个方面：一方面，去掉 ST 类上市公司。这种类型上市公司存在连续两个年度财务报表利润亏损的情况，很有可能被证监会强制退市，数据有可能存在波动，影响研究结果的可靠性。为了避免退市这类公司可能会通过数据造假或者盈余管理等方法操作报表，这些手段会严重影响物流上市公司会计信息的真实性，干扰研究结果，故将其去掉。另一方面，去掉财务报表数据缺失的上市公司。财务报表数据缺失会影响某个指标的分析结果，从而导致最后结论不准确，为了让研究结果真实有效，去掉财务数据缺失的上市公司。

按照以上两个原则，最终选取60家物流板块上市公司，包含300个样本数据，所有数据来自同花顺官网、国泰安数据库和物流上市公司年度财务报表，并通过Excel软件处理。

4.3.2 研究变量定义

研究变量选取分别是会计信息质量、商业模式和企业价值。研究过程中解释变量是会计信息质量，被解释变量是企业价值，引入商业模式作为调节变量来研究对会计信息质量和企业价值相关性的影响。

（1）解释变量。解释变量确定为会计信息质量，在现代会计学领域的实证研究当中，会计信息质量的衡量方法一般有两种。

第一种方法是利用会计盈余质量来表示会计信息质量。盈余质量是会计信息质量系统中的研究热点，对债权人和投资者来说是最有用的会计信息。在研究财务报表会计信息的诸多文献中，大部分专家学者都选取企业会计盈余质量来表示会计信息质量，企业会计盈余是会计信息的重要组成部分，能够体现企业经营者对财务报表会计信息的操纵程度，会计盈余质量程度的高低在一定水平上和会计盈余管理程度的好坏有着十分紧密的联系，通常情况下，盈余管理程度越好，盈余质量越差。企业会计盈余分为应计盈余部分和经营现金流量部分，应计盈余又由可操纵项目和不可操纵项目构成，因此企业会计盈余一般表示为可操纵应计盈余、不可操纵应计盈余和经营现金流量三个部分。一般来说，企业会计盈余越高，盈余管理程度就越高，相应的盈余质量就越低，也就意味着会计信息质量越低。在盈余管理的研究中，比较有代表的是Jones（1991）模型、后来的修正的Jones（1995）模型以及Dichev（2002）模型。

第二种方法是结合企业披露的财务报表会计信息或者证监会等政府部门公布的财务报表质量评级等相关材料，进行会计信息质量衡量。在资本市场上，企业披露的财务报表会计信息对投资者评估企业价值非常关键，是会计信息利用者掌握企业内部日常经营管理情况的工具，所以一部分学者利用这一指标考察会计信息质量，来判断企业对外公布的财务报表信息的可靠性。有的学者把企业一年当中披露的季度报表数量和临时公告数量加总求和，将此看成表示公司信息披露质量好坏的指数（指数是季度报表和临时公告的数量和），指数越高反映企业披露的会计报表信息质量越好。另外，一些学者参考证券市场股票价格对财务报表会计信息的敏感程度来衡量会计信息质量，股票价格对会计信息的敏感程度越大，反映企业公布的财务报表会计信息质量越好。尽管我国证监会以及证券交易所对上市企业财务报表的公开披露制定了严格标准，对披露内容、披露范围和披露程序方面也进行严格把关和客观约束，但我国资本市场并不完善，信息造假、信息舞弊的情况时有发生，所以自愿披露的财务报表次数多，严格意义上并不能说明会计信息质量水平就好，故不采用这种方法度量会计信息质量。

参照大多数专家学者衡量会计信息质量的方法，利用修正的Jones模型来计量可操纵性应计盈余，把数据代入模型算出可操纵性应计盈余，然后进行绝对值处理来代表盈余管理，记作DA。

具体操作方法如下：首先把相关数据代入模型（4–1）进行回归，然后把计算得到的回归系数代入模型（4–2），计算可操纵性应计盈余。

$$\frac{TA_{i,t}}{A_{i,t-1}} = \alpha_1 \frac{1}{A_{i,t-1}} + \alpha_2 \frac{\Delta REV_{i,t}}{A_{i,t-1}} + \alpha_3 \frac{ppe_{i,t}}{A_{i,t-1}} + \varepsilon_{i,t} \tag{4-1}$$

$$DA_{i,t} = \frac{TA_{i,t}}{A_{i,t-1}} - \left(\alpha_1 \frac{1}{A_{i,t-1}} + \alpha_2 \frac{\Delta REV_{i,t} - \Delta REC_{i,t}}{A_{i,t-1}} + \alpha_3 \frac{ppe_{i,t}}{A_{i,t-1}} \right) \tag{4-2}$$

其中，*TA* 表示应计利润总额，由营业利润与经营活动现金净流量做差得到；*A* 表示企业的总资产；Δ*REV* 表示企业前后两年主营业务收入的变化额；*PPE* 表示企业的固定资产原值；Δ*REC* 表示企业前后两年应收账款的差额。

DA 表示企业的可操纵性应计利润水平，体现企业会计信息质量的好坏。因为 *DA* 值有可能出现负数，所以对 *DA* 的值进行绝对值处理，结果用 *AQ* 表示。

（2）被解释变量。企业价值指企业本身的价值，是企业各项资产价值的市场估值，能够反映企业未来的可持续发展能力。在现代公司治理理论体系下，企业价值评价有着特别重要的意义，但理论界和学术界至今都没有形成一个评价企业价值的统一标准，专家学者都是从自身的专业角度出发，基于自己的研究目的选取恰当的评价指标，通常情况下指标的选取分为两类，一类是市场指标，主要是指托宾 *Q* 值指标。另一类是财务指标，主要考虑每股收益、净资产收益率、总资产收益率和经济增加值等指标。接下来对市场指标和财务指标的定义做有关解释。

托宾 *Q* 值：托宾 *Q* 值是某项资产的市场价值除以其重置价值，能够反映某项资产的市场价值是否被高估还是被低估，是诺贝尔经济学奖获得者詹姆斯·托宾提出的，能用来衡量企业发行股票的市场价值是否大于资本的重置成本。通常来说如果 Q 值较大，意味着企业的资本投资有着高回报率，企业有进入资本市场变现套利的动机。

每股收益：又叫每股盈余，指每股创造的税后利润。它是信息使用者评价企业获利能力和预测企业发展前景的财务指标之一，可以衡量企业的经营成果，是投资者经济决策的参考。在用每股收益指标分析时，可以进行不同企业之间的相互比较，来评价企业相对盈利能力水平，预测企业未来经营业绩，了解企业经营管理能力。

净资产收益率：又叫权益报酬率，由企业税后利润除以净资产得到，该指标用以衡量企业运用自有资金的效率，反映了股东权益的收益水平。指标值越高，说明盈利能力越强，带来的投资收益越高，自有资金的获利能力也越强。

经济增加值：是指从税后营业净利润中减去包括股权和债权在内的全部资本投入后的所得，是一种新颖的企业价值衡量指标，能够体现企业经营目标的最终业绩。经济增加值考虑了股本和债务在内所有资本的成本，能够使经营者做出更明智的经营决策。该指标自身也有一些缺点，经济增加值是短期财务指标，经营者在企业都有一定的任职期限，为了满足自身利益，他们可能只关注任期内的经济增加值，不考虑企业长久发展情况。

在这些指标中，国外关于企业价值的很多研究侧重于用托宾 Q 值来衡量，该指标与其他财务指标相比，还考虑了企业的市场表现情况。基于我国市场经济环境，信息披露情况并不规范，大比例股份是企业的禁售股，在市场上不能正常交易和流通，股票市场也容易受外界因素和经济政策影响，计算的结果会不准确，所以在我国用托宾 Q 值衡量企业价值并不合适。在系统梳理和分析早期专家学者的文献后，选取净资产收益率作为企业价值的衡量指标，该指标适用性强认可度高，在国内外关于企业价值的研究中使用频率很高。在对研究结果进行稳健性检验时，用每股收益代替净资产收益率来衡量企业价值。

（3）调节变量。调节变量是影响解释变量与被解释变量之间关系强度和关系方向的变量，讨论和分析调节变量，是突出它在某一研究过程中对解释变量的作用程度，所以在回归分析过程中应该将调节变量和所要调节的解释变量相乘，将其乘积结果作为一个新的解释变量进行回归。

根据上文讨论的关于会计信息质量、商业模式和企业价值三者之间的关系，商业模式应该是调节变量。关于商业模式的研究很多，维度很广，但大部分是理论研究定性分析，一些实证研究也是采用调查问卷的手段来量化商业模式，问卷调查法很容易被人的主观情绪影响，有一些量表开发、维度度量和比例分配等容易受主观判断左右，出现人为误差。所以本书尝试选用定量的指标体系来表示商业模式，同时尽量考虑比率类指标，避免因企业成立年限，企业规模大小等因素对量化商业模式指标造成偏差。通过本书对商业模式理论的研究分析，企业的商业模式构成要素分为价值主张、价值创造、价值传递和价值实现。本书以物流企业为研究对象，认为物流企业进行商业模式创新是对商业模式构成要素的优化和重组，进而实现商业模式的变革和创新。本书基于物流企业价值主张、价值创造、价值传递和价值实现四个维度的商业模式构成要素，选用的商业模式评价指标如表 4-1 所示。

表4-1　商业模式分类变量及指标

维度	组成要素	测量内容	度量指标	计算公式	资料来源
价值主张	客户群体	客户集中程度	前五大客户销售总额占比	前五大客户销售总额 / 全部客户销售总额 ×100%	李东，王翔（2010）
	收入来源	主营收入	主营收入占比	主营业务收入 / 营业收入 ×100%	
价值创造	核心资源	资产比重	固定和无形资产总额占比	（固定资产 + 无形资产）/ 资产总额 ×100%	李东，王翔（2010）
	关键活动	研发投入	研发费用占比	研发费用 / 营业收入 ×100%	
价值传递	推广模式	营销开支	销售费用率	销售费用 / 营业收入 ×100%	Kotha，李健强（1995）
	成本结构	成本比重	营业成本率	营业成本 / 营业收入 ×100%	
价值实现	供应商关系	供应商集中度	前五大供应商采购总额占比	前五大供应商采购总额 / 全部供应商采购总额 ×100%	李东，罗倩（2012）
	客户关系	客户资本	市场占有率	企业销售额 / 市场总销售额 ×100%	

尽管上述四个指标从不同维度对商业模式进行了衡量，但并不能全面表述商业模式，故借鉴大部分学者的做法，对上述四个维度按照主成分分析方法，得到最终可以代表商业模式的综合得分，对商业模式进行衡量。

（4）控制变量。控制变量是能够改变解释变量作用程度，使被解释变量发生变化的变量。这类变量在分析过程中应该被约束，如果不被约束，它也能作用于被解释变量。换句话说，就是解释变量和一些没有被约束的变量能够共同影响被解释变量，容易混淆分析过程中的解释变量。

为了更准确地分析会计信息质量、商业模式与企业价值三者之间的关系，提高核心解释变量的解释能力和模型的稳定性，基于现有文献的总结，与企业价值相关的研究指出，企业规模越大，披露会计信息的责任也越大，更大程度上缓解所有者、经营者和投资者等之间因信息不对称产生的利益冲突，所以企业规模会影响企业价值。资产负债率反映企业使用债权人投资的资金开展生产经营的能力。负债比率超过一定水平时，企业会面临资不抵债风险甚至破产清算风险，这时候经营者为了缓解财务危机，有可能盲目投资一些风险较大的项目，往往就会出现损害企业价值的行为。股权比较集中的企业，公司所有者有足够动力和能力增强对企业经营者的监督约束力度，减少信息不对称情况，从而有助于企业价值的提高。借鉴这些研究企业价值的观点，选取上述几个变量作为控制变量进行研究模型构建，具体控制变量名称是：企业规模（*Size*）、股权集中度（*Top*）、资产负债率（*Lev*）。同时还控制年度（*Year*）虚拟变量差异。

企业规模：主要是指劳动者、劳动手段、劳动对象等生产要素和产品在企业里集中的程度，反映出企业未来发展能力。一般情况下，企业规模越大，拥有的核心资源越多，占据的市场份额越大，获利能力越强，相应的企业价值就越高。本文选取企业规模作为控制变量，用企业总资产的自然对数来表示企业规模大小，用 *Size* 来表示。

股权集中度：揭示了企业股权分布情况，可以用来衡量企业的稳定性。股权分布分散时，每个股东持有的股票数量相对会很少，股东们就没有动力监督经营者的经营管理行为，这时候经营者有可能不顾企业整体利益而追求自身利益，减损企业价值。股权分布集中时，股东会积极行动监督经营者行为，降低经营者做出逆向选择行为的可能性，提升企业价值，用前十大股东持股比例来衡量股权集中度情况，用 *Top* 来表示。

资产负债率：表示负债总额和资产总额的比例关系。很多企业常常采用举债经营的方式来增加企业收益，但同时也会增加企业的财务风险和偿债压力，一旦出现决策失误企业有可能破产清算；而且当企业的负债水平较高时，债权人会让企业提供资产担保或增加借款利息，相当于提高了企业的融资成本，阻碍企业价值增值，本书提出资产负债率与企业价值负相关，用 *Lev* 来表示。

在模型回归分析中也控制了年度虚拟变量（*Year*），变量定义如表 4-2 所示。

表4-2　变量定义

变量种类	变量指标	变量符号	定义说明
被解释变量	净资产收益率	*ROE*	税后利润 / 净资产
解释变量	会计信息质量	*AQ*	对可操纵性应计盈余 *DA* 取绝对值

续表

变量种类	变量指标	变量符号	定义说明
调节变量	商业模式	*BM*	商业模式四个维度通过主成分分析计算得出
控制变量	企业规模	*Size*	总资产自然对数
	股权集中度	*Top*	前十名股东持股比例
	资产负债率	*Lev*	期末总负债 / 期末总资产
	年度	*Year*	虚拟变量

4.3.3 模型构建

为验证假设 H1 中物流企业上市公司会计信息质量对企业价值的影响，把会计信息质量看作解释变量，企业价值看作被解释变量，企业规模、股权集中度和资产负债率看作控制变量建立模型，如模型（4–3）所示：

$$Roe_{i,t}=\beta_0+\beta_1\times AQ_{i,t}+\beta_2\times Size_{i,t}+\beta_3\times Top_{i,t}+\beta_4\times Lev_{i,t}+\sum Year+\varepsilon_{i,t} \tag{4-3}$$

为验证假设 H2 中物流企业上市公司商业模式对企业价值的影响，把商业模式看作解释变量，企业价值看作被解释变量，企业规模、股权集中度和资产负债率看作控制变量建立模型，如模型（4–4）所示：

$$Roe_{i,t}=\beta_0+\beta_1\times BM_{i,t}+\beta_2\times Size_{i,t}+\beta_3\times Top_{i,t}+\beta_4\times Lev_{i,t}+\sum\times Year+\varepsilon_{i,t} \tag{4-4}$$

为验证假设 H3 中物流企业上市公司商业模式影响会计信息质量对企业价值关系的调节作用，引入会计信息质量和商业模式的交互项作为解释变量，企业规模、股权集中度和资产负债率作为控制变量建立模型，如模型（4–5）所示：

$$Roe_{i,t}=\beta_0+\beta_1\times AQ_{i,t}+\beta_2\times BM_{i,t}+\beta_3\times AB_{i,t}+\beta_4\times Size_{i,t}+$$
$$\beta_5\times Top_{i,t}+\beta_6\times Lev_{i,t}+\sum Year+\varepsilon_{i,t} \tag{4-5}$$

其中，*Roe* 表示企业价值，*AQ* 表示会计信息质量，*BM* 表示商业模式，*AB* 表示会计信息质量和商业模式的交互项，*Year* 表示年度虚拟变量，ε 是研究模型的干扰项。如果模型（4–3）中 *AQ* 的回归系数显著并且是正值，表示会计信息质量正向影响物流企业价值，可以证明假设 H1 成立。如果模型（4–4）中 *BM* 的回归系数显著并且是正值，表示商业模式正向影响物流企业价值，可以证明假设 H2 成立。如果会计信息质量和商业模式的交互项也就是模型（4–5）中 *AB* 的回归系数为显著并且是正值，验证假设 H3，表明商业模式在会计信息质量与企业价值的关系中发挥着调节作用。

4.4　实证检验

实证检验主要包括两个部分，第一部分是商业模式指标的实证分析，利用主成分分析法得到商业模式综合得分来定量衡量商业模式这个指标，第二部分是回归方程检验，利用回归方程验证所提出的三个假设是否成立。采用多元线性回归分析进行验证简单灵活，对数据样本要求较小，是研究各个因素之间的相关程度的常用方法。数据处理所使用的软件为SPSS22.0，分别进行主成分分析和回归方程检验。

4.4.1 商业模式指标度量

内生变量的 *KMO* 和 Bartlett 的球形度检验的结果如表 4-3 所示。*KMO* 值为 0.720，Bartlett 的球形度检验卡方值为 230.808，在 $p < 0.01$ 的水平上是显著的。说明商业模式指标之间具有一定的相关性，比较适合做主成分分析。

表4-3　*KMO*和Bartlett的检验

取样足够度的 Kaiser-Meyer-Olkin Bartlett 的球形度检验	度量	0.720
	近似卡方	230.808
	df	36
	Sig.	0.000

从表 4-4 可以看出，以特征根 1 为标准来截取数据，结果显示 4 个因子的特征根大于 1，同时累计共同方差解释比例达到 84.107%，可以解释原始指标的大部分信息，对应的因子得分系数矩阵如表 4-5 所示。

选取商业模式变量定义表中所示的 8 个评价指标进行主成分分析，从八个指标中，提取到四个主成分，累积方差贡献率为 84.107%，一般来说主成分分析法提取主成分因子，累积方差贡献率超过 80% 是合理的，说明提取的主成分能够用来表示商业模式的综合得分。确定好衡量商业模式的主成分以后，运用载荷系数计算出四个主成分得分，计算每个主成分得分的权重比例再分别相乘，最后加总计算得出商业模式的综合得分*BM*，用综合得分衡量商业模式指标。

表4-4 解释的总方差

成分	初始特征值			提取平方和载入			旋转平方和载入		
	合计	方差的（%）	累积（%）	合计	方差的（%）	累积（%）	合计	方差的（%）	累积（%）
1	3.615	40.167	40.167	3.615	40.167	40.167	3.492	38.795	38.795
2	1.716	19.067	59.234	1.716	19.067	59.234	1.736	19.285	58.080
3	1.202	13.356	72.590	1.202	13.356	72.590	1.208	13.427	71.506
4	1.037	11.517	84.107	1.037	11.517	84.107	1.134	12.601	84.107
5	0.568	6.306	90.413						
6	0.371	4.120	94.533						
7	0.286	3.176	97.709						
8	0.143	2.291	100.000						

注：主成分分析法提取。

表4-5 得分系数矩阵

因子	成分			
	1	2	3	4
1	0.966	0.074	0.014	0.103
2	0.944	−0.036	−0.006	0.008
3	0.883	0.146	0.038	−0.019
4	0.868	0.030	−0.079	0.205
5	−0.070	0.898	−0.113	−0.005
6	0.191	0.867	0.124	0.027
7	−0.155	−0.191	0.823	0.293
8	−0.169	−0.328	−0.702	0.392

4.4.2 描述性统计和相关分析

（1）描述性统计。在展开本部分的回归分析之前，先对模型中涉及的变量指标进行描述性统计分析，分析结果如表 4-6 所示。

表4-6　描述性统计结果

变量	样本量	最大值	最小值	均值	中位数	标准差
ROE	300	0.382	−0.689	0.057	0.042	0.136
AQ	300	1.136	−1.006	−0.002	0.004	0.416
BM	300	9.950	0.301	8.843	7.310	1.768
SIZE	300	25.821	19.241	21.937	22.040	1.288
TOP	300	0.755	0.085	0.341	0.499	0.153
LEV	300	0.935	0.048	0.473	0.408	0.213

从表 4-6 可知，变量描述性统计结果如下：

企业价值（*ROE*）的均值为 0.057，中位数为 0.042，两者大小较为接近，可以认为我国物流企业上市公司的企业价值接近于正态分布，不存在极端离群值。最大值是 0.382，最小值是 -0.689，标准差是 0.136，标准差小于 1，说明我国物流企业上市公司的企业价值总体上差距不大，但部分企业的企业价值低于平均水平。

商业模式（*BM*）的均值为 8.843，中位数为 7.310，中位数小于均值，表明我国物流企业上市公司中存在一些商业模式很优秀的企业，这些商业模式较好的企业拉高了我国物流企业上市公司该指标的平均水平，即可以认为我国大部分物流企业上市公司的商业模式水平总体偏低。最大值是 9.950，标准差是 1.768，最小值是 0.301，表明我国物流企业上市公司商业模式水平参差不齐，差异很大。

会计信息质量（*AQ*）的均值为 -0.002，中位数为 0.004，最大值为 1.136，最小值是 -1.006，标准差是 0.416，从整体上看我国物流上市公司会计信息质量水平相差不大，绝大多数处于较好水平，但是两极分化十分严重，会计信息质量还存在很大的差距，仍然存在提升的必要。

企业规模（*SIZE*）的均值为 21.937，最大值为 25.821，最小值为 19.241，标准差为 1.288，说明我国物流企业上市公司之间的发展规模极其不均衡，相差很大。资产负债率（*LEV*）的均值是 0.473，中位数是 0.408，比较接近，表明样本的资本构成大体一致，负债水平相同。股权集中度（*TOP*）的均值是 0.341，中位数是 0.408，股权分布均匀，样本整体差异很小。

（2）相关性分析。相关性分析能够检验各个变量之间的关系，使用 Pearson 相关系数验证各个变量之间是否相关，通过验证样本数据之间的相关性进而判断总体的相关性，验证结果如表 4-7 所示。

表4-7 相关性分析

变量	ROE	AQ	AB	BM	SIZE	LEV	TOP
ROE	1						
AQ	0.117***	1					
AB	0.163***	0.121***	1				
BM	0.109**	0.068**	0.167***	1			
SIZE	0.078**	0.036**	−0.346*	0.017*	1		
LEV	−0.196**	0.535**	−0.262***	−0.107***	0.417**	1	
TOP	0.113**	0.254**	0.205***	0.033**	0.291**	0.102**	1

注：***、**、*分别表示在1%、5%、10%的水平上显著。

从表4-7的数据可以看到，会计信息质量和企业价值呈现出正相关，两者之间相关系数是0.117，说明会计信息质量越好，企业价值就越好，从显著性水平方面来看，该系数在1%的水平上显著相关，表明会计信息质量与企业价值两者之间有着显著的正相关关系，会计信息质量的改善对企业价值的提升具有正向的促进作用。商业模式与企业价值相关系数为0.109，并在5%的水平上显著正相关。表明公司的商业模式越好，就越有利于企业价值的提升。企业规模与企业价值的相关系数为0.078，并在5%的水平上显著正相关。表明企业发展规模越大，企业价值提升的速度也就越快。资产负债率与企业价值的相关系数是-0.196，表明物流上市公司负债越多价值越小，债务资本过多，损害公司利益。股权集中度与企业价值的相关系数为0.113，说明股权集中度与企业价值成正相关关系，股权越集中，公司越稳定，有利于做出较优决策，从而提升企业价值。通过以上相关性分析，可以初步证明假设H1和假设H2成立。

会计信息质量与商业模式的交互项（*AB*）与企业价值在1%水平上显著正相关，说明商业模式在会计信息质量对企业价值的影响中发挥着作用。相关性分析是对各个变量两两之间进行的相关关系检验，假设H3的调节效应需要通过回归结果进行检验。控制变量企业规模、股权集中度和资产负债率在不同的水平上都表现出相关关系，证明了选取的控制变量是有效的。

4.4.3 回归分析

相关性分析没有考虑各个变量之间的相关关系，分析结果只是表明两个变量之间的密切程度和相关方向，如果想要验证各个变量之间是否具备影响与被影响的关系应该对各个变量进行回归分析，与相关性分析相比，回归分析层次更高，如果在没有对各个变量之间是否相关和相关方向做出正确判断之前，就进行回归分析，很容易造成“虚假回归”，也就是说各个变量之间相关时，进行回归才有意义。为了检验本书提出的研究假设，构建多元层次回归模型，同时验证模型中的解释变量是否存在多重共线性问题，在开始回归分析之前，使用方差膨胀因子 *VIF* 值检验解释变量是否存在多重共线性问题，*VIF* 值越大，表明解释变量之间的多重共线性越严重。经验表明，*VIF* 值如果小于10，解释变量之间不存在多重共线性问题，本文构建的模型中 *VIF* 值在0～3，所以可以认为解释变量之间不存在多重共线性问题。

（1）会计信息质量与企业价值回归。根据变量之间的相关系数我们可以初步判断会计信息质量对企业价值可能具有正向促进作用，但是相关性分析没有区分解释变量和被解释变量，只是对二者之间的紧密程度和相关方向进行了初步的验证。本部分在控制了企业规模、资产负债率和股权集中度等变量的基础上分析了会计信息质量对企业价值的影响，以企业价值为被解释变量，以会计信息质量为解释变量，对模型（4-3）进行多元线性回归分析，结果如表 4-8 所示。

表4-8　会计信息质量与企业价值的回归结果

变量	系数值	*t* 值
AQ	0.035***	4.543
SIZE	0.021***	3.348
TOP	0.044***	5.533
LEV	-0.164***	-13.172
YEAR	控制	控制
调整的 R^2=0.213		
F=38.00***		

注：***表示在 1% 的水平上显著。

从表 4-8 呈现的整体回归结果来看：该模型调整后的样本决定系数在 21% 左右，说明多元回归模型整体拟合优度良好。模型的 *F* 值在 1% 的水平上显著，说明会计信息质量和企业价值之间的线性关系用该模型拟合在整体上是有效的，会计信息质量对企业价值有显著影响。

从表 4-8 呈现的解释变量回归系数来看：会计信息质量与企业价值的回归系数是 0.035，*t* 值是 4.543，在 1% 的水平上显著，证明会计信息质量和企业价值之间存在显著正相关关系，本书的假设 H1 得到验证。

从控制变量回归结果来看，企业规模的回归系数是0.021，在1%的水平上显著，说明企业规模和企业价值之间存在显著正相关关系。现代企业治理理论指出，企业可以通过扩张生产经营规模来实现规模经济从而使盈利能力提升。我国物流企业上市公司大部分处于成长期，发展年限较短规模较小，当企业发展规模扩大以后能够出现明显的规模效应，各种要素成本降低，企业盈利能力增强。资产负债率的回归系数是（-0.164），在1%的水平上显著，说明资产负债率和企业价值之间存在显著负相关关系，当企业有较高的负债水平时，债权人会要求企业提供更多资产担保或提高借款利息，增加企业偿债压力，影响企业良性发展后，可能降低企业价值。股权集中度的回归系数显著且是正值，说明企业股权较为集中时，企业决策效率提高，能够对市场情况快速做出反应，大股东为了实现自身利益最大化为加强对经营者的决策监督力度，有利于企业发展。

（2）商业模式与企业价值回归。参考相关理论基础和相关性分析结果，我们能够初步判断商业模式和企业价值两者之间可能具有正向促进关系，为进一步分析两者之间的相关程度大小和估计推算两者之间的具体数值，对模型（4-4）进行多元线性回归分析，来验证商业模式与企业价值两者之间相关性的实证结果。回归结果如表4-9所示。

表4-9　商业模式与企业价值的回归结果

变量	系数值	*t* 值
BM	0.024^{***}	9.662
SIZE	0.031^{***}	1.237
TOP	0.036^{**}	4.748
LEV	-0.211^{***}	-14.417
YEAR	控制	控制
调整的 R^2=0.229		
F=39.73^{***}		

注：***、**分别表示在1%和5%水平上显著。

从表4-9的回归结果可以看出，该模型调整后的样本决定系数在22%左右，说明多元回归模型整体拟合优度良好，通过了显著性检验。模型的 F 值在1%的水平上显著，说明商业模式和企业价值之间的线性关系用该模型拟合在整体上是有效的，商业模式对企业价值有显著影响。

从表呈现的各个解释变量回归系数来看，商业模式与企业价值的回归系数为0.024，

t 值为 9.662，在 1% 的水平上显著，说明商业模式与企业价值之间存在着显著的正向关系，验证了本文的假设 H2。

（3）商业模式调节变量回归。调节变量能够影响解释变量和被解释变量之间关系的方向或强度。国内外专家学者对调节作用的检验问题进行了大量的研究和分析，常用的验证方法有三种，分别是差异检验法、依次检验法和系数乘积法，参照以往大部分学者认可度比较高的分析方法，选择系数乘积法来验证调节作用。

基于上述理论分析及回归结果能够看到，会计信息质量能提升企业价值，商业模式也能提升企业价值，本文将商业模式作为调节变量，进一步验证商业模式能否正向强化会计信息质量和企业价值两者之间的影响程度，对模型（4-5）进行多元线性回归分析，验证商业模式对会计信息质量和企业价值相关性的影响程度。回归结果如表 4-10 所示。

表4-10　会计信息质量、商业模式与企业价值的回归结果

变量	系数值	*t* 值
AQ	0.020***	1.979
SIZE	−0.003	−1.239
TOP	0.035**	4.578
LEV	−0.208***	−14.187
*AQ*BM*	0.011***	2.236
BM	0.016***	3.219
YEAR	控制	控制
调整的 R^2=0.231		
F=38.45***		

注：***、**分别表示在1%、5%水平上显著。

从表 4-10 可以看出，加入会计信息质量（*AQ*）和商业模式（*BM*）的交互项（*AQ*BM*）后，模型的 R^2 值 0.231，模型的拟合优度提高，解释效果进一步改善，同时交互项与企业价值的回归系数为 0.011，在 1% 的水平上显著，说明商业模式在会计信息质量对企业价值的影响关系中有着调节作用，假设 H3 得到验证。在物流行业中，会计信息披露应该重点关注契合财务报表的商业模式，它是财务结果形成的价值动因。会计准则具有经济滞后性，商业模式创新要调整构成要素结构从而会引起会计信息披露制度的改变，会计信息披露要以商业模式作为核心基础支持，更好地与商业模式体系相结合，更好适应经济新常态。只有会计信息与商业模式契合的恰当、充分、相关，才能符合投资者预期需求，对促进企业价值增值意义重大。

（4）稳健性检验。上述回归分析验证了所提出的研究假设。为了证明研究结论的科学合理，普遍适用，不会随着变量指标的变化而变化，替换衡量企业价值的净资产收益率这一指标，改用每股收益（*EPS*）来度量企业价值，再次对上文的模型进行回归分析，此次结果没有改变之前的研究结论，验证了模型的稳健性。

4.5 小　结

选用物流上市公司作为研究样本，基于信息不对称理论、委托代理理论、有效市场理论和商业模式创新理论，将商业模式指标以主成分分析法提取主成分计算综合得分来衡量商业模式水平，利用修正的Jones模型来衡量我国物流上市公司的会计信息质量，最后选取控制变量，在此基础上建立模型，进行样本数据处理，实证检验会计信息质量和企业价值的关系，商业模式和企业价值的关系，以及加入商业模式这一指标后，再一次检验会计信息质量和企业价值的关系，从而验证商业模式在会计信息质量对企业价值的影响中是否发挥着正向的调节作用。通过实证研究得出以下结论：

（1）我国物流上市公司的商业模式水平依旧不高。从之前的描述性统计可以看出，我国已有部分物流上市公司具有良好的商业模式，但总体上各企业之间差距悬殊，说明我国物流上市公司之间商业模式水平参差不齐，整体水平依旧偏低。

（2）会计信息质量对企业价值的有着正向促进作用。回归结果表明，物流上市公司会计信息质量水平与企业价值呈正相关关系，即会计信息质量水平越高，越有利于企业价值的提高。

（3）商业模式对企业价值的提高起到促进作用。回归结果表明，商业模式水平越高，企业价值越高，即优化和改进商业模式有利于企业价值水平的提高。因此，在互联网和信息技术飞速发展的大环境下，物流上市公司应该进行商业模式设计，根据公司的实际情况，构建适应公司发展的商业模式，与各利益相关者建立关系，使价值创造达到最大。

（4）商业模式在会计信息质量对企业价值的影响中起着正向的调节作用。商业模式越好，会计信息质量对企业价值的促进作用越好，表明物流上市公司如果将商业模式与会计信息质量进行有效的整合，可以给企业带来可持续的竞争优势，促进企业的长久健康发展。

扩展研究对象的视野，对全样本或其他行业特质背景的该主题开展研究，给出会计信息质量这个要素对企业商业模式创新的动力机制是需要深入研究的方向。

第5章

物流企业低碳物流商业模式创新演化博弈分析

以物流企业为研究对象，研究低碳物流商业模式创新的演化博弈问题。基于低碳物流商业模式创新的内涵与特征，运用内容分析法，归纳识别低碳物流商业模式创新的动力因素，分析各动力因素下物流企业低碳物流商业模式创新的行为演化策略，数值仿真验证物流企业低碳物流商业模式创新的动力因素包括创新补贴、碳税征收、市场低碳需求和碳排放权交易等的影响，采用多智能体仿真模型，验证政府环境规制和市场低碳需求的外部动力因素的演化方向引导作用，低碳创新能力和企业创新资源的内部动力因素的演化进程促进作用，给出物流低碳物流商业模式创新行为演化的阶段性特征（肖林功，2020）[1]。

5.1 低碳物流商业模式的内涵与创新动力因素

商业模式创新作为一种创新形态，是企业发展低碳经济不可或缺的必要手段和基本实现形式。低碳物流商业模式作为物流企业低碳经济发展要求下的一种可行商业模式，是在充分适应外部环境下，通过对企业原有商业模式的构成要素、要素之间的关系或动力机制等方面进行全新的整合与配置，为客户或市场提供更加低碳的产品或服务实现价值的增值。

低碳经济发展下，企业外部环境和内部环境共同制约着物流企业的可持续发展，物流企业低碳物流商业模式创新不仅需要市场低碳需求的引导，为消费者提供更加低碳的产品或服务，还需要政府、高校、相关科研机构等社会各个方面的参与或支持，包括政府对企业税收、创新补贴、碳排放权交易进行扶持、激励和提供保障，高校和相关科研机构组织提供低碳技术创新研发与合作，这些措施有助于促进低碳消费，推动低碳市场建设，物流企业基于自身创新能力创新资源要素的重新整合与配置，适应

[1] 硕士生参与课题的阶段性成果，肖林功，物流企业低碳物流商业模式创新的演化博弈研究［D］. 邯郸：河北工程大学，2020.

外部低碳环境的变化，实现低碳物流商业模式的创新。

低碳经济背景下，商业模式创新不仅是企业追求减少环境污染和碳排放实现整个产品生命周期内新工艺、新技术、新系统的引进和改良，降低产品周期各个环节的成本，并加入低碳的理念，而是要求企业原有商业模式的构成要素以及动力机制方面的重新整合配置。低碳物流商业模式是一种以节能减排为目标，在外部环境约束下充分利用自身有效资源降低物流活动对环境的污染，提高企业盈利能力，实现经济效益和环境效益最优化的物流活动方式。

在低碳经济的发展下，低碳物流成为物流企业转型发展的必要条件和战略选择。采用低碳物流商业模式的企业往往是站在企业战略的高度实现企业价值的增值。低碳物流商业模式创新是企业间非技术性的低碳创新，是以提供产品或服务为导向的新组织模式。低碳物流商业模式创新作用于物流企业生命周期的整个过程，是企业外部环境和内部环境共同作用的结果。

5.1.1 低碳物流商业模式创新的特征

基于物流企业的特征和商业模式创新的相关理论，物流企业作为碳排放市场的主体，面临着外部资源和环境问题的制约和挑战，以及通过商业模式的低碳演变获得可持续竞争优势的机遇。基于主体的商业模式创新研究更加关注创新者的行动与外部环境的变化，区别于传统商业模式关注创新本身，所以物流企业低碳物流商业模式创新的特征主要体现在以下几个方面：

（1）低碳物流商业模式创新具有双重外部性。物流企业的低碳物流商业模式创新强调企业在从事生产经营过程中，不仅要考虑追求经济效益，还要履行其节能减排保护环境的社会责任，即将社会效益与环境效益纳入企业战略范畴以追求实现长期可持续发展。

（2）低碳物流商业模式创新具有市场导向性。物流企业低碳物流商业模式创新是在实现自身有效盈利方式下，为客户提供更加全新低碳的产品或服务，为客户和自身创造更大的价值，增强企业自身的竞争优势。市场需求为物流企业提供了生存和发展空间，物流企业作为碳排放市场活动主体，能够根据市场外部环境的变化调整自身的发展战略。物流企业低碳物流商业模式创新行为由市场导向和调节。

（3）低碳物流商业模式创新具有多主体性。低碳经济背景下，物流企业创新基础薄弱，企业不能满足依靠自身资源实现低碳物流商业模式的创新需要。结合物流企业关联性强的特点，低碳物流商业模式创新需要其他参与方如政府、竞争合作企业、客户、高校和相关科研机构等利益相关者的共同参与和合作。

（4）低碳物流商业模式创新突出创新性。低碳创新是在追求经济的利益基础创造社会价值和环境价值，物流企业不仅需要提供低碳的产品和服务，还要考虑自身的可持续发展，即重新审视其商业模式的价值创造和利润观，新的商业模式促使企业价值链的重构。低碳物流商业模式代表一种重要的非技术性的低碳创新。

（5）低碳物流商业模式创新具有预见性。政府环境规制和市场低碳需求下，传统商业模式难以适应复杂多变的竞争环境，物流企业要获得可持续竞争的优势，必须制定和实施具有前瞻性的低碳创新战略，使企业能够预测市场的发展动态和趋势。

5.1.2 低碳物流商业模式创新的主体

物流企业商业模式可以看作是物流企业与其利益相关者的交易结构，低碳经济背景下，物流企业与其他利益相关者共同面临外部资源和环境问题的制约和挑战，仅物流企业自身的资源难以进行商业模式的低碳创新，作为共同受益者，低碳物流商业模式的创新需要以物流企业为核心，其他利益相关者共同参与。基于所研究的内容，物流企业利益相关者可分为政府、客户、相关科研机构。

物流企业与利益相关者共同协作实现低碳物流商业模式的创新演化，低碳物流商业模式创新的参与主体分以下几类：

（1）物流企业。物流企业是低碳物流商业模式创新的主体，是低碳物流商业模式创新过程中是主要参与者，作为创新主体，物流企业直接面对环境问题，并为客户提供更加低碳的产品或服务，同时具备较强的信息处理能力和资源获取能力。物流企业会就低碳物流商业模式的创新演化方向进行创新决策，物流企业群体间的创新决策过程反映其具有博弈关系，企业群体间的竞争合作影响商业模式创新演化方向，物流企业同样与其他参与主体协同创新共享资源实现共同的发展。

（2）政府。政府是物流企业的监管者和引导者，通过征收碳税、投入创新补贴和引导碳排放交易等激励物流企业的低碳物流商业模式创新，同时政府为物流企业提供发展环境保障，通过市场引导物流企业进行低碳物流商业模式创新。

（3）客户。物流企业的低碳物流商业模式创新是为客户伙伴提供更加低碳的产品或服务，客户作为消费市场的主体，其所具备的低碳价值观、良好的低碳消费习惯是物流企业低碳物流商业模式创新的重要动力。

（4）相关科研机构。相关科研机构为物流企业提供低碳技术、低碳知识等，物流企业通过与相关科研机构建立合作关系，获取创新资源并不断提升低碳创新能力，获得可持续竞争优势。

5.1.3 低碳物流商业模式创新动力因素的识别

商业模式创新研究的主要内容包括商业模式的概念、构成要素以及要素的重新组合等，但在低碳经济约束的外部复杂环境下，商业模式创新侧重关注创新者的行动与外部环境的变化。因此，本节将基于物流企业低碳物流商业模式创新的内涵与特征，识别并分析低碳物流商业模式创新的动力因素。

在管理学的相关实证研究中分析研究问题的动力因素时，该领域研究者会对所分析的动力因素的真实可靠性保持怀疑态度，内容分析法作为社会科学实证研究的重要方法之一，能够对相关研究中动力因素进行有效的识别。内容分析法是指把非定量的文本内容转化为可进行统计分析的定量数据，以量化的数据揭示研究内容的本质，即将文本内容进行系统分类，运用统计方法对分类内容的关系联系进行描述分析。

内容分析法适用于将大量的文本内容资料进行精准归类，通过描述统计获得关键信息，具有系统性、客观性和可操作性等特征。互联网技术的广泛应用和发展，使得文本内容信息传播得更加迅速和广泛，内容分析法具有非反应性、抗干扰能力强、能处理非结构化数据和能处理大量数据的优势，能够充分发挥主观性，是一种能够提供新见解新思路的科学方法，逐渐成为社科领域实证研究的重要方法。结合物流企业的特点和低碳物流商业模式创新的特征，寻找有效相关的文本信息，为识别低碳物流商业模式创新动力因素提供研究方向。

内容分析法常被用于文献内容分析的统计研究，通过从相关文献中提炼出有效的语句和词汇然后再以编码的形式呈现，是将文本内容转化为可进行统计分析的定量数据的过程，将文献按照研究主题的不同归类，探索该领域的研究热点和未来发展趋势，并在其中挖掘分析内容独有的特性或现象。很少有学者将内容分析法运用于管理学实证研究。本节将运用内容分析法结合物流企业特征以及低碳物流商业模式创新特征，归纳识别文献期刊关于低碳物流商业模式创新动力因素相关有效信息，确定物流企业低碳物流商业模式创新的关键动力因素，一方面为物流企业低碳物流商业模式创新演化博弈分析提供动力基础，另一方面是对内容分析法运用于管理学实证研究的探索。

基于内容分析法的文本内容选择过程中，内容分析的文本可能包含书本、书本的单独章节、访谈、采访报道、杂志文章、文献期刊、会议等，内容分析中的单位可能为文本所包含的所有信息，包括整个篇章、段落、语句、词汇等，内容分析的对象和单位可以根据实际需求进行选择。

内容分析文本来源于中国期刊网全文数据库中的期刊、会议和博硕士论文，结合物流企业商业模式创新的低碳背景确定检索词，通过检索词检索出内容分析文本，并结合物流企业的特征（高能耗和高排放、受政府约束强、关联性强）和低碳物流商业模式创新特征（双重外部性、多主体性、市场导向性、创新性、预见性）从内容分析文本中的具体单位包括摘要、关键词和章标题中整理出低碳物流商业模式创新动力因素词语，然后进行归纳和分类，确定物流企业低碳物流商业模式创新的动力因素。

以“动力＋商业模式低碳创新”为检索词，在中国期刊网全文数据库中共检索到891 篇相关文献，为降低工作内容量和工作难度，对检索到的文献通过文献被引量由高到低排序，选取被引量最高的 130 篇相关文献作为内容分析文本，然后对检索出来的每一篇文献中摘要、关键词和章标题所涉及的词语分别进行归纳，共得到 433 个相关词语，平均每篇文献 3.3 个，将归纳的相关词语规范化处理并汇总，供后续研究使用，同一篇文献中规范化处理后的重复词语只列出一次。

为避免受时间、环境和心理的主客观方面的干扰，导致词语归类的随意性，由作者和导师分别单独对归纳好并汇总的规范化词语进行归类。在词语归类过程中，由作者和其导师按照各自所理解的物流企业低碳物流商业模式创新动力相关理论，结合物流企业的特征和低碳物流商业模式创新的内涵与特征，自主命名相关词语的归类名称并进行归类，然后对比分析归类结果，发现共有 41 个相关词语存在归类分歧，通过查找文献对归类结果有分歧的词语进行了最终归类。相关词语归类见表 5-1。

表5-1　相关词语归类

关键词	文本中的词语
政府环境规制	环境规制、碳税征收、碳排放权交易、创新补贴、环境政策、法律法规、碳配额、碳排放标准、环保标准、政府监督、低碳约束、资源约束、环境约束、激励机制等
市场低碳需求	低碳产品、低碳服务、低碳偏好、环保需求、市场驱动、客户需求、低碳环保、低碳经济等
企业创新资源	创新资源、交流合作、创新网络、知识共享、技术共享、合作伙伴、企业联盟、协同创新、关系质量等
低碳创新能力	低碳技术创新、创新能力、低碳人才、低碳技术、低碳知识、技术积累、低碳生产、低碳研发等

内容分析中的信度是检验归类结果的一致性、稳定性、真实性程度的指标。内容分析的信度越高，归类结果一致性程度越高。词语归类的合理性和归类人员的专业性皆影响信度结果。

根据 Cullen（1989）所提出的“评分员信度”法，这里将相互同意度作为检验归类人员归类一致性的信度指标。在初始归类过程中，从相关期刊文献的文本中共获取433 个相关词语，其中有 41 个词语的归类不一致，通过计算，词语归类相互同意度为89.15%，计算结果如下：

$$\text{相互同意度}=\frac{2M}{N_1+N_2}=\frac{2\times(433-41)}{433+433}\times 100\%=90.53\% \tag{5-1}$$

其中，M 为作者与导师归类一致的词语数量；N_1 为作者归类词语数量；N_2 为导师归类词语数量。

Takeaki（1998）认为，当信度系数位于区间［0.85,100］时，词语归类一致性程度较高且满足内容分析的要求，归类人员为作者和导师两个独立个体，其平均相互同意度值为相互同意度值，n 参与归类的人数。通过计算，内容分析的信度系数为 90.53%，计算结果如下：

$$\begin{aligned}\text{信度系数}&=\frac{n\times\text{平均相互同意度}}{1+(n-1)\times\text{平均相互同意度}}\\&=\frac{2\times 0.9053}{1+(2-1)\times 0.9053}\times 100\%=95.02\%\end{aligned} \tag{5-2}$$

根据计算结果可知，词语归类的信度系数满足内容分析的要求，表明词语归类结果可信。

在对上述相关词语进行初步归类的基础上，将所有规范性关键词语统一命名并统计分析，见表 5-2。

表5-2 物流企业低碳物流商业模式创新动力因素

序号	关键词	频次	序号	关键词	频次
1	政府环境规制	89	9	企业创新管理	15
2	市场低碳需求	71	10	企业领导能力	11
3	低碳创新能力	59	11	低碳市场预测	8
4	企业创新资源	53	12	低碳理念	8
5	低碳创新战略	41	13	社会监督	7
6	企业社会责任	28	14	社会资本	3
7	低碳价值观	19	15	节能减排	3
8	环保意识	16	16	能源效率	2

由表 5-2 可知，物流企业低碳物流商业模式创新相关的动力因素分别有政府环境规制、市场低碳需求、低碳创新能力、企业创新资源、低碳创新战略、企业社会责任等。其中政府环境规制出现的频次占全部词语的 20.55%，达到 89 次，市场低碳需求出现了 71 次，占全部词语的 16.39%，低碳创新能力和企业创新资源分别占全部词语的 13.62% 和 12.24%。

分析的关注点在排序靠前的政府环境规制、市场低碳需求、低碳创新能力、企业创新资源等 4 个物流企业低碳物流商业模式创新的动力因素。在文本内容整理过程中发现部分学者多将政府环境规制分为碳税征收、碳排放权交易和创新补贴三个维度，并分别研究其对低碳创新的作用机制。基于驱动物流企业低碳物流商业模式创新的动力因素所处层次，可以将政府环境规制、市场低碳需求归为企业外部动力因素，将低碳创新能力和企业创新资源归为企业内部动力因素。

5.1.4 低碳物流商业模式创新的内外动力

通过内容分析法，结合物流企业的特征和低碳物流商业模式创新的内涵特征，归纳识别了物流企业低碳物流商业模式创新的外部动力因素（政府环境规制、市场低碳需求）和内部环境动力因素（低碳创新能力、企业创新资源），并对企业外部动力和内部动力与低碳物流商业模式创新的作用关系进行分析。

（1）低碳物流商模式创新的外部动力。外部动力包括政府环境规制、市场低碳需求两类。

政府环境规制。低碳物流商业模式创新具有双重外部性。物流企业高能耗和高排放的特征决定了其商业模式创新受政府约束。低碳经济背景下，企业将面临克服追求经济效益与环境效益之间的矛盾问题，而要解决企业造成的环境问题，需要政府的参与。政府环境规制是对资源环境作出的约束，是实现物流企业商业模式低碳创新的重要动力。

环境规制可以分为强制型、引导型和激励型等类别，一些研究表明我国不同类别环境规制对企业低碳创新影响差异显著。强制型环境规制是政府通过制定相关法规政策，强制要求企业实现低碳减排保护环境，包括碳排放标准等。引导型环境规制是政府通过建立市场机制等为企业降低创新风险，提供良好的交易生存环境，增加企业额外收入，包括碳排放权交易等。激励型环境规制是政府对企业低碳行为进行处罚或奖励来调动企业生产积极性，以及实现企业节能减排，包括碳税征收、创新补贴等。

针对物流企业成本结构发生变化导致的低碳物流商业模式创新动力不足的问题，

政府对物流企业低碳物流商业模式创新进行引导和规制，通过政策手段对企业实施低碳物流商业模式创新实现节能减排进行约束。碳排放权交易、碳税征收以及创新补贴在企业实现低碳创新上取得了一定的规制效果。碳排放权交易是政府通过制定碳配额分配标准和方法，分配给各企业一定配额的碳排放量，允许企业买卖交易。采取低碳物流商业模式创新而降低碳排放量的物流企业可以将剩余碳配额出售给高碳排放的传统物流企业，以此获得碳排放交易收益。传统物流企业需要购买配额弥补超出配额的碳排放量，导致企业生产成本提高而影响企业收益。政府通过对低碳物流商业模式创新企业提供创新补贴，解决企业低碳演变额外成本投入问题，有效提高了企业低碳物流商业模式创新的积极性。

此外，碳税征收是政府通过税收这一行政惩罚手段影响企业低碳创新积极性。政府不仅通过对物流企业碳排放征收碳税进行惩罚，还对物流企业商业模式低碳演变额外成本投入补贴进行补偿，这种惩罚与补偿相结合的手段有效激励物流企业进行商业模式的低碳演变。

市场低碳需求。低碳物流商业模式创新具有市场导向性，物流市场上消费者需求的波动性有利于企业商业模式的改革优化。低碳物流商业模式创新的重要内容是通过对原有物流企业商业模式的核心构成要素和动力机制进行重新配置，在实现自身有效盈利方式下，为客户提供更加全新低碳的产品或服务，为客户和自身创造更大的价值，增强企业自身的竞争优势。

环境污染资源短缺愈演愈烈的情形下，相比较传统产品或服务，消费市场更加关注低碳减排环保节能的产品或服务，而且随着社会环保意识的增强，消费者对低碳产品或服务的偏好显著增强。消费市场对低碳产品或服务的需求能够有效推动企业进行低碳创新，实现商业模式的低碳演变。如果企业长期不能满足市场低碳需求，将会影响企业的市场形象和市场占有率。低碳市场竞争下，低碳产品或服务需求量增加，相应传统产品或服务需求量减少，进行商业模式创新的物流企业通过开拓和寻找新的创新思路，占据更大的市场空间获得持续创新收益，这将给物流企业带来巨大的机遇和挑战。市场低碳需求下，低碳物流商业模式创新是迎接这一机遇和挑战的有效手段。低碳产品或服务的巨大需求，为物流企业提供广阔的市场，为物流企业低碳物流商业模式创新提供动力。

（2）低碳物流商模式创新的内部动力。内部动力包括低碳创新能力和企业创新资源两类。

低碳创新能力。低碳物流商业模式创新突出创新性。企业低碳创新能力是推动物流企业实现低碳可持续发展，适应低碳经济带来的外部竞争环境形成的动态能力。物流企业低碳创新能力体现在两个方面，企业对外部低碳创新资源的积累和吸收以及企业对内部低碳创新资源的整合和重新分配。资源基础理论认为企业的本质是各类资源的集合，企业拥有的低碳创新资源是其获取可持续竞争优势的重要来源。

低碳创新资源体现在低碳人才、低碳技术、低碳创新信息和低碳创新知识等方面。低碳创新资源是低碳物流商业模式创新过程中难以模仿的独特要素，是物流企业商业模式创新的物质基础。低碳创新能力的完善，能够促进企业对低碳创新资源进行快速吸收、整合和重新分配，驱动物流企业商业模式低碳方向的演变。物流企业低碳创新能力驱动企业以低能耗、低排放、高效能为导向的商业模式创新的发展。

企业创新资源。低碳物流商业模式创新具有多主体性，结合物流企业具有关联性强的特点，物流企业社会网络关系越稳定，企业创新资源越充足，越利于商业模式的创新。企业社会网络是指企业与利益相关者之间互动形成的相对稳定的关系体系。低碳经济背景下，物流企业创新基础薄弱，缺乏资金、技术、人才等一系列资源，企业不能满足依靠自身资源实现低碳物流商业模式创新的需要。

物流企业低碳物流商业模式创新需要政府、竞争合作企业、消费者、高校和相关科研机构等利益相关者各个方面的参与或支持，包括政府对企业税收、创新补贴、碳排放权交易进行扶持、激励和提供保障，高校和相关科研机构组织提供低碳技术创新研发与合作，竞争合作企业参与知识共享协同创新。在市场竞争中，物流企业常与利益相关者在构成的低碳创新网络中建立企业联盟，共享资源协同创新以及共同应对外部环境变化，增强双方竞争优势。从利益相关者交易结构的视角，商业模式被定义为是企业与其利益相关者的交易结构。以社会网络关系为主要表示形式的企业创新资源对低碳物流商业模式创新起着重要的推动作用。

5.2 低碳物流商业模式创新动力的演化博弈

物流企业作为低碳物流商业模式创新行为的决策主体，在面对政府环境规制和市场低碳需求双重外部动力因素下，就选择低碳物流商业模式或传统商业模式，考虑实施的投入与收益。物流企业群体间创新决策过程反映其具有的博弈关系。基于演化博弈理论，构建不同外部动力因素下的物流企业低碳物流商业模式创新演化博弈模型，研究其行为策略选择和动力机制问题。

5.2.1 演化模型假设

在外部动力因素的基础上，将政府环境规制分为碳税征收、碳排放权交易和创新补贴三个因素，对碳税征收、碳排放权交易、创新补贴和市场低碳需求四个因素分别进行假设赋值，为物流企业群体间低碳物流商业模式创新演化博弈分析提供重要参数。

假设 1：将所有物流企业看作一个系统，且存在群体 A 与群体 B，将群体 A 中个体企业和群体 B 中个体企业随机抽取，相应配对进行博弈，分别记作物流企业 A 和物流企业 B。在市场竞争作用下，双方企业都有两种策略方案，即选择“低碳物流商业模式”和选择“传统物流商业模式”。系统形成策略集为｛低碳物流商业模式，传统物流商业模式｝。假设两群体企业是有限理性，双方从自身利益出发选择最有利策略，并不断演化直到最终达到稳定均衡状态。

假设 2：设企业选择低碳物流商业模式的基本收益为 $E_i\,(i=1,2)$，选择传统物流商业模式的基本收益为 $E'_i\,(i=1,2)$，其中 $E_i>0$，$E'_i>0$。当物流企业选择低碳物流商业模式，需付出新商业模式组织架构、流程改造等低碳演变成本和低碳减排成本，设企业选择低碳物流商业模式投入的总成本为 C_i，其中 $C_i>0\,(i=1,2)$。

假设 3：政府环境规制下，为促进企业节能减排，要求企业按照碳排放量缴纳相应碳排放税，设选择低碳物流商业模式的物流企业缴纳的碳排放税为 T_i，选择传统物流商业模式的物流企业缴纳的碳排放税为 T'_i，α 为碳税强度系数。政府通过征收碳税对企业进行惩罚，并会通过创新补贴对选择低碳减排的企业进行激励，假设对选择低碳物流商业模式的企业按照投入成本进行补贴，β 为创新补贴系数。其中 $T'_i>T_i>0$ $(i=1,2)$。

假设 4：碳排放权交易有助于优化配置碳排放空间资源，为实现低碳减排提供经济激励，是实现企业低碳减排的一项重要举措。设政府规定物流企业最高碳排放配额为 Q。企业选择低碳物流商业模式时，碳排放量为 q_i，选择传统物流商业模式时，碳排放量为 q'_i。当企业实际碳排放量低于碳配额，可以将多余的碳排放量进行市场交易，设 p 为碳排放交易单价，r 为碳排放权交易强度系数。其中 $q'_i>Q>q_i$ $(i=1,2)$。

假设 5：低碳经济发展背景下，物流企业对自身生产运营的要求会越来越倾向于选择低碳产品或服务。市场低碳需求影响企业策略选择，若市场低碳需求程度高，当一方企业选择低碳物流商业模式而另一方选择传统物流商业模式时，选择低碳物流商业模式的企业能够抢占更多市场份额，设企业选择低碳物流商业模式的潜在收益变化为 $e_i(i=1,2)$，λ 为市场低碳需求程度系数。

假设 6：在双方博弈过程中，假设物流企业 A 选择“低碳物流商业模式”策略的概率为 x，选择“传统物流商业模式”策略的概率为 $(1-x)$；物流企业 B 选择“低碳物流商业模式”策略的概率 y，选择“传统物流商业模式”策略的概率为 $(1-y)$。其中 $0 \leqslant x, y \leqslant 1$。

5.2.2 演化博弈模型构建

基于上述假设，构建物流企业间博弈支付矩阵，见表 5-3。

表5-3　物流企业间演化博弈支付矩阵

物流企业A / 物流企业B	低碳物流商业模式	传统物流商业模式
低碳物流商业模式	$U_{11}=E_1+\beta C_1-\alpha T_1-C_1$; $V_{11}=E_2+\beta C_2-\alpha T_2-C_2$	$U_{12}=E_1+\beta C_1+\gamma p\left(Q-q_1\right)+\lambda e_1-\alpha T_1-C_1$; $V_{12}=E_2'-\gamma p\left(q_2'-Q\right)-\alpha T_2'-\lambda e_2$
传统物流商业模式	$U_{21}=E_1'-\gamma p\left(q_1'-Q\right)-\alpha T_1'-\lambda e_1$; $V_{21}=E_2+\beta C_2+\gamma p\left(Q-q_2\right)+\lambda e_2-\alpha T_2-C_2$	$U_{22}=E_1'-\alpha T_1'$; $V_{22}=E_2'-\alpha T_2'$

U_{11} 和 V_{11} 分别表示当所有物流企业均选择低碳物流商业模式创新时，物流企业 A 和 B 的收益；U_{21} 和 V_{12} 分别表示当物流企业 B 选择低碳物流商业模式创新，物流企业 A 选择传统物流商业模式时，物流企业 A 和 B 的收益；U_{12} 和 V_{21} 分别表示当物流企业 A 选择低碳物流商业模式创新，物流企业 B 选择传统物流商业模式时，物流企业 A 和 B 的收益；U_{22} 和 V_{22} 分别表示所有企业都选择传统物流商业模式时，物流企业 A 和 B 的收益。

5.2.3 演化博弈稳定性

构造物流企业 A、物流企业 B 行为策略的复制动态方程，设物流企业 A 选择“低碳物流商业模式”策略的期望收益为 U_1，选择“传统物流商业模式”策略的期望收益

为 U_2，物流企业 A 的平均期望收益为$\bar{U}$，则有：

$$U_1 = y\left[E_1 + \beta C_1 - \alpha T_1 - C_1\right] + (1-y)\left[E_1 + \beta C_1 + \gamma p\left(Q - q_1\right) + \lambda e_1 - \alpha T_1 - C_1\right] \tag{5-3}$$

$$U_2 = y[E_1' - \gamma p\left(q_1' - Q\right) - \alpha T_1' - \lambda e_1] + (1-y)[E_1' - \alpha T_1'] \tag{5-4}$$

$$\bar{U} = xU_1 + (1-x)U_2 \tag{5-5}$$

设物流企业 B 选择“低碳物流商业模式”策略的期望收益为 V_1，选择“传统物流商业模式”策略的期望收益为 V_2，物流企业 B 的平均期望收益为$\bar{V}$，则有：

$$V_1 = x\left[E_2 + \beta C_2 - \alpha T_2 - C_2\right] + (1-x)\left[E_2 + \beta C_2 + \gamma p\left(Q - q_2\right) + \lambda e_2 - \alpha T_2 - C_2\right] \tag{5-6}$$

$$V_2 = x[E_2' - \gamma p\left(q_2' - Q\right) - \alpha T_2' - \lambda e_2] + (1-x)[E_2' - \alpha T_2'] \tag{5-7}$$

$$\bar{V} = yV_1 + (1-y)V_2 \tag{5-8}$$

物流企业 A 行为策略的复制动态方程为：

$$F(x) = \frac{\mathrm{d}x}{\mathrm{d}t} = x(1-x)(U_1 - U_2) \tag{5-9}$$

物流企业 B 行为策略的复制动态方程为：

$$F(y) = \frac{\mathrm{d}y}{\mathrm{d}t} = y(1-y)(V_1 - V_2) \tag{5-10}$$

联立物流企业 A 与物流企业 B 行为策略的复制动态方程得到：

$$\begin{cases} F(x) = \dfrac{\mathrm{d}x}{\mathrm{d}t} = x(1-x) \\ \left[\left(E_1 - E'_1\right) + \alpha\left(T'_1 - T_1\right) + \gamma p\left(Q - q_1\right) + y\gamma p\left[\left(q_1' - Q\right) - \left(Q - q_1\right)\right] + \lambda e_1 + \beta C_1 - C_1\right] \\ F(y) = \dfrac{\mathrm{d}y}{\mathrm{d}t} = y(1-y) \\ \left[\left(E_2 - E'_2\right) + \alpha\left(T'_2 - T_2\right) + \gamma p\left(Q - q_2\right) + x\gamma p\left[\left(q_2' - Q\right) - \left(Q - q_2\right)\right] + \lambda e_2 + \beta C_2 - C_2\right] \end{cases} \tag{5-11}$$

考虑到以下分析的方便性，令

$$\theta = \left(E_1 - E'_1\right) + \alpha\left(T'_1 - T_1\right) + \gamma p\left(Q - q_1\right) + y\gamma p\left[\left(q_1' - Q\right) - \left(Q - q_1\right)\right] + \lambda e_1 + \beta C_1 - C_1 \tag{5-12}$$

$$\varepsilon = \left(E_2 - E'_2\right) + \alpha\left(T'_2 - T_2\right) + \gamma p\left(Q - q_2\right) + x\gamma p\left[\left(q_2' - Q\right) - \left(Q - q_2\right)\right] + \lambda e_2 + \beta C_2 - C_2 \tag{5-13}$$

当 x=0 或 y=0 时，令

$$a_i=\left(E_i-E'_i\right)+\alpha\left(T'_i-T_i\right)+\gamma p\left(Q-q_i\right)+\lambda e_i+\beta C_i-C_i\left(i=1,2\right) \tag{5-14}$$

当 x=1 或 y=1 时，令

$$b_j=\left(E_j-E'_j\right)+\alpha\left(T'_j-T_j\right)+\gamma p\left(q'_j-Q\right)+\lambda e_j+\beta C_j-C_j\left(j=1,2\right) \tag{5-15}$$

当物流企业 A 和物流企业 B 的不同策略的期望相等时，演化系统能维持稳定状态，即令 $\frac{\mathrm{d}x}{\mathrm{d}t}=0$，则 x=0，x=1，$y=\frac{a_1}{\gamma p\left[\left(q'_1-Q\right)-\left(Q-q_1\right)\right]}$；令 $\frac{\mathrm{d}y}{\mathrm{d}t}=0$，则 y=0，y=1，$x=\frac{a_2}{\gamma p\left[\left(q'_2-Q\right)-\left(Q-q_2\right)\right]}$，系统的均衡点为 (0,0)、(0,1)、(1,0)、(1,1)、(x^*,y^*)，其中 $x^*=\frac{a_2}{\gamma p\left[\left(q'_2-Q\right)-\left(Q-q_2\right)\right]}$，$y^*=\frac{a_1}{\gamma p\left[\left(q'_1-Q\right)-\left(Q-q_1\right)\right]}$。

用雅克比矩阵分析演化博弈的局部稳定性，矩阵即为：

$$J=\begin{bmatrix}\frac{\partial F(x)}{\partial x} & \frac{\partial F(x)}{\partial y}\\ \frac{\partial F(y)}{\partial x} & \frac{\partial F(y)}{\partial y}\end{bmatrix}$$

$$=\begin{bmatrix}(1-2x)\theta & \gamma px(1-x)\left[\left(q'_1-Q\right)-\left(Q-q_1\right)\right]\\ \gamma py(1-y)\left[\left(q'_2-Q\right)-\left(Q-q_2\right)\right] & (1-2y)\varepsilon\end{bmatrix} \tag{5-16}$$

该矩阵的行列式为：

$$\det J=\theta\varepsilon(1-2x)(1-2y)-\gamma^2p^2xy(1-x)(1-y)\left[\left(q'_1-Q\right)-\left(Q-q_1\right)\right]\left[\left(q'_2-Q\right)-\left(Q-q_2\right)\right] \tag{5-17}$$

该矩阵即为：

$$\operatorname{tr} J=(1-2x)\theta+(1-2y)\varepsilon \tag{5-18}$$

当满足 $\det J>0$,$\operatorname{tr} J<0$ 时，复制动态方程的均衡点是稳定的，为演化稳定策略 (*ESS*)，在均衡点 (x^*,y^*) 处，不满足上述条件，所以只需要讨论 (0,0)、(0,1)、(1,0)、(1,1) 的稳定性，其中 $\det J$ 的取值可以理解为物流企业 A 和物流企业 B 进行低碳物流商业模式创新与选择传统物流商业模式之间收益差的积，$\operatorname{tr} J$ 的取值可以理解为物流企业 A 和

物流企业 B 进行低碳物流商业模式创新与选择传统物流商业模式之间收益差的和。此时共有 6 种情形，满足条件 $\det J>0, \mathrm{tr}\, J<0$，如表 5-4 所示。

表5-4　演化系统均衡点及局部稳定性

均衡点	情形（1）			情形（2）			情形（3）		
（x，y）	det J	tr J	稳定性	det J	tr J	稳定性	det J	tr J	稳定性
（0,0）	+	+	不稳定点	+	+	不稳定点	+	−	ESS
（0,1）	−	−	鞍点	−	+	鞍点	−	+	鞍点
（1,0）	−	−	鞍点	−	+	鞍点	−	+	鞍点
（1,1）	+	−	ESS	+	−	ESS	+	+	不稳定点
均衡点	情形（4）			情形（5）			情形（6）		
（x，y）	det J	tr J	稳定性	det J	tr J	稳定性	det J	tr J	稳定性
（0,0）	+	−	ESS	+	−	ESS	+	+	不稳定点
（0,1）	−	−	鞍点	+	+	不稳定点	+	−	ESS
（1,0）	−	−	鞍点	+	+	不稳定点	+	−	ESS
（1,1）	+	+	不稳定点	+	−	ESS	+	+	不稳定点

5.2.4 演化博弈结果

根据雅克比矩阵的局部稳定性判断方法，对系统均衡点进行局部稳定性分析，不同情形下系统演化相位图如图 5-1 所示，由系统演化相位图得出以下结论：

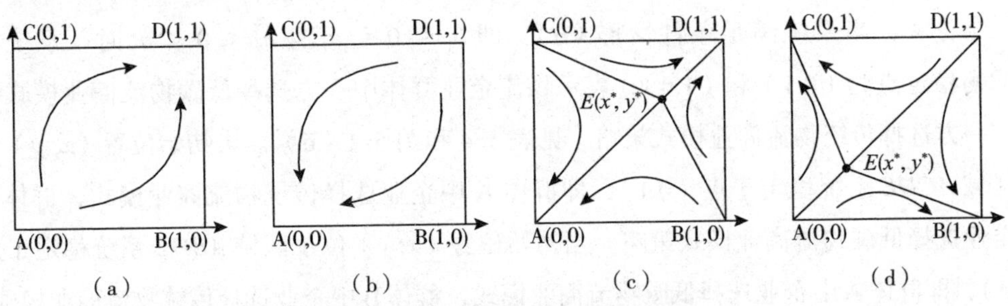

图5-1　不同情形下系统演化相位图

结论 1：当系统满足条件情形（1）或情形（2），即 $a_1>b_2>0$ 且 $a_2>b_1>0$ 或 $b_1>a_2>0$ 且 $b_2>a_1>0$ 时系统演化稳定均衡点为 (1,1)，表示物流企业双方均选择低碳物流商业模式策略［见表 5-4 和图 5-1（a）］。在碳税征收、创新补贴、碳排放权交易和市场低碳需求因素的影响下，物流企业双方选择低碳物流商业模式策略获得的收益高于企业组织架构、流程改造等方面的低碳演变成本和低碳减排成本，在利益驱动下企业双方均选择低碳物流商业模式策略，系统最终达到稳定的均衡状态。

结论 2：当系统满足条件情形（3）或情形（4），即 $a_1 < b_2 < 0$ 且 $a_2 < b_1 < 0$ 或 $b_1 < a_2 < 0$ 且 $b_2 < a_1 < 0$ 时，系统演化稳定均衡点为（0,0），表示物流企业群体双方均选择传统物流商业模式策略［见表 5-4 和图 5-1（b）］。物流企业双方选择低碳物流商业模式策略都会产生负的净收益，企业群体避免利益受损，最终都不选择低碳物流商业模式策略。

结论 3：当系统满足条件情形（5），即 $a_1 < 0 < b_2$ 且 $a_2 < 0 < 1=b_1$ 时，系统演化稳定均衡点为（0,0）和（1,1），经过双方演化博弈，最终趋向两种演化稳定状态，即企业双方均选择传统物流商业模式和均选择低碳物流商业模式是系统演化稳定策略［见表 5-4 和图 5-1（c）］。系统均衡演化方向由（x, y）的初始位置决定，当初始位置（x, y）位于区域 *ABEC* 系统稳定于点（0,0），即企业双方均选择传统物流商业模式策略，当初始位置（x, y）位于区域 *DBEC* 系统稳定于点（1,1），即企业双方均选择低碳物流商业模式策略。点 *E* 的位置与碳税征收、创新补贴、碳排放权交易和市场低碳需求因素相关，物流企业选择低碳物流商业模式获得的净收益虽然低于选择传统物流商业模式获得的净收益，但当选择低碳物流商业模式获得的碳排放交易收益远高于选择传统物流商业模式付出的碳排放交易成本时，经过企业间不断演化博弈，系统最终稳定于点（1,1），当选择低碳物流商业模式获得的碳排放交易收益低于选择传统物流商业模式付出的碳排放交易成本时，系统最终稳定于点（0,0）。

结论 4：当系统满足条件情形（6），即 $b_1 < 0 < a_2$ 且 $b_2 < 0 < a_1$ 时，系统演化均衡稳定点为（0,1）和（1,0），表示物流企业群体中一方选择低碳物流商业模式策略，一方选择传统物流商业模式策略［见表 5-4 和图 5-1（d）］。当初始位置（x, y）位于区域 *ACDE* 系统稳定于点（0,1），即群体 A 中企业选择传统物流商业模式，群体 B 中企业选择低碳物流商业模式策略。当初始位置（x, y）位于区域 *ABDE* 系统稳定于点（1,0），即群体 A 中企业选择低碳物流商业模式，群体 B 中企业选择传统物流商业模式。在物流企业演化博弈过程中，当一方企业选择低碳物流商业模式获得的净收益高于付出的组织架构、流程改造等低碳演变成本和低碳减排成本，企业最终选择低碳物流商业模式，另一方企业选择低碳物流商业模式获得的收益低于选择传统物流商业模式获得的收益，最终不会选择低碳物流商业模式策略。

物流企业选择低碳物流商业模式策略进行低碳演变的动力因素主要为碳税征收、

创新补贴、碳排放交易和市场低碳需求，并通过影响企业的净收益来驱动企业商业模式低碳演变的决策。税收政策和创新补贴一方面强制要求企业低碳减排，另一方面通过补偿企业部分利润损失，有效激励企业商业模式的低碳演变。碳排放权交易和市场低碳需求满足企业通过市场盈利，推进企业商业模式低碳演变的进程。

5.3　低碳物流商业模式创新动力演化博弈数值仿真

上述利用演化博弈理论分析了物流企业群体 A 和物流企业群体 B 在不同情形下的商业模式创新选择机制，无法直接观测碳税征收、创新补贴、碳排放权交易和市场低碳需求影响下商业模式选择向均衡点的演化路径。运用 Matlab R2014a 编程进行数值仿真，进一步探讨碳税征收、创新补贴、碳排放权交易和市场低碳需求对物流企业低碳物流商业模式策略选择的作用机制。

根据基本假设，碳税征收、创新补贴、碳排放权交易和市场低碳需求等四个因素对物流企业群体选择低碳物流商业模式策略有直接影响。通过改变四个变量的实施力度，即改变强度因子 α、β、γ、λ 的取值，观测四个因素对物流企业低碳物流商业模式策略选择的动力机制。将强度因子 α、β、γ、λ 分别取值为 0.2、0.4、0.6、0.8。强度因子越高，各变量实施力度越大。由于碳交易市场处于初始阶段，碳排放量、碳排放交易价格等尚不明确，根据现实情况假定参数取值，参数设置分别为 $E=6$，$E'=4$，$C=4$，$e=1$，$Q=5$，$q=3$，$q'=6$，$p=0.5$，$T=2$，$T'=4$。

（1）碳税征收对物流企业策略选择的影响。根据基本假设，在其他参数值不变的情况下，α 取值为 0.4、0.6、0.8 时，物流企业群体均选择低碳物流商业模式策略。α 取值为 0.2 时，物流企业群体选择传统物流商业模式策略（见图 5-2）。当碳税过高时，物流企业承担负担过重，均会选择低碳物流商业模式，通过减少碳排放量，使自身减少惩罚。不适当的碳税征收会使物流企业通过降低生产减少碳排放量，不适于物流企业的长期发展。当碳税较低时，物流企业受到的影响较小，选择低碳物流商业模式的成本高于企业碳税成本，物流企业将选择传统物流商业模式，不利于企业商业模式的低碳演变。

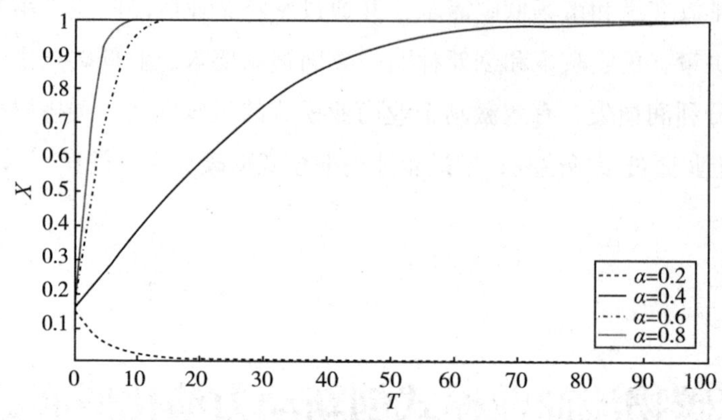

图5-2　碳税征收对物流企业策略选择的影响

（2）创新补贴对物流企业策略选择的影响。当β取值为0.4、0.6、0.8时，物流企业群体均选择低碳物流商业模式策略。β取值为0.2时，物流企业群体选择传统物流商业模式策略（见图5-3）。创新补贴是政府鼓励企业低碳生产的一种激励手段。随着创新补贴力度的加大，物流企业投入低碳生产的成本减少，将纷纷选择低碳物流商业模式策略。当强度因子β大于0.6时，企业选择低碳物流商业模式的收敛速率无显著差异，政府应选择适当的补贴力度，降低自身成本。当政府提供的创新补贴力度较小时，企业无力承担商业模式低碳演变的高额成本，将不会选择低碳物流商业模式。

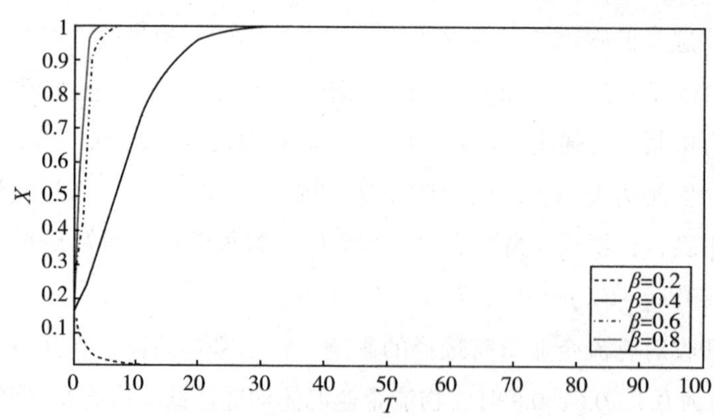

图5-3　创新补贴对物流企业策略选择的影响

（3）碳排放权交易对物流企业策略选择的影响。当γ取值为0.6、0.8时，物流企业群体均选择低碳物流商业模式策略。γ取值为0.2、0.4时，物流企业群体选择传统物流商业模式策略（见图5-4）。提高碳排放权交易实施力度，有利于扩大交易市场，碳排放权交易市场的灵活性，为物流企业提供良好的竞争环境，当企业通过碳排放权交易获得的收益高于所付出的低碳成本时，企业会选择商业模式的低碳创新以降低碳排放量增加碳排放权交易收益。当碳排放权交易力度低，碳交易市场不灵活，选择低碳物流商业模式付出的改造成本和低碳减排成本远远高于碳交易获得的收益，企业为追求利润最大化，会选择传统物流商业模式。碳排放权交易实施力度越大，物流企业选择低碳物流商业模式概率越大。

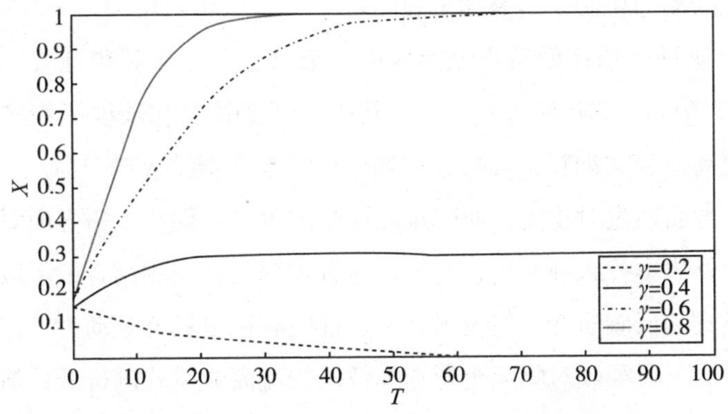

图5-4 碳排放权交易对物流企业策略选择的影响

（4）市场低碳需求对物流企业策略选择的影响。当 λ 取值为 0.4、0.6、0.8 时，物流企业均选择低碳物流商业模式策略。λ 取值为 0.2 时，物流企业选择传统物流商业模式策略（见图 5-5）。当强度因子 λ 大于 0.6 时，物流企业选择低碳物流商业模式的收敛速率无显著差异。当市场对低碳产品或服务需求程度越大时，能够迎合市场需求的企业才能够抓住市场机遇，占据市场份额，获取更大利润。当强度因子 λ 等于 0.4 时，市场低碳需求在中等层次，企业会根据自身的利润来缓慢调整战略，经过长期演化，企业最终选择低碳物流商业模式策略。当市场低碳需求较低时，企业商业模式低碳演变动力减少，企业最终演化成选择传统低碳物流商业模式。

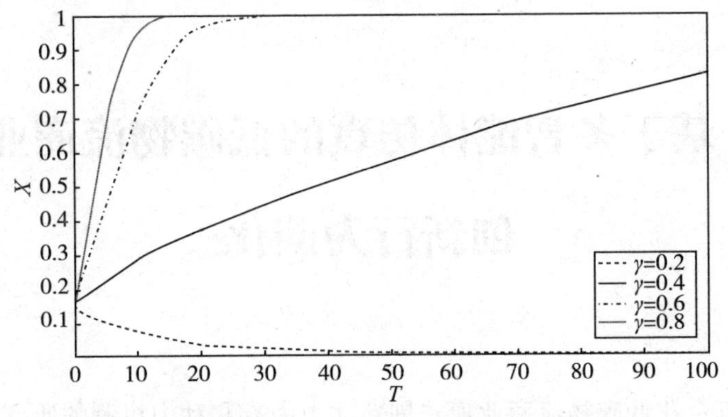

图5-5 市场低碳需求对物流企业策略选择的影响

基于演化博弈理论，构建物流企业低碳物流商业模式创新行为的演化博弈模型，从碳税征收、创新补贴、碳排放权交易三要素的政府环境规制维度和市场低碳需求维度两个方面分析各动力因素下低碳物流商业模式创新行为策略选择，并通过数值仿真模拟不同情境下各动力因素对企业行为演化的影响，分析了各动力因素对物流企业商业模式创新演化的动力机制。研究结果表明：

（1）物流企业是否选择低碳物流商业模式策略，取决于碳税征收、创新补贴、碳排放权交易和市场低碳需求等动力因素。其中，创新补贴和碳税征收显著正向影响物流企业低碳物流商业模式创新，其次是市场低碳需求和碳排放权交易。

（2）政府一方面通过对物流企业碳排放征收碳税进行惩罚，一方面对物流企业商业模式低碳演变额外成本投入补贴进行补偿，这种惩罚与补偿相结合的手段有效激励物流企业进行商业模式的低碳演变，但投入补贴比征收碳税更具有驱动力，即政府补贴优于政府惩罚。过度的碳税征收对物流企业选择低碳物流商业模式进行低碳演变的效果并不显著，反而会增加企业负担，降低企业生产或服务积极性。较高的创新补贴有助于弥补企业低碳演变额外成本，减少企业利润损失。但过度的创新补贴并不会为企业低碳演变带来显著效果，反而会增加政府负担，以及使企业通过骗取补贴获得不当收益。

（3）市场调节具有滞后性，在市场机制下，企业就如何做出策略选择需要一个长期的过程。从短期来看，碳排放权交易和市场低碳需求对企业策略选择的驱动力次于碳税征收和创新补贴。从长期来看，两种因素均发挥着重要作用，碳排放权交易对企业策略选择影响程度低于市场低碳需求，碳交易价格通过碳排放权交易直接影响着企业策略选择。

5.4 基于多智能体仿真的低碳物流商业模式创新行为演化

基于对物流企业低碳物流商业模式创新动力因素和动力机制的研究结果可知，政府环境规制和市场低碳需求等外部动力因素，是推动物流企业低碳物流商业模式创新演化的重要因素。基于改进 Gilbert 提出的 SKIN 模型，构建物流企业外部动力因素（政府环境规制、市场低碳需求）和内部动力因素（低碳创新能力、企业创新资源）共同作用下的物流企业低碳物流商业模式创新行为演化的多智能体仿真模型。采用智能体仿真软件 Netlogo 6.0 模拟物流企业低碳物流商业模式创新的行为演化过程，揭示低碳经济约束下物流企业低碳物流商业模式创新演化的一般发展规律和特征。

5.4.1 多智能体仿真模型构建

动力因素的仿真设定。根据 Gilbert 等基于知识基因概念提出的 SKIN 模型，将知识基因定义为创新群落内主体拥有的创新知识的集合，知识基因是一种能够实现自我演化由＜ C，A，E ＞构成的基因，选择其作为物流商业模式创新主体的演化基因，可以用来描述创新主体间低碳物流商业模式创新演化过程以及创新主体间竞争与合作现象。其中 C 指代 capability，表示创新主体所属行业类型，如高碳排放企业，低碳排放企业；A 指代 ability，表示创新主体低碳创新能力；E 指代 expertise，表示创新主体所拥有的创新资源。

低碳经济下，物流企业低碳物流商业模式创新主要受外部环境约束，为适应外部环境的选择与变化，主要通过与演化基因＜ C,A,E ＞的交互进行竞争与合作，实现企业低碳物流商业模式的创新。外部环境由外部动力因素中政府环境规制（env-c）和市场低碳需求（env-a）两部分组成。

商业模式创新的演化基因由创新主体所属行业类型和内部动力因素构成，以 C 表示主体所属行业类型，A 表示主体低碳创新能力，E 表示创新主体所拥有的创新资源。低碳物流商业模式的创新需要物流企业与利益相关企业的共同参与，物流企业与利益相关企业共同构建了物流企业低碳物流商业模式的创新网络，其中创新主体包括物流企业（corefirm）和利益相关企业（endfirm）。

仿真环境设计，包括仿真界面和演化过程两个方面。

仿真界面，该界面为二维视图，鉴于某区域内创新群体规模的有限扩增，设定仿真界面中创新主体进行低碳物流商业模式创新的空间即瓦片（patch）个数为 10 000 个，对每个创新主体的行业类型、低碳创新能力和创新资源进行随机赋值，行业类型的取值范围设为［0，100］，低碳创新能力和创新资源的取值范围均设为［0,10］，所有取值为整数。仿真中小海龟（turtle）代表创新主体，为便于观测，创新主体的大小由其所占创新资源的数量决定，创新主体占据的创新资源数量越多，其形状越大。

演化过程，将低碳物流商业模式创新行为演化过程分为四个阶段，分别为适应阶段、竞争阶段、合作阶段、稳定阶段。在不同阶段，创新主体表现出不同特征。将创新主体行业类型（capability）按照其碳排放量由低到高分为四个等级，第一等级取值范围为［0,30］，第二等级取值范围为（30,60］，第三等级取值范围为（60,80］，第四等级取值范围为（80,100］，创新主体行业类型等级用小海龟（turtle）的颜色深浅表示，等级越高，小海龟（turtle）的颜色越深，即创新主体的颜色越深。

仿真参数设定，仿真参数设定包括创新主体、外部环境、创新意愿、创新资源四个方面。

外部环境与创新主体。将外部环境和创新主体等参数作为仿真模型的初始变量，外部环境表示物流企业低碳物流商业模式创新面临的客观环境。其中，环境变量是指物流企业低碳物流商业模式创新的外部动力因素，包括政府环境规制（env-c）和市场低碳需求（env-a），其中将政府环境规制的取值范围设定为［0,100］，将市场低碳需求的取值范围设定为［0,10］。政府环境规制取值的变化表示其对创新主体适应度大小的不同要求，政府环境规制和市场低碳需求的取值设定的越小，表明对创新主体进入市场的准则越高。

创新主体是指参与低碳物流商业模式创新演化的组织由物流企业（星形表示）和利益相关企业（圆形表示）组成，主体自生构成包括主体所属行业类型（capability）和物流企业低碳物流商业模式创新的内部动力因素即主体低碳创新能力（ability）和主体的创新资源（expertise）。

表5-5给出了仿真模型中各参数的相关含义。

表5-5　仿真模型的相关参数的含义

参　数	含　义
env-c	环境规制初始值
env-a	市场低碳需求初始值
n-corfirms	物流企业初始数量
n-endfirms	利益相关企业初始数量
informal-cooperation-rate	一般合作初始概率
formal-cooperation-rate	正式合作初始概率
low-preferance	低碳创新意愿初始概率

创新意愿，创新主体低碳创新的意愿代表了对低碳物流商业模式创新的战略选择，创新主体通过改变自身低碳创新能力（ability）决定退出或继续进行低碳物流商业模式创新，主体创新的选择是随机的，创新主体低碳创新能力（ability）的提升和下降也是随机的。

创新资源，创新主体间主要以通过市场竞争的手段获取创新资源（expertise）的增加或减少，为保证创新资源的取值在设定的取值范围内，需将创新资源（expertise）取值按照公式（5-19）进行标准化。max（e）表示创新主体拥有的最大创新资源。

$$\text{stan}\ (e) = \frac{\text{expertise}}{\max(e)} \times 10 \tag{5-19}$$

5.4.2 交互关系界定

（1）创新主体与外部环境的交互关系。政府环境规制（env-c）与主体所属行业类型（capability）进行交互，市场低碳需求（env-a）与主体低碳创新能力（ability）进行交互。当创新主体不适应或适应环境时，主体的创新资源减少 1 个单位或增加 1 个单位，创新主体可以在有限创新资源（expertise）内，通过减少 1 个单位的创新资源与外部环境进行一次交互，直到被外部环境接受或拒绝。被环境接受的创新主体进入竞争交互，被外部环境拒绝的主体面临退出市场的风险。

（2）创新主体之间的竞争交互关系。适应环境的全部创新主体共同参与竞争，类型相同（capability 相等），低碳创新能力相同（ability 相等）的主体间通过占据创新资源（expertise），形成竞争关系，占据创新资源（expertise）多的主体将取得竞争，创新资源（expertise）少的主体退出竞争进入合作交互阶段。

（3）创新主体之间的合作交互关系。竞争失利的主体开始进行合作交互，当创新主体间类型相同（capability 相等），低碳创新能力相同（ability 相等）时，此时主体间将建立一般合作关系，合作主体间的创新资源（expertise）得到提升，此时双方主体创新资源（expertise）都会增加 1 个单位，主体间建立合作关系共享资源，会以不同的概率进行低碳物流商业模式创新或保持传统商业模式。当主体进行商业模式低碳创新，企业类型（capability）发生随机改变，当保持传统商业模式，企业创新能力（ability）发生随机改变，此时主体间将继续进入竞争交互，直到被外部环境所接受。

（4）创新主体的繁殖。当主体经历竞争交互阶段、环境交互阶段、合作交互阶段并获胜，创新主体的创新资源累积超出承载范围时，创新主体将会发生分裂产生新的主体。新主体拥有与原有主体相似的类型和相似的低碳创新能力，由于未参与市场竞争合作，新主体拥有较少的创新资源。但新主体一经出现会立刻参与环境交互、市场竞争与合作交互。在合作交互中，与相似类型相似创新能力的主体建立一般合作关系，与不同类型相似创新能力的主体建立正式合作关系。

（5）创新主体的退出。当创新主体无法适应环境或在竞争中不占据优势导致创新资源消耗殆尽时，该创新主体面临退出市场的风险。

5.4.3 仿真过程与结果

假设在仿真开始阶段，某区域创新主体间存在20个物流企业和10个利益相关企业，对创新主体所属行业类型（capability）、低碳创新能力（ability）和创新资源（expertise）的取值在取值范围内随机取整数，创新主体分布的初始状态仿真界面如图5-6所示。

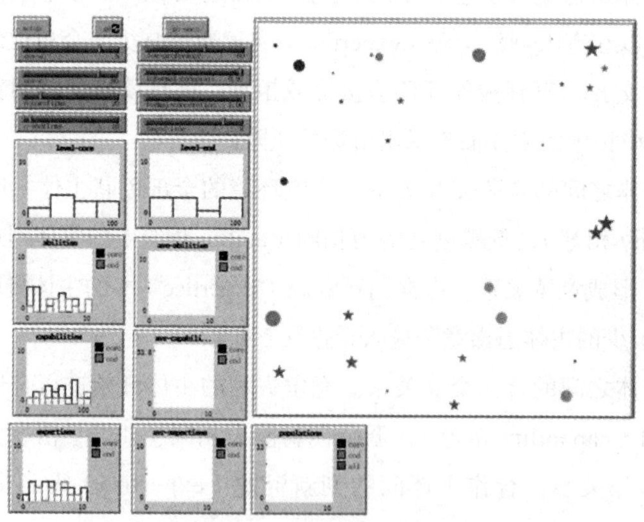

图5-6　开始阶段的仿真界面

仿真开始阶段，创新主体仅接受外部环境的选择与环境进行交互。创新主体通过改变自身行业类型（capability）和低碳创新能力（ability）适应政府环境规制（env-c）和满足市场低碳需求（env-a），提升创新主体的生存能力。无法适应外部环境的创新主体通过消耗自身创新资源继续进行商业模式低碳创新来适应环境，满足环境的主体则与其他创新主体进行竞争，获取创新资源增加竞争优势，创新主体消耗完创新资源，将退出市场。将政府环境规制的初始值设定为80，市场低碳需求的初始值设定为8，当仿真界面步长为35时（见图5-7），部分行业类型（capability）、低碳创新能力（ability）与环境规制（env-c）、市场低碳需求（env-a）的对应取值相差较大的创新主体退出市场，通过观察，物流企业（corefirm）和利益相关企业（endfirm）的数量均下降。在演化时间段内创新主体的行业类型（capability）和低碳创新能力（ability）取值分布逐渐趋向于与外部环境的政府环境规制（env-c）和市场低碳需求（env-a）初始值相近的区间范围，在环境选择下，适应环境的创新主体将获得更多创新资源。

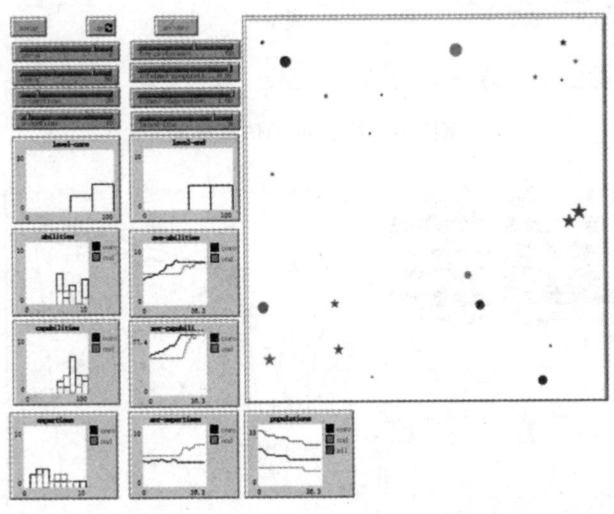

图5-7　*T*=35时的仿真界面

随着仿真的继续，经过外部环境的选择以及创新主体对外部环境的适应，保留下来的创新主体进入竞争阶段，在有限创新资源条件下，主体之间因抢占资源而形成竞争关系，竞争失利的主体失去竞争优势，会通过与其他创新主体进行合作共享资源技术，增加在市场的生存能力。当仿真界面中步长为57时，主体间进入合作阶段，开始出现了合作关系（见图5-8）。在合作阶段，竞争失利的主体往往会选择与具有相似低碳创新能力的其他类型主体进行创新合作，以增加创新资源占据市场竞争优势。主体间包括两种创新合作方式，即与相似类型主体建立一般合作关系或与相似低碳创新能力主体建立正式合作关系。主体间一般合作关系在图中用虚线表示，主体间正式合作关系在图中用实线表示。

随着创新主体间相互作用的深化，低碳物流商业模式创新演化开始进入稳定阶

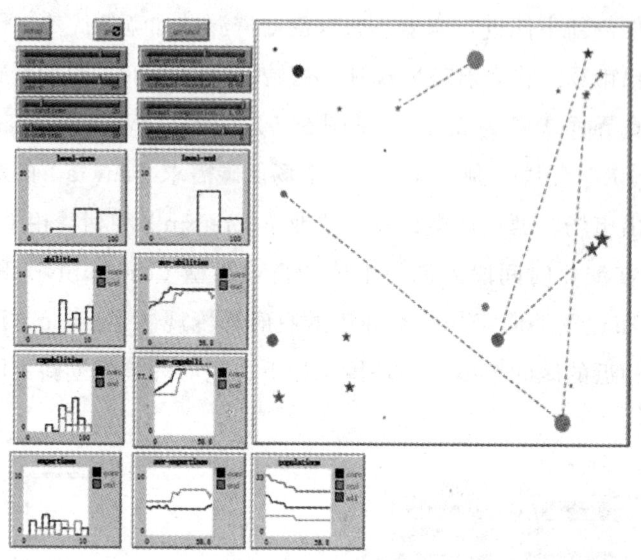

图5-8　*T*=57时的仿真界面

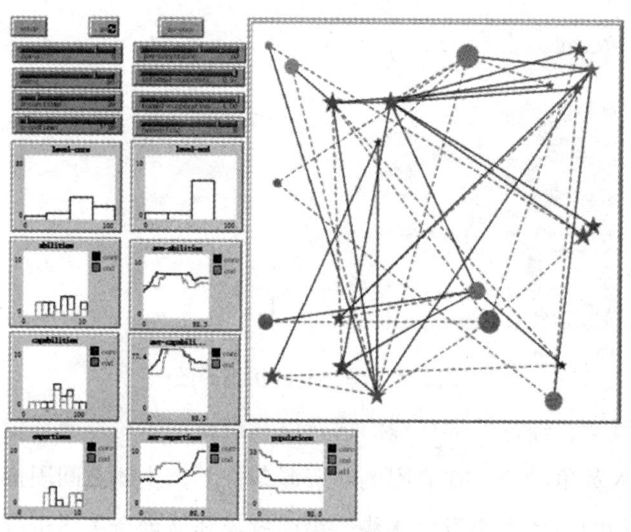

图5-9　*T*=91时的仿真界面

段，创新主体间出现了较为稳定的合作网络结构（见图 5-9），分别以不同形式建立了创新合作关系。进入稳定阶段后的各主体商业模式创新行为演化逐渐趋于稳定状态，创新网络内不同类型创新主体的个数无明显的增减，创新主体的低碳创新能力和创新资源趋于稳定没有出现明显的波动变化。从创新主体间创新行为演化的整个阶段过程看，创新主体数量先持续下降最终趋于稳定的状态，并无较大的波动变化，创新主体间合作网络的建立促进了对有限创新资源的利用和整合。

5.4.4 演化情境分析

（1）外部动力因素下的创新主体演化分析。为更深层次地了解外部动力因素对低碳物流商业模式创新演化方向的作用效果，除政府环境规制和市场低碳需求外，令其他参数设置均相同，分别在稳定阶段的四个不同环境情境下对商业模式创新演化方向进行仿真实验。图 5-10 给出了稳定阶段下步长为 150 时创新演化仿真界面。通过对不同情境下创新主体行业类型和低碳创新能力取值的研究对比发现，无论对外部环境中政府环境规制和市场低碳需求如何赋值，创新主体行业类型和内部动力因素的低碳创新能力发展趋势都分别接近于外部环境的政府环境规制和市场低碳需求的发展趋势。对比情境（a）和（b），当外部环境中市场低碳需求取值都为 2 时，创新主体内部低碳创新能力的增长趋势均趋于 2，外部环境中的政府环境规制取值不同，创新主体行业类型变化趋势也不同。对比情境（b）和（c），当外部环境中政府环境规制取值都为 80 时，创新主体行业类型的变化趋势均趋于 80，外部环境中的市场低碳需求取值不同，创新主体内部低碳创新能力变化趋势也不同。对比情境（a）和（d）、（c）和（d），均是类似结果。以上研究表明，政府环境规制和市场低碳需求等外部环境动力因素对低碳物流商业模式创新的演进方向具有引导和推动作用。

（2）内部动力因素下的创新主体演化分析。为更深层次地了解内部动力因素对低碳物流商业模式创新演化方向的作用效果，将低碳创新意愿概率分别取值为 30% 和 70%。创新主体低碳创新意愿概率越高，表明低碳创新能力越强，获取创新资源的积极性越高。图 5-11 和图 5-12 分别给出了相同步长不同低碳创新意愿下的创新演化仿真界面。通过对比分析，相同步长下创新主体低碳创新意愿为 30% 时，创新主体演化阶段为合作阶段，此时低碳创新意愿为 70% 的创新主体已进入稳定阶段。表明内部动力因素的低碳创新能力和创新资源对物流企业低碳物流商业模式创新行为演化进程具有促进作用。

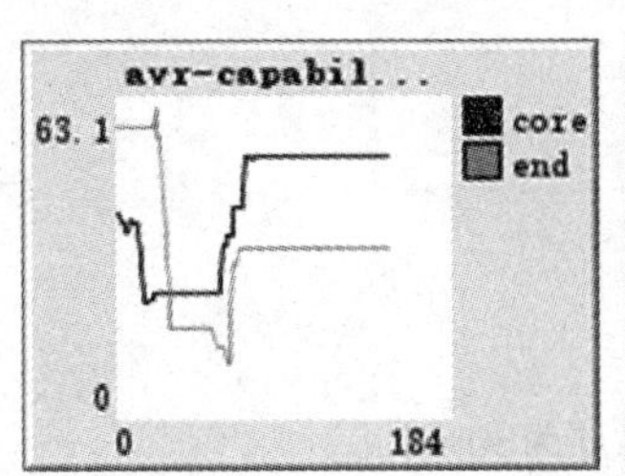

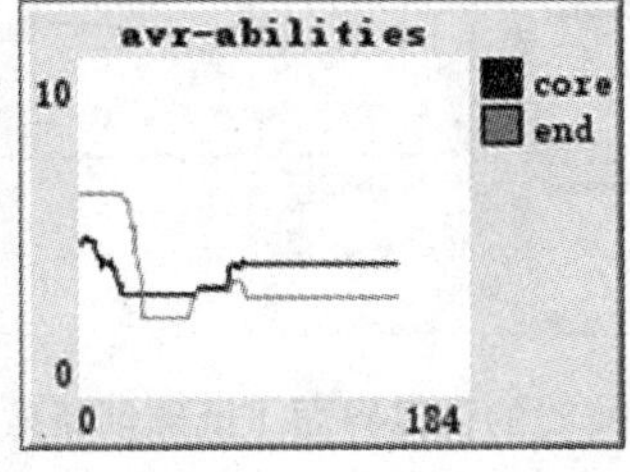

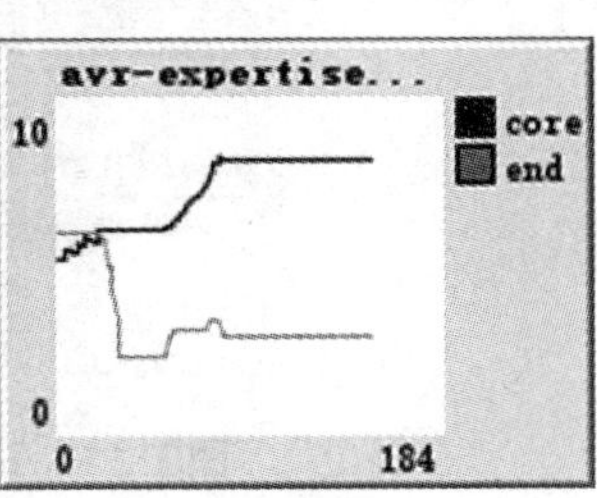

（a）env-c=20，env-a=2

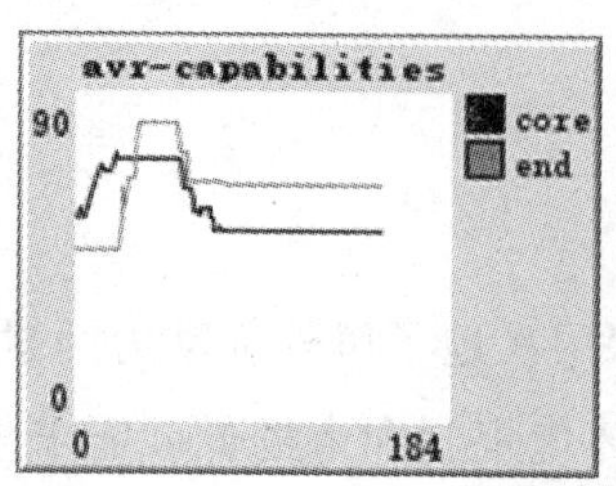

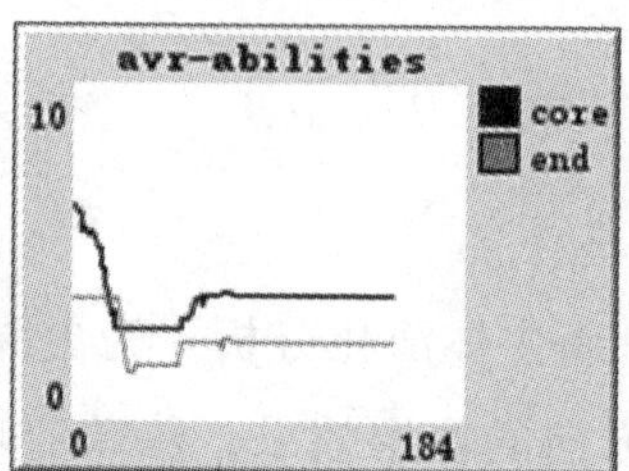

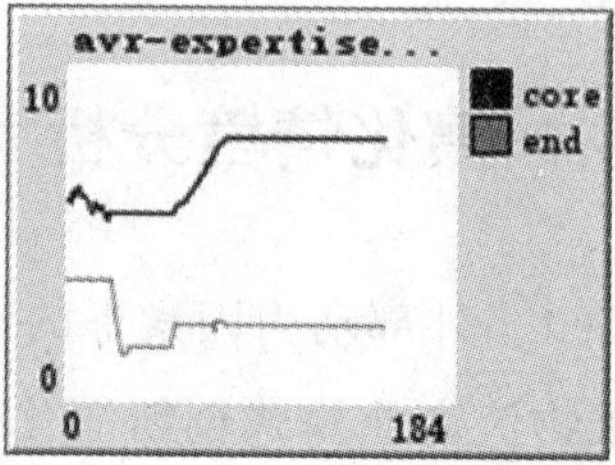

（b）env-c=80，env-a=2

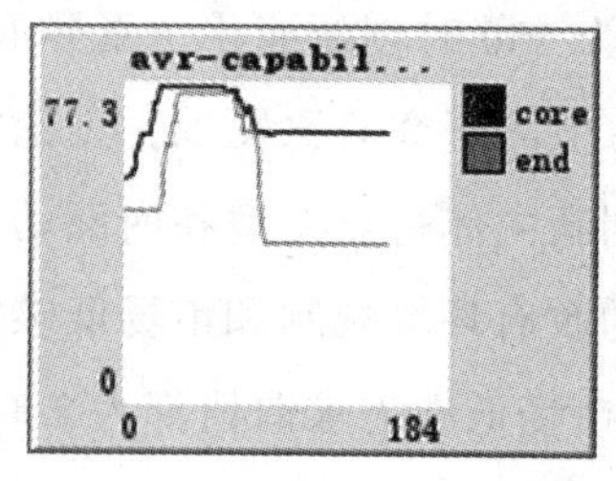

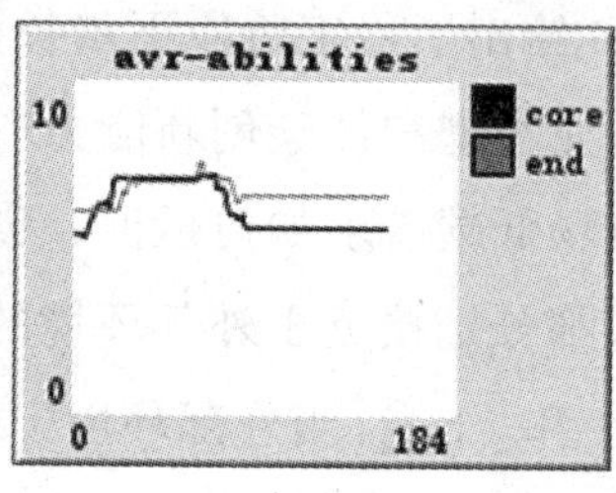

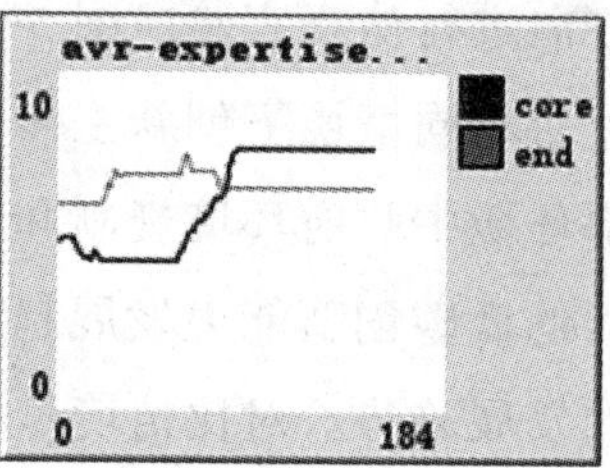

（c）env-c=80，env-a=8

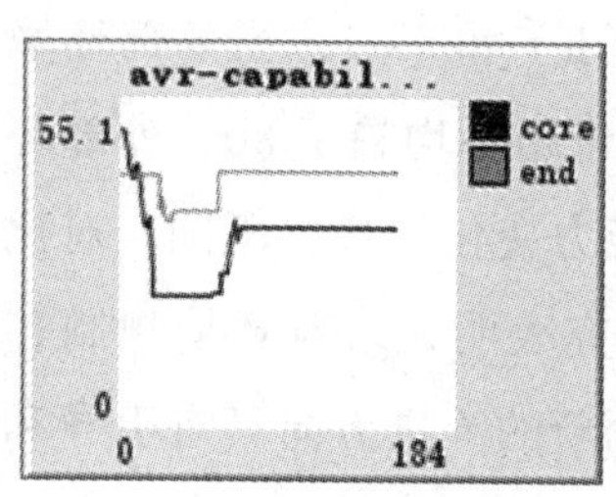

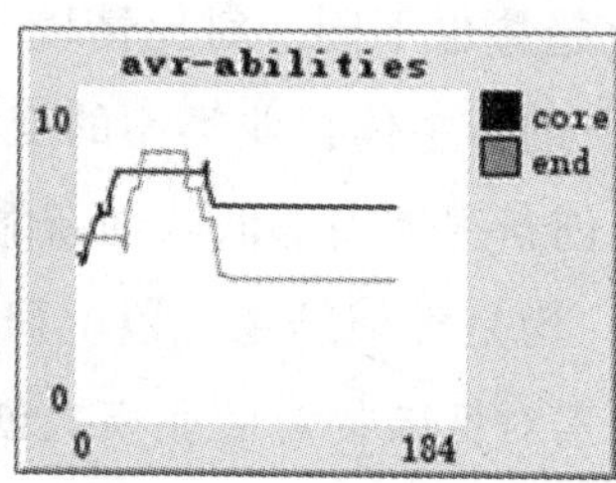

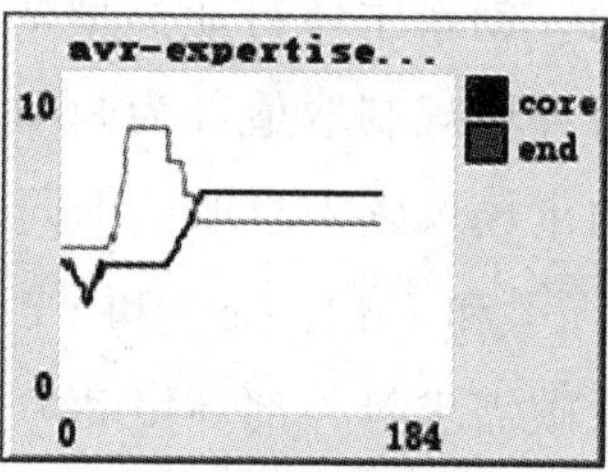

（d）env-c=20，env-a=8

图5-10 不同情境下创新主体演化趋势

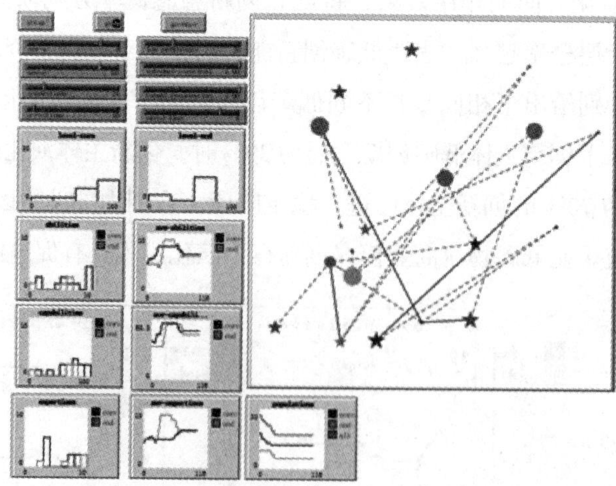

图5-11 *T*=96时的仿真界面（低碳创新意愿为30%）

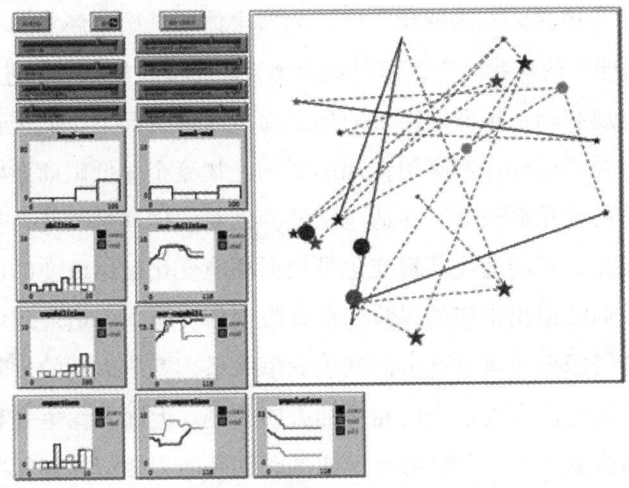

图5-12　T=96时的仿真界面（低碳创新意愿为70%）

5.4.5 行为演化分析

（1）物流企业低碳物流商业模式创新行为演化具有阶段性的特征。在适应阶段，创新主体不存在竞争关系仅受到外部环境变化的影响，不能适应外部环境的变化且根据外部环境作出改变的创新主体将退出市场，市场上创新主体个数减少。在竞争阶段，只有适应环境并与其他创新主体通过竞争关系，占据创新资源形成竞争优势的创新主体，才会逐渐发展稳定，竞争失利的创新主体只能通过合作共享资源获取竞争优势，否则将退出市场。在合作阶段，愈发激烈的竞争关系驱使创新主体与具有相似类型或相似低碳创新能力的其他主体进行创新合作，以提升创新资源获取竞争优势，此时，主体间开始出现合作创新网络。随着主体间竞争合作的继续深入，在有限资源条件下，创新主体间在稳定阶段，逐渐形成较为稳固的合作关系，低碳物流商业模式创新行为演化趋于稳定状态。

（2）政府环境规制和市场低碳需求的外部动力因素对物流企业低碳物流商业模式创新的演化方向具有引导作用，物流企业低碳创新意愿下低碳创新能力和创新资源的内部动力因素对低碳物流商业模式创新行为演化进程具有促进作用。创新主体为适应外部环境的变化对自身行业类型和低碳创新能力进行改变以满足市场的低碳需要，以及符合环境规制的要求，创新主体间自身行业类型和低碳创新能力的改变主要体现在竞争合作上，即通过竞争抢占资源或通过合作共享资源。而且外部环境的变化引导物流企业低碳物流商业模式创新的演化方向。创新主体的低碳创新意愿决定着对自身行业类型和低碳创新能力的自我改变，即对低碳物流商业模式创新演化进程的推进。

（3）政府环境规制和市场低碳需求的外部动力因素引导下，低碳物流商业模式创新行为演化的方向受排斥作用和吸引作用的影响。物流企业低碳商业模式创新演化方向会根据外部环境的变化而改变。在适应阶段，创新主体通过改变自身创新方向不断适应外部环境的变化，不能适应环境变化且根据环境变化做出改变的创新主体将消耗有限的创新资源，面临退出市场的风险。在有限创新资源下，适应环境变化的创新主体间通过占据创新资源形成竞争优势而产生竞争关系，竞争失利的创新主体将改变低碳创新能力，使低碳物流商业模式向相斥的方向演变。但随着竞争失利的创新主体进入合作阶段，选择机制作用下，具有类型或低碳创新能力相似的创新主体会相互吸引产生合作，占据更多创新资源获取竞争优势，否则将失去竞争优势退出市场。物流企业低碳物流商业模式创新演化方向是排斥和吸引共同作用的结果。

5.4.6 物流企业低碳物流商业模式创新策略

通过演化博弈理论分析碳税征收、创新补贴、碳排权交易和市场低碳需求的外部动力因素对物流企业低碳物流商业模式创新演化的动力机制，研究发现创新补贴和碳税征收对物流企业低碳物流商业模式创新的驱动效果最为明显，其次分别为市场低碳需求和碳排放权交易。通过多智能体仿真模型，模拟物流企业与其他利益相关者共同参与下的物流企业创新演化的过程，揭示了低碳物流商业模式创新的一般规律。外部环境动力下，创新主体间创新合作网络的建立，推进物流企业低碳物流商业模式创新的演化进程，基于此，给出了以下的低碳物流商业模式创新策略。

（1）政府环境规制策略。政府对物流企业低碳减排，以及商业模式低碳演变起主导作用，企业商业模式低碳创新演化的行为策略主要受到政府影响。政府应积极发挥对物流企业低碳物流商业模式创新的引导作用，发挥政府补贴在推进商业模式低碳演变的关键作用，通过补贴激励降低企业商业模式低碳演变的额外成本。税收激励能够刺激企业低碳发展的积极性，政府税收激励应与创新补贴结合运用，确定合适的税率与补贴比例。不同税率的碳税征收对不同类型的物流企业造成的负担不同，碳税征收应以物流企业的实际规模大小和营业能力为根据。实施创新补贴容易导致物流企业投机性，增加政府财政负担，政府要做好对创新补贴与碳税征收标准的制定，规范对物流企业低碳物流商业模式创新演化的奖惩。

政府无论是向物流企业征收碳税进行惩罚或投入补贴进行补偿，都应根据各地区不同发展水平采取具体激励措施，避免过度的碳税征收和创新补贴给企业商业模式的低碳创新演变带来负面影响。对企业征收碳税或投入补贴时，应根据物流企业实际碳排放现状，给予适当的政策调整，充分发挥政策效用。政府应建立健全碳排放监管制度，加强对物流企业碳排放监管管理，防止高排放高能耗物流企业的投机行为。

碳排放权交易的实行需要政府的引导和市场调节相结合，政府要通过引导建立完善的碳排放交易市场监管体系和市场激励机制，规范碳交易市场的规则，为碳交易市场的活跃提供保障。企业应自觉加入碳交易市场，遵守市场规则。碳交易价格和碳配额是决定企业商业模式低碳演变额外成本的关键因素，政府要制定合理的碳配额分配标准和方法，使碳交易价格更贴近实际价值，并充分发挥发挥市场配置资源的作用。

（2）市场低碳需求策略。低碳产品或服务的市场需求显著推动物流企业商业模式低碳创新演变。市场的低碳需求对物流企业低碳物流商业模式创新的演进方向具有引导作用，因此政府要加大低碳生活宣传，引导社会舆论，倡导积极地低碳产品或服务消费氛围，激励企业选择低碳物流商业模式进行商业模式的低碳创新演变。政府环境规制不仅直接影响着物流企业低碳减排行为，还能促进消费者树立低碳环保意识。政府应通过自身公信力，引导消费者进行低碳消费，为消费者培育良好的低碳环保的消费习惯。

建立并稳固物流企业与其他利益相关企业形成的合作创新网络关系。创新主体之间的共同交互决定物流企业低碳物流商业模式创新的演化方向。物流企业应加强与政府、客户和相关科研机构的合作创新，通过共享资源共享技术减少创新成本与降低创新风险，为消费者提供更加低碳的产品或服务，充分满足市场低碳需求，不断获得可持续竞争优势。

5.5　小　结

物流企业作为物流产业的基本构成主体，其可持续竞争优势依赖于商业模式的创新。低碳经济约束下，物流企业迫切需要商业模式的低碳创新演化。本文以物流企业作为研究对象，基于商业模式创新相关理论，总结出低碳物流商业模式创新的内涵与特征，运用内容分析法，归纳识别出低碳物流商业模式创新的动力因素，包括外部动力因素的政府环境规制和市场低碳需求以及内部动力因素的低碳创新能力和企业创新资源。

基于对外部动力因素假设赋值，运用演化博弈分析法，构建物流企业群体间低碳物流商业模式创新行为演化博弈模型，分析了外部动力因素下物流企业低碳物流商业模式创新的行为演化策略，并通过数值仿真从碳税征收、创新补贴、碳排放权交易三要素的政府环境规制维度和市场低碳需求维度分析各动力因素对低碳物流商业模式创新的作用机制。结果表明，创新补贴、碳税征收、市场低碳需求和碳排放权交易均是促进物流企业加快选择低碳物流商业模式进行商业模式低碳演变的重要动力因素，其中创新补贴和碳税征收对低碳物流商业模式创新正向影响大于市场低碳需求和碳排放权交易。

为探究物流企业低碳物流商业模式创新行为演化的一般规律，通过运用多智能体方法，构建政府环境规制和市场低碳需求的外部动力因素与低碳创新能力和企业创新资源的内部动力因素共同作用下的低碳物流商业模式创新行为演化的多智能体仿真模型。仿真分析结果表明，物流企业低碳物流商业模式创新行为演化具有阶段性的特征；政府环境规制和市场低碳需求的外部动力因素对物流企业低碳物流商业模式创新的演进方向具有引导作用，物流企业低碳创新意愿下低碳创新能力和企业创新资源的内部动力因素对低碳物流商业模式创新行为演化进程具有促进作用；政府环境规制和市场低碳需求的外部动力因素引导下，低碳物流商业模式创新行为演化的方向受排斥作用和吸引作用的影响。

有待深入研究的问题：①在基于演化博弈分析时，内容分析法的动力因素识别之外更趋于全面的低碳物流商业模式创新动力因素界定；②商业模式创新的动力因素、动力机制及行为演化的跨越行业特质背景的普适性分析。

第6章
物流企业共同物流商业模式创新主体的博弈

共同物流是物流企业获取持续竞争优势的一种商业模式，采用规范研究法，构建共同物流商业模式的概念模型，界定共同物流收益、合作风险及合作风险结构，筛选共同物流合作风险影响因素，建立以道德风险、管理风险、运作风险以及信用风险为一级指标的共同物流商业模式合作风险评价指标体系。采用博弈分析法构建共同物流参与主体三方博弈模型，分析参与主体行为策略选择的影响因素，利用熵权修正Shapley值法结合共同物流合作风险评价体系考查参与主体间的风险分担，基于单阶段静态博弈给出完全信息下共同物流参与主体之间的策略选择及相对应的收益组合，构建多阶段不完全信息的动态声誉博弈模型分析参与主体间收益分配；采用实证研究的案例研究法验证模型的有效性和可行性，从行为策略选择约束、风险分担和收益分配三方面给出共同物流商业模式的创新路径（张磊，2020）[1]。

6.1 共同物流商业模式的分析方法与基础理论

物流企业作为物流产业的基本构成要素，是共同物流商业模式的主要参与主体，是以物流活动或物流增值服务为经营业务，具有与自身业务相适应的信息管理系统并实行独立核算、独立承担民事责任的经济组织。

共同物流商业模式。共同物流是指两个或两个以上的经济组织，为实现物品流通的相关作业而共享物流资源、共同运作物流设施与设备、共同管理物流体系的战略联盟式管理模式。企业资源理论和交易费用理论的观点是，论证了在资源与成本约束下最有效的物流组织安排是共同物流，物流联盟和物流虚拟企业是两种具有互补关系的运行模式（欧阳小迅、黄福华，2011）。从技术驱动和细分市场视角看，共同物流商业模式是供应链一体化服务、信息服务的内涵与范围扩展，供应链金融服务、知识发现

[1] 硕士生参与课题的阶段性成果，张磊，基于主体博弈的共同物流商业模式创新研究［D］. 邯郸：河北工程大学，2020.

与知识共享、链式网络合作、基于云技术的合作平台、共同物流客户的需求管理等是共同物流商业模式的创新路径（周敏、黄福华，2013；陆春华，2016）。

共同物流商业模式概念模型如图 6-1 所示。

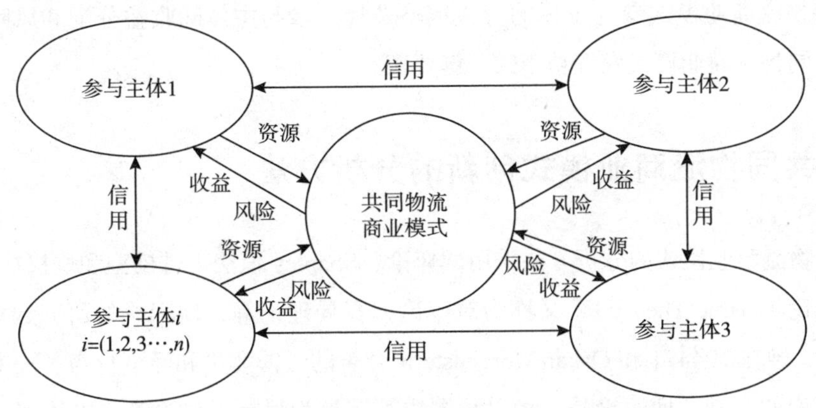

图6-1 共同物流商业模式概念模型

由图 6-1 可知：

（1）共同物流商业模式有 i（i=1,2,3,···,n）个参与主体，由于商业信用的存在，由多个参与主体构成，为实现目标客户的物流需求，整合分散的物流资源、共同运作物流设施与设备、共同管理物流体系以此降低资源消耗，提升物流系统整体运行效率，从中获取共同收益和承担合作产生的共同风险，进一步实现物流企业绿色低碳发展的一种商业模式。

（2）共同物流商业模式参与主体之间紧密联系，各个参与主体对共同物流商业模式投入一定的资源并从整个共同物流联盟中获得收益，承担共同物流商业模式运作过程产生的共同合作风险，各方参与主体都是以获得较为合理收益为最终目标。

（3）共同物流商业模式各参与主体在进行内部之间博弈时都有两种不同的策略选择方案。在只有两个参与主体时，策略选择空间为“坚持合作”和“中途背叛”。在具有多个参与主体时，策略选择空间为“诚实合作”和“私下串通”。

（4）共同物流商业模式参与主体在进行策略选择时是根据自己的收益情况进行。

共同物流商业模式运作过程中，所受到的不确定因素影响较大，各参与主体之间既是合作关系，在一定程度上又是竞争对手，共同物流所有参与主体作为一个整体，任何一方都可能会导致整个共同物流的运营中断。通过共同物流商业模式概念与内涵以及模型示意图，共同物流商业模式具有参与主体策略可选性、声誉关键性、运作整体性、资源整合性、收益及风险共同性等特征。

共同物流商业模式参与主体中的物流企业，是为降本提效实现低碳绿色发展，相比大型物流企业或国有企业缺乏明显竞争优势，有意愿且具备一定条件可以达成合作意向的中小物流企业。

共同物流商业模式参与主体的行为策略选择、参与主体间收益分配和风险分担成为制约共同物流商业模式发挥功用的关键要素。

6.1.1 共同物流商业模式创新的分析方法

共同物流商业模式的分析方法采用博弈论、Shapley 值法声誉模型和熵权法。

博弈论（Game Theory），又称为对策论、赛局理论等，博弈论的研究起源于 Von Neumann，她在 1944 年和 Oskar Morgenstern 合著的《博弈论和经济行为》一书奠定了经济博弈论的基础。博弈论是一种以预测决策结果为目标，讨论参与主体间（两方或多方）在给定的信息环境或给定的规则制度下，通过不同的决策行为依次或者同时从各自允许选择的行为或策略中进行选择并加以实施，以实现参与主体自身收益最大化的理论方法。伴随研究的深入，博弈论已发展成为现代数学的一个新分支，也是运筹学的一个重要学科，在医疗、PPP 项目、食品安全、供应链、网络舆情等各个领域得到广泛应用。

在现实活动中，博弈需具备四方面条件。博弈的参加者，是某一件事情中能够独立决策并且可以承担由决策带来的后果的参与主体。博弈的策略，即每一参与主体在整件事情中可以选择的行为或者策略，每一参与主体的策略选择数量可以一样或者不一样。博弈的次序，在博弈过程中，需要提前设定参与主体做出策略选择的顺序，可以同时进行决策，也可以一方做完选择后其他参与主体再做出策略选择。博弈的收益，不同的参与主体在不同的策略选择下对应不同的收益水平。

博弈论是参与主体在平等的游戏对局中各自利用对方的策略选择并研究它们的优化策略从而变换自己的对抗策略，达到取胜或者收益最大化的目的。在博弈过程中的博弈参加者、有关博弈的信息、博弈参与者的策略选择和不同策略对应带来了收益的最基本要素。博弈的策略、博弈的次序、博弈的结果称为博弈规则。

在 20 世纪 80 年代到 90 年代之间，博弈理论逐步完善并与其他学科联系愈发紧密，引起了经济学家广泛重视，逐渐发展成经济管理学的标准分析工具之一，主要有完全信息静态博弈、完全且完美信息动态博弈、重复博弈、有限理性和进化博弈、完全但不完美动态博弈、不完全信息博弈等博弈类型。

Shapley（1953）在求解多人合作对策问题时提出了 Shapley 值法，同时给出了人们普遍接受的论证并由此成为一种公理化的方法。Shapley 值法在进行求解时过程较为简单且结果唯一的最优解，Shapley 值是博弈理论运用概率原理解决实际问题的其中一种科学方法，用数学公式表达如下：

假设用集合 W, $W=(1,2,3,\cdots,n)$ 表示共同物流商业模式中的参与主体。在共同物流商业模式中，所有的参与主体进行任何组合都会为整个共同物流商业模式整体带来一定的风险，不会因为增加参与主体而使每一参与主体承担的风险减少或消失。

假定集合 $W=(1,2,3,\cdots,n)$ 中任意一个子集 w ($w \in W$)，均对应一个满足以下条件的对策特征函数 $f(w)$：

$$f(\theta)=0;\ f(w_p \cup w_q) \geqslant f(w_p)+f(w_q);\ w_p \cap w_q=\theta;\ w_p、w_q \in f \tag{6-1}$$

$[W,f]$ 可看为总群数 n，f 是 W 对应的函数，代表共同物流商业模式 w 的风险值。

在多个共同物流商业模式参与主体合作中，$[W,f]$ 的风险分担用 $Y(f)$ 表示：

$$Y(f)=\{y_1(f),y_2(f),y_3(f),\cdots,y_n(f)\} \tag{6-2}$$

合作的满足整体理性和个体理性两个条件：

整体理性：$\sum_{p}^{n} y_p = f(L), L=(1,2,3,\cdots,n)$。（6-3）

个体理性：$Y_p \geqslant f(p), p=(1,2,3,\cdots,n)$。（6-4）

其中，Y_p 代表参与主体 p 承担的风险值，$f(L)$ 代表共同物流商业模式合作风险最大值。从而计算参与主体合作的 Shapley 值，记作 $Y_p(f)$：

$$Y_p(f)=\sum_{w_p \in w} L(|w|)[f(w)-f(w/p)] \tag{6-5}$$

$$L(|w|)=\frac{(n-|w|)!\bullet(|w|-1)!}{n!} \tag{6-6}$$

其中，w 代表集合 W 中包含着 p 的子集，$|w|$ 代表共同物流商业模式 w 中相关参与主体数量，$L(|W|)$ 代表加权因子。$f(w)$ 代表子集 w 总的风险值，$f(w/p)$ 为子集 w 中去掉 p 个后的风险值。

在整个共同物流商业模式合作中，它们发生的概率是一样的，记为 $1/n!$，参与主体 p 和前面 $|w|-1$ 个参与主体组成共同物流商业模式整体 w，参与主体 p 对 w 的边际贡献记为 $f(w)-f(w/p)$。w/p 和 N/w 的参与主体随机组成的排列次序总共为 $A=n-|w|)!\bullet(|w|-1)!$ 种，每一种出现的概率即为 $\frac{A}{n!}$，此时参与主体 p 所做出的边际贡

献的期望值即为共同物流商业模式的 Shapley 值。

Shapley 值法是在假设参与主体都是理性人的前提下，基于期望理论在多个参与主体之间进行分配，不是进行简单的平均分配，国内外学者在实际案例研究中为管理和商业活动确定一种公平有效的利益、成本、风险的比例分担方法时均较好地验证了 Shapley 值得可行性。胡丽、汪翔、魏学成、高华、何涛、张光军（2010，2018）等学者在利益分配、联盟风险分担、成本损失、供应链联盟收益分配、合同共担风险的研究中检验了满足 Shapley 值法使用的三大前提假设，即对称性、有效性、加法法则，并证明 Shapley 值修正方法属于一种合作博弈理论，适用于解决合作博弈类型的风险，即双方共担风险，对联盟整体而言是有利的。Petrosjan & Zaccour（2003）在研究联盟参与企业利益分配问题时，提出了一种基于 Shapley 值的风险因子修正算法。孙蕾、孙绍荣（2017）建立了三方合作博弈模型，利用 Shapley 值法分析了三方合作联盟中的合作收益分配问题。范小军等、Li B 等、Ng A 等、Jin X H 等、戴建华、薛恒新、薛俭（2004—2014）等在 PPP 项目研究中为促进合作方之间有效地合作，构建了联盟最优合作博弈模型，并通过 Shapley 值法实现了最优风险分担比例的确定。Raghavan & Ferguson（1990）建立了治理大气污染的合作博弈模型，并利用 Shapley 值法确定合作成本在各合作国家间的公平分配。在对农产品供应链利益分配研究中，周业付（2017）建立了改进 Shapley 值法的合作博弈模型，认为改进的 Shapley 值模型方法可以有效地保障农产品供应链节点间利益公平分配。

“声誉模型”是一种典型的不完全信息动态博弈，适用于分析信息不对称条件下的多阶段重复博弈，目前应用广泛。

在共同物流商业模式分析中的基本博弈假设：

假设 1：参与主体 A 分为 A_1 坚持合作的合作者和 A_2 中途背叛的合作者，共同物流商业模式参与主体坚持合作的概率为 $P(A_1)=\alpha$，其中 $0<\alpha<1$，共同物流商业模式参与主体中途背叛的概率为 $P(A_2)=1-\alpha$。

假设 2：共同物流商业模式参与主体之间在进行博弈时信息是不对称的。在共同物流商业模式参与主体之间的博弈关系中，参与主体 A 无法获取参与主体 B 的信誉和策略选择的完全信息，而参与主体 B 了解共同物流商业模式整个博弈过程的策略选择和收益情况，具有信息优势。

假设 3：共同物流商业模式博弈中的每一参与主体都是“经济理性人”，即根据自己所掌握的信息来选择自己的最优策略，使自身收益最大化。

假设 4：参与主体 A 对参与主体 B 的策略选择会随着参与主体 B 的行为变化而不

断调整，并由此产生行为评价，这个评价就形成本期参与主体B的声誉。

假设5：声誉状况良好的参与主体一定会坚持合作，而声誉状况差的参与主体有伪装成声誉好的参与主体的倾向。用C1,C2分别表示参与主体B坚持合作和中途背叛的行为，则$P(C1|A1)=1$, $P(C2|A1)=0$，声誉状况差的参与主体B坚持合作的概率为$P(C1|B2)=1-XP$，显然$X<1$，声誉状况差的参与主体B中途背叛的概率为$P(C2|B2)=1-X$。

熵权法。信息是一个系统有序度的度量，而熵是对一个系统的无序度的度量。在具有多个指标的综合评价中，如果某个指标的信息熵越小，说明该指标所提供的信息量就越大，意味着在综合评价中较为重要，在综合评价时所占权重也就越大。反之，若某个指标的信息熵较大，说明该指标所提供的信息量较小，在综合评价中所起的作用较小，在整体评价时所占权重也就越小。因此，信息熵可以用来计算在综合评价体系中的各指标权重，为确定指标的重要程度提供客观依据。

熵权法是一种客观赋权方法。计算步骤主要如下：

（1）依次构建评价指标体系中各评价指标的判断矩阵。

（2）将第一步得到的判断矩阵归一化处理。

（3）根据熵的定义，根据各评价指标，可以确定评价指标的熵。

（4）定义熵权。定义了第n个指标的熵后，可得到第n个指标的熵权。

（5）计算各指标的权重值。

6.1.2 风险管理理论

风险管理理论出现在20世纪30年代，直到80年代末受到学者们的广泛关注，基于管理理念和管理技术的差异分为“传统式”风险管理和“全面式”风险管理两个阶段，随着经济一体化进程的加速和行业竞争的加剧，“全面式”风险管理成为企业风险管理理论的发展趋势。“全面式”风险管理是站在整个公司角度进行的整体化风险管理方式，其核心思想是认为一个公司在经营运作过程的风险来自多方面，并非单一化出现，只有从公司整体角度出发才能尽可能筛选出风险因素、预防风险发生的可能性，系统地进行风险管理才是避免风险产生的有效手段。

陈秉正（2003）基于Shimpi（2001）的《整合性公司风险管理》和Doherty（2003）的《整体化风险管理》的研究基础，在《整体化公司风险管理》一书中从风险管理的概念、风险管理与企业价值、风险管理与资本管理以及风险管理策略四个层次系统论述了全面风险管理的基本理论，并对风险管理理论的后续研究进行了展望。在共同物流商业模式中，风险管理是围绕参与主体的各类目标，考量实现目标所需能力和企业真实能力之间的差距，利用风险管理理论指导企业经营管理活动，使参与主体在复杂多变的市场环境中持续拥有竞争优势的过程和方法。

在资源与环境的约束下，风险的预测与科学合理分担机制是共同物流商业模式有效运转的关键所在，基于 SVM 的风险评估模型进行科学预测，从信息不对称角度出发，可将共同物流商业模式合作风险概括为四类，分别是道德风险、管理风险、运作风险和信用风险，合作风险的治理对策据此制定（周敏、黄福华，2013）。

风险的基本含义是“损失的不确定性”。国际标准化组织（2009）将风险定义为“不确定性对目标的影响”。美国财产意外险承保师协会（AICPCU）将风险定义为“后果的不确定性，其中，有些可能后果是负面的”。风险也有“由内外因素的相互作用导致当事人预期目标发生偏离的综合效应”的含义（谢志刚，2013）。研究中采用狭义上的风险，也就是当风险发生时共同物流商业模式参与企业不能在其中获得利益，只承担损失（张磊，2019）。

共同物流商业模式风险管理主要包括风险识别、风险评价、风险控制三个方面，以最小的成本使风险降到最低。

风险识别。共同物流商业模式风险的准确识别是风险管理的重要基础。常用的风险识别方法如表 6-1 所示。

表6-1　常用的风险识别方法及其原理

方法	原　理
扎根理论	根据研究主题，通过系统化的程序将收集到的资料不断进行比较分析、浓缩归纳的过程
聚类算法	基于局部的密度信息和全局的相异性信息来确定初始的中心和聚类数目
因子分析法	提取一部分因子来概括原始数据中的大部分信息，以此来描述诸多因素之间的关系
文献研究法	通过梳理大量文献，间接进行书面调查，在已有研究基础上不受外界干扰地进行归纳总结
TOPSIS 法	依据风险因素与正理想目标和负理想目标的距离为风险因素排序
敏感性分析法	用相对测定法来计算自变量对因变量的影响程度，影响程度大的为敏感因
德尔菲法	依据系统的程序，采用匿名发表意见的方式经过几轮征询，使专家小组的意见趋于集中
故障树法	通过风险因素系统内在的逻辑联系，反映因素和系统之间的产生故障的逻辑关系
流程图法	某些流程用一定规定的图示方法表示出来，通过对其中流程上的分析或者某些环节上的分析，寻找出分析的目的的一种方法

风险评价。共同物流商业模式风险评价是在风险因素初步识别和建立风险评价指标体系的基础上建立评价模型，首先要明确建立风险评价模型的目的和需要解决什么样的现实问题，然后搜集建立风险评价模型所需的各种数据、信息以及参与主体的特征，以此来初步确定选择什么类型的风险评价方法建立评价模型。主要风险评价方法有：灰色理论、熵权法、物元可拓理论、云模型、相互作用矩阵、BP神经网络、模糊综合评价法等。

风险分担。参与主体之间的共同经营、共同运行行为使各企业成为一个整体，共同物流商业模式风险需要多方参与主体企业共同承担风险，需要建立一个科学合理的风险分担方法，明确各参与主体的风险承担比例，使得共同物流商业模式各方面风险在各参与主体之间得到合理的分配。

风险控制。共同物流商业模式是一个不断进行业务调整、战略决策、组织协调和资源整合的动态过程，共同物流商业模式中存在的道德风险、管理风险、运作风险和信用风险在参与主体间具有较强的传递性，且风险一旦发生涉及范围及危害性较大，因此，需要采取有效手段对共同物流商业模式风险进行控制，给出科学有效的管理对策与建议。

6.1.3 利益相关者理论

利益相关者理论起源于经济学，近年来，研究学者们从不同的角度对企业利益相关者有着各不相同的定义，其中Freeman（2010）和贾生华、陈宏辉（2002）给出的利益相关者定义有较高的认可度和代表性。Freeman（2010）在《战略管理：利益相关者方法》一书中认为“企业利益相关者”是指那些能影响企业目标的实现或被企业目标的实现所影响的个人或群体。贾生华、陈宏辉（2002）认为“利益相关者是指那些在企业经营活动中投入专用性投资，并承担可能产生损失风险的个体和群体，这些投资相对具有独有的、稀缺的特性，个体或群体的活动影响企业既定目标的实现，或其自身受到企业活动的影响”。魏炜（2012）等从利益相关者交易结构的视角对商业模式进行重新定义，将商业模式看作是企业与其利益相关者的交易结构。

通过梳理已有的学者们对利益相关者理论的研究成果中可以找出各种利益相关者，包括管理者、投资者、消费者、公众、股东、合作者、竞争对手、政府、社区、顾客、媒体、员工、社会、宗教团体、供应商、债权人、非人类物种、下一代、教育机构、环保组织、工会、政治团体、分销商、行业协会等。

共同物流商业模式运作涉及众多参与主体，同大多数企业管理类似，也具有一般意义上的利益相关者。针对共同物流商业模式的概念和特点，结合利益相关者的定义和类型，共同物流商业模式利益相关者具有以下特征：

共同物流商业模式参与主体对共同物流运行进行一定的资源投入，比如物流基础设施建设投资、信息平台建设投资、人才培养与建设投资等。如果某个参与主体没有进行资源的投入则不能被称为共同物流商业模式的利益相关者。

共同物流商业模式利益相关者必须与共同物流业务活动有直接关系，并且这种关系是主动建立的。

经济上独立核算、承担有限的经济法律责任、服从共同物流集中化管理并从中获得合理的收益分配且承担一定的风险，参与共同物流商业模式运行的协商与决策。

结合共同物流商业模式利益相关者的上述特征，将共同物流商业模式利益相关者界定为：向共同物流整体运作投入一定的资源和信息，能从共同物流整体获取收益，并承担了一定损失风险或受共同物流整体利益目标实现影响的参与主体（中小物流企业）。参与主体向共同物流系统投入资源，直接参与共同物流商业模式业务的实施，对共同物流的既定目标的成败起主导作用，既定目标实现的程度直接影响到每一参与主体的切实利益，同时，受到既定目标影响的客户或其他社会群体等，他们在某种意义上也是利益相关者，因此，共同物流商业模式利益相关者也具有广义和狭义之分，广义的共同物流商业模式利益相关者是指受到既定目标影响的客户或其他社会群体，而狭义的共同物流商业模式利益相关者则是指与共同物流商业模式运行发生直接经济利益的物流企业。本书涉及的共同物流商业模式利益相关者就是指狭义的，在这里只考虑共同物流参与主体企业，且所指的利益在文中只考虑收益，不考虑其他对参与主体有利的方面，这些利益相关者（参与主体）以合同或协议为联结纽带，直接从共同物流商业模式既定目标的实现中获得收益。

6.2　共同物流参与主体行为策略选择的博弈模型

在风险管理理论和利益相关者理论以及共同物流商业模式相关理论基础上，参与主体自身行为策略选择是共同物流商业模式的构成要素之一，分析参与主体行为策略选择及影响因素，研究其对共同物流商业模式稳定运行的作用机理，从参与主体行为策略选择约束方面构建共同物流商业模式创新路径提供依据。

基于共同物流参与主体共生共赢原则，以参与主体自身行为策略选择为变量。首先给出参与主体博弈假设，构建共同物流参与主体三方策略选择博弈模型。研究结果发现，共同物流商业模式参与主体的行为策略选择受其他方参与主体的监督审查能力和参与主体行为策略所带来的收益值影响。提高参与主体对“私下串通”行为的监督审查成功率和加大对参与主体“私下串通”行为的处罚力度可以有效避免参与主体的投机心理。研究目的是从参与主体自身主观行为选择上为实现共同物流商业模式的稳定运行提供保障，旨在通过研究结论为物流企业管理者在实际经营决策过程中提供参考和依据。

6.2.1 参与主体博弈假设

假设共同物流参与主体都是理性的经济人，参与主体 3 的策略选择空间为（监管检查，不监管检查），参与主体 1 和 2 的策略选择空间为（诚实合作，私下串通），每一参与主体在进行策略选择前会考虑每一策略所带来的期望收益，以达到对参与主体自身收益最大化。

共同物流参与主体共同收益，参与主体间存在私下串通行为则会对整个共同物流带来利益损失，在这里我们理解为共同物流参与主体 3 的损失，假设共同物流参与主体 1 和 2 私下串通的概率是 α，两共同物流参与主体私下串通可带来的额外收益总数是 E，参与主体 1 私下串通的额外收益的分配比例为 β，共同物流参与主体 1 私下串通额外收益为 $\beta \cdot E$，那么，参与主体 2 的私下串通额外收益为 $(1-\beta) \cdot E$。共同物流参与主体 3 的损失为 $A_1 \cdot E$，其中 A_1 为损失放大系数 ($A_1 > 0$)。

由于共同物流参与主体在整个系统运行中有自己的任务分工、自身资源和技术的限制，共同物流参与主体 3 难以对其他参与主体进行长期监督检查，即使在对其他参与主体进行监督检查时也不能保证一定能够发现参与主体之间的私下串通。共同物流参与主体 3 对其他参与主体可能存在的私下串通行为进行审查的概率为 ξ，进行监督检查的成本为 C，共同物流参与主体 3 对其他参与主体私下串通行为监督审查可能成功也可能未能发现，假设监督审查成功的概率是 η，若共同物流参与主体 3 在监督审查过程中成功发现其他参与主体的私下串通行为，其他参与主体的私下串通额外收益将被没收且遭到惩罚为 $A_2(1-\beta)E$，其中 $A_2(A_2 \geqslant 0)$ 为共同物流参与主体 3 对共同物流参与主体 1 的惩罚系数。同样，共同物流参与主体 2 的私下串通行为带来的额外收益将被没收且受到惩罚为 $A_3 \cdot \beta \cdot E$，其中 $A_3(A_3 \geqslant 0)$ 为惩罚系数。

不考虑共同物流商业模式参与主体间内部博弈以外的其他因素对参与主体策略选择的影响。

依据上述模型假设，共同物流参与主体的博弈策略选择及收益矩阵如表 6-2 所示。表 6-2 中（$1-\beta$）$\cdot E^{[1]}$ 表示共同物流参与主体 1 的收益值，$\beta \cdot E^{[2]}$ 表示共同物流参与主体 2 的收益值，$-A_1 \cdot E-C^{[3]}$ 表示共同物流参与主体 3 的收益值。

表6-2　三方参与主体博弈策略选择及收益矩阵

	共同物流参与主体3监督审查 ξ		共同物流参与主体3不监督审查
	监督审查未发现 $1-\eta$	监督审查发现 η	$1-\xi$
参与主体 1 和 2 私下串通 α	$(1-\beta)\cdot E^{[1]}$ $\beta\cdot E^{[2]}$ $-A_1\cdot E-C^{[3]}$	$-A_2\cdot(1-\beta)\cdot E^{[1]}$ $-A_3\cdot\beta\cdot E^{[2]}$ $A_2\cdot(1-\beta)\cdot E+A_3\cdot\beta\cdot E-C^{[3]}$	$(1-\beta)\cdot E^{[1]}$ $\beta\cdot E^{[2]}$ $-A_1\cdot E^{[3]}$
参与主体 1 和 2 诚实合作 $1-\alpha$	$0^{[1]};0^{[2]};-C^{[3]}$	$0^{[1]};0^{[2]};-C^{[3]}$	$0^{[1]};0^{[2]};0^{[3]}$

6.2.2 主体博弈模型构建

依据前文模型假设可知，共同物流参与主体三方博弈策略选择及收益矩阵如图 6-2 所示，三参与主体有如下几种策略组合：

（1）每一参与主体均选择“诚实合作”的策略。

（2）参与主体1和参与主体2选择“私下串通”策略形成私下联盟，参与主体3选择“诚实合作”且保持对参与主体1和参与主体2进行“监督审查”。

（3）参与主体1和参与主体3选择“私下串通”策略形成私下联盟，参与主体2选择“诚实合作”且保持对参与主体1和参与主体2进行“监督审查”。

参与主体2和参与主体3选择“私下串通”策略形成私下联盟，参与主体1选择“诚实合作”且保持对参与主体1和参与主体2进行“监督审查”。

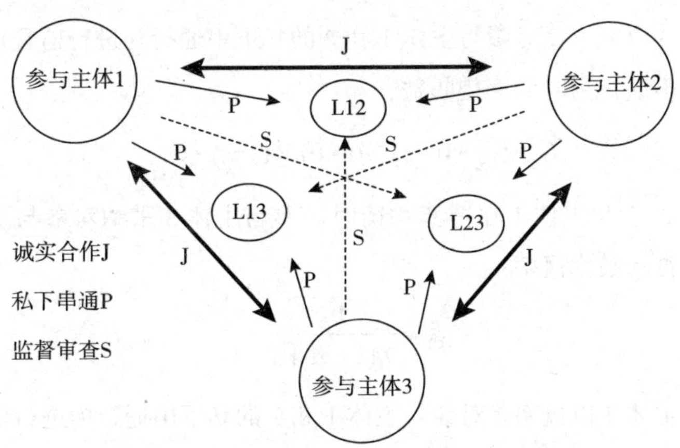

图6-2　共同物流三方参与主体博弈模型

6.2.3 博弈过程分析

参与主体1和参与主体2选择“私下串通”策略形成私下联盟，参与主体3选择“诚实合作”且保持对参与主体1和参与主体2进行“监督审查”为实际发生的情况下，每一参与主体均选择“诚实合作”策略时，共同物流运作稳定，无特别情况，故不做分析。

（1）当共同物流参与主体1和2私下串通行为发生的概率为α时，参与主体3对参与主体1和2私下串通行为进行监督检查时的期望收益为：

$$U_1=\alpha\cdot\{\eta\cdot[A_2(1-\beta)\cdot E+A_2\cdot\beta\cdot E-C]+(1-\eta)\cdot(-A_1\cdot E-C)\}+(1-\alpha)[\eta\cdot(-C)+(1-\eta)\cdot(-C)] \tag{6-7}$$

在私下串通发生概率为α时，参与主体3对参与主体1和2私下串通行为不进行监督检查时的期望收益为：

$$U_2=\alpha \cdot (-A_1) \quad E+(1-\alpha) \cdot 0 \tag{6-8}$$

共同物流参与主体 1 和 2 发生私下串通行为是在 $U_1=U_2$ 时，此时的最优概率为：

$$\alpha_1=\frac{C}{\eta \cdot E[A_2(1-\beta)+A_3\beta+A_1]} \tag{6-9}$$

（2）当共同物流参与主体 3 以概率 ξ 对参与主体 1 和 2 的私下串通行为进行监督审查时，参与主体 1 进行私下串通行为时的期望收益为：

$$U_3=\xi\{\eta \cdot [-A_2(1-\beta) \cdot E]+(1-\eta)(1-\beta) \cdot E\}+(1-\xi)(1-\beta) \cdot E \tag{6-10}$$

当参与主体 3 以概率 ξ 对参与主体 1 和 2 的私下串通行为进行监督审查时，参与主体 1 不进行私下串通行为时的期望收益：

$$U_4=\xi\{\eta \cdot 0+(1-\eta) \cdot 0\}+(1-\xi) \cdot 0 \tag{6-11}$$

当 $U_3=U_4$ 时，参与主体 1 在博弈均衡时，参与主体 3 采纳对参与主体 1 和 2 私下串通行为进行审查的最优概率：

$$\xi_1=\frac{1}{\eta(1+A_2)} \tag{6-12}$$

（3）当参与主体 3 以概率 ξ 对参与主体 1 和 2 的私下串通行为进行监督检查，参与主体 2 进行私下串通行为时的期望收益是：

$$U_5=\xi\{-\eta \cdot A_3 \cdot \beta \cdot E+(1-\eta) \cdot \eta \cdot E\}+(1-\xi) \cdot \beta \cdot E \tag{6-13}$$

当参与主体 3 以概率 ξ 对参与主体 1 和 2 的私下串通行为进行监督审查时，参与主体 2 仍保持诚实合作的期望收益是：

$$U_6=\xi\{\eta \cdot 0+(1-\xi) \cdot 0\}+((1-\xi) \cdot 0 \tag{6-14}$$

在参与主体在均衡时，即 $U_5=U_6$ 时，参与主体 3 对参与主体 1 和 2 私下串通行为进行监督审查的最优概率：

$$\xi_2=\frac{1}{\eta(1+A_3)} \tag{6-15}$$

因此，共同物流参与主体三方博弈的混合策略均衡为：

$$(\alpha_1,\xi_1)=\left\{\alpha_1=\frac{C}{\eta \cdot E[A_2(1-\beta)+A_3 \cdot \beta+A_1]},\xi_1=\frac{1}{\eta(1+A_2)}\right\} \tag{6-16}$$

$$(\alpha_1,\xi_2)=\left\{\alpha_1=\frac{C}{\eta \cdot E[A_2(1-\beta)+A_3 \cdot \beta+A_1]},\xi_2=\frac{1}{\eta(1+A_3)}\right\} \tag{6-17}$$

6.2.4 参与主体博弈结果

在基于共同物流参与主体在博弈过程中所扮演的都是理性经济人的假设条件下，只考虑三个共同物流参与主体之间的博弈策略以及由此带来的收益变化情况。共同物流参与主体 3 的策略选择空间为（监督审查，不监督审查），参与主体 1 和 2 的策略选择有（诚实合作，私下串通），每一参与主体在进行策略选择前会依据不同的策略带来的收益值，从而实现自身收益最大化。

具体分析如下：

由共同物流参与主体三方博弈策略均衡解可知，参与主体 1 和 2 发生私下串通行为的最优概率是 α_1，如果参与主体 1 和 2 以 $\alpha \geqslant \alpha_1$ 的概率发生私下串通行为，则参与主体 3 对其采取监督审查；反之，则不审查。

通过策略均衡解 α_1 可知，参与主体 1 和 2 最优私下串通概率 α_1 与参与主体 3 监督审查成功率 η，参与主体 1 惩罚系数 A_2、参与主体 2 惩罚系数 A_3 成反比，与参与主体 3 对参与主体 1 和 2 的监督审查成本成正比。

共同物流参与主体 3 是否对参与主体 1 和 2 进行监督审查，主要取决于参与主体 1 和 2 发生私下串通行为的最大化收益倾向。如果参与主体 2 较参与主体 1 有更强的收益最大化倾向，那么参与主体 3 将以 ξ_2 最优概率对参与主体 2 进行监督检查。如果参与主体 3 以概率 $\xi \geqslant \xi_2$ 对参与主体 2 进行监督审查，那么参与主体 2 的最优策略选择是保持诚实合作；相反，如果参与主体 3 以概率 $\xi \leqslant \xi_2$ 对参与主体 2 进行监督检查，那么参与主体 2 的最优策略选择是私下串通，从 $\xi_2 = \dfrac{1}{\eta(1+A_3)}$ 可知，ξ_2 的大小取决于参与主体进行监督审查成功的概率 η 和对参与主体 2 的惩罚系数 A_3。同理，如果参与主体 1 较参与主体 2 有更强的收益最大化倾向，那么参与主体 3 将以 ξ_1 最优概率对参与主体 1 进行监督审查。如果参与主体 3 以概率 $\xi \geqslant \xi_1$ 对参与主体 1 进行监督检查，那么参与主体 1 的最优策略选择是保持诚实合作，相反，如果与主体 3 以概率 $\xi \leqslant \xi_1$ 对参与主体 1 进行监督审查，那么参与主体 1 的最优策略选择是私下串通，从 $\xi_1 = \dfrac{1}{\eta(1+A_2)}$ 可知，ξ_1 的大小取决于参与主体进行监督审查成功的概率 η 和对参与主体 1 的惩罚系数 A_2。

给定共同物流参与主体三方博弈假设前提下，构建三方博弈模型，从参与主体 1 和参与主体2是否会进行“私下串通行为”和参与主体3是否进行监督审查以及当进行监督审查时是否会发现参与主体1和参与主体2的私下串通行为，通过考虑参与主体的行为策略选择不同以此带来的收益进行分析。博弈分析表明，提高参与主体对“私下串通”行为的监督审查成功率和加大对参与主体“私下串通”行为的处罚力度可以有效避免参与主体的投机心理，有利于维护共同物流商业模式的稳定运行。

6.3 基于熵权修正Shapley值法的共同物流参与主体合作风险分担

基于商业模式、物流企业商业模式和共同物流商业模式的已有研究基础上以及共同物流商业模式风险管理理论，参与主体间的合作风险分担是共同物流商业模式的客观构成要素。共同物流既是解决物流企业竞争优势不足的一种有效方式，也是物流企业商业模式创新的可行路径。基于物流企业为共同物流主要参与主体的视角，通过共同物流合作风险的界定、共同物流合作风险结构的分析，构建由12个风险因子为二级评价指标、4个一级风险评价指标的共同物流合作风险评价指标体系，采用熵权修正Shapley值法进行参与主体合作风险分担，通过算例分析验证合作风险评价体系和分担模型的可行性和有效性。

6.3.1 共同物流参与主体合作风险及其评价指标体系

共同物流商业模式风险是指由于受到整个系统内外部因素的不确定性、复杂性而导致整个系统不能达到预期目标或者是致使参与企业发生损失的可能性。这里的共同物流商业模式风险分为共同物流商业模式外部风险和共同物流商业模式合作（内部）风险两种。

共同物流商业模式外部风险，也就是所有物流企业都会受到影响，包括政策调整、金融或者政治环境恶化的风险，对于这类风险，由于不是共同物流商业模式参与企业独有的风险，因此不做进一步讨论。本书研究聚焦于共同物流商业模式主体间的合作博弈，内部合作参与主体间的风险。

通过文献梳理本书认为共同物流商业模式合作风险（R）主要为：R_1道德风险（M）、R_2管理风险（S）、R_3运作风险（O）和R_4信用风险（C）等四方面。

道德风险：共同物流商业模式的各参与主体从经济角度出发，各节点企业主动沟通的积极性以及对共同物流的规则遵守是不确定的，此时就产生了道德风险，也就是共同物流参与主体利用自身各方面优势不作为或故意采取损害其他参与主体收益的行为，导致共同物流受损，这里认为主要有客户信息的共享程度、企业的地位优势、其他关键信息等几方面。

管理风险：是指共同物流商业模式运营过程中各参与主体之间因信息不对称、管理不善、判断失误等影响管理的水平。每个物流企业的规模、管理人员的经验、组织结构和管理制度以及企业文化各有差异，若管理出现问题，将会给共同物流、共同物流商业模式其他参与主体以及自身造成无法挽回的损失。

运作风险：共同物流商业模式由众多物流企业组建，庞大的体系结构，要求共同物流商业模式在合作运营过程中构建强大、智能、绿色的物流系统，实现各参与主体之间互联互通、大规模企业协同、优化配置将物流资源集成，从订单任务接受到包装、运输、仓储、配送以及物流信息等环节的技术衔接出现问题均会影响共同物流业务的正常运作，甚至导致共同物流商业模式无法运行。

信用风险：共同物流商业模式下物流企业之间合作关系依靠契约维持，以共同愿景为目标，以期实现收益最大化，但随着合作加深，作为独立的经济主体，各自的价值目标不同会滋生机会主义行为的发生给共同物流商业模式带来的风险，比如不履行到期债务的风险、造成的违约的风险、单方面违约的风险。主要涉及企业规模、企业维护信用成本、企业信息监管机制等几方面反映公司信用水平。

基于共同物流商业模式合作风险的界定以及分析，构建如图6-3所示的共同物流商业模式合作风险评价指标体系。该体系的基本框架以共同物流商业模式合作风险评价为目标，以道德风险、管理风险、运作风险和信用风险为主要方面，由客户信息、企业地位、其他关键信息，管理人员经验、管理制度和流程控制、企业文化，运输及配送、物流信息、包装及仓储，企业规模、企业信用成本、信息监管机制等主要评价指标构成，作为对共同物流商业模式合作风险的评价依据以及共同物流参与企业对合作风险共担能力的判定。

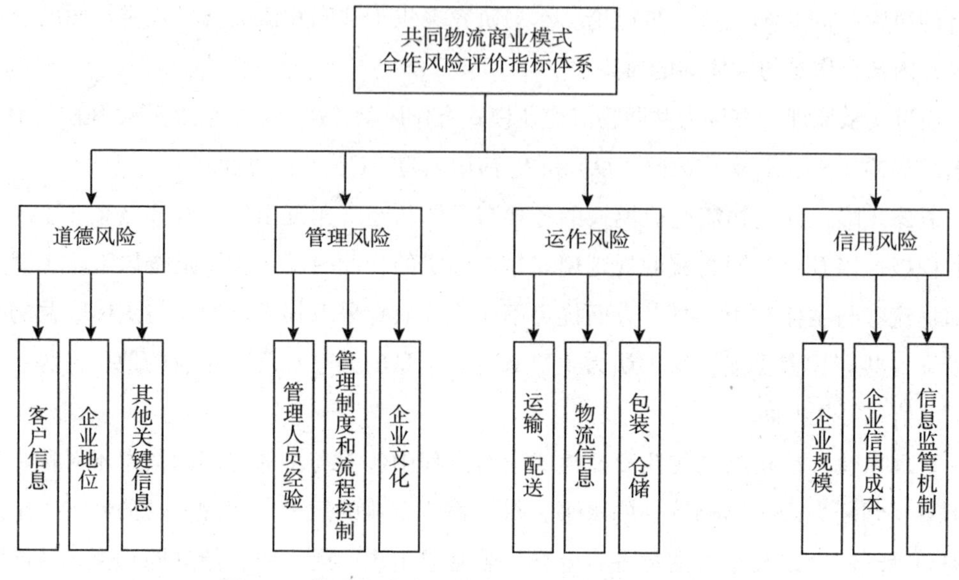

图6-3 共同物流商业模式合作风险评价指标体系

6.3.2 共同物流参与主体合作风险初始分担模型

依据评价指标体系进行定量评估共同物流商业模式合作风险值，首先采用截尾平均数表示专家对共同物流合作风险的评估值，采用传统 Shapley 值法进行共同物流商业模式参与主体的合作风险初始分配，然后基于风险因子熵权修正的 Shapley 值法构建共同物流商业模式合作风险分担模型。

定量评估风险损失。为了尽可能避免由于主观因素和不确定等因素造成的数据突然偏大或者偏小，在评估风险损失中考虑到专家打分的个人主观性和评估数据与真实情况存在误差的因素。采用截尾平均数优化算法加入 Shapley 值法运算过程，即运用专家评估法来确定一个数值表示专家评估的风险损失值时，减去评估值中的最大最小项，将最后结余的数据取平均值。

共同物流参与主体合作风险分担初始值。共同物流商业模式合作过程中，由于涉及多个物流企业，各参与主体发展的优劣、自身承担风险能力的不尽相同造成的其在合作过程中所处地位差异使得其在共同物流商业模式合作过程中承担的合作风险大小也不同。因此，针对共同物流商业模式合作风险发生的不确定性这一特征，为了保证共同物流商业模式的稳定发展，首先采用截尾平均优化算法加入 Shapley 值法研究共同物流商业模式合作风险在参与主体企业之间的初次分配。即在没有考虑共同物流参与主体之间存在差异条件下的风险分担的初始值：

$$\varphi_i(N,v)=\sum_{\tau}\frac{(|\tau|-1)!(N-|\tau|)!}{N!}m_i(\tau) \tag{6-18}$$

其中，N 表示共同物流参与主体集合；i 代表共同物流某个参与主体；v 特征函数，$v(\tau)$ 在文中表示由所有物流企业组成的共同物流商业模式而减少的风险期望损失；$v(\tau/\{i\})$ 表示共同物流商业模式除去某参与主体 i 之后所减少的期望损失；τ 参与主体（物流企业）组成的共同物流；$|\tau|$ 表示共同物流商业模式中的参与主体个数；$m_i(\tau)$ 表示参与主体 i 对共同物流 τ 的边际贡献，本文指共同物流参与主体（物流企业）对共同物流商业模式 τ 的边际贡献，$m_i(\tau)=v(\tau)-v(\tau/\{i\})$，$i\in\tau$。

则本文采用的截尾平均数优化算法加入 Shapley 值法进行共同物流商业模式合作风险初次分担模型如下：

其中专家评估共同物流商业模式合作风险发生时，A 表示参与主体 1 控制共同物流商业模式合作风险损失和自身损失，可以减少的风险损失金额；B 表示参与主体 2 控制共同物流商业模式合作风险损失和自身损失，可以减少的风险损失金额；C 表示参与主体 3 控制共同物流商业模式合作风险损失和自身损失，可以减少的风险损失金额；D 表示全部共同物流商业模式参与主体共同控制分担该合作风险时可以减少的风险损失金额；E 表示参与主体 1 和参与主体 2 共同控制分担共同物流商业模式合作风险时可以减少的风险损失金额；F 表示参与主体 3 和参与主体 2 共同控制分担共同物流商业模式合作风险时可以减少的风险损失金额；G 表示参与主体 1 和参与主体 3 共同控制分担共同物流商业模式合作风险时可以减少的风险损失金额。

共同物流参与主体 1 的合作风险分担初始值：

$$\varphi_1=\frac{(1-1)!(3-1)!}{3!}A+\frac{(2-1)!(3-2)!}{3!}(E-B+G-C)+\frac{(3-1)!(3-3)!}{3!}(D-B-C) \tag{6-19}$$

共同物流参与主体 2 的合作风险分担初始值：

$$\varphi_2=\frac{(1-1)!(3-1)!}{3!}B+\frac{(2-1)!(3-2)!}{3!}(E-A+F-C)+\frac{(3-1)!(3-3)!}{3!}(D-A-C) \tag{6-20}$$

共同物流参与主体 3 的合作风险分担初始值：

$$\varphi_3=\frac{(1-1)!(3-1)!}{3!}C+\frac{(2-1)!(3-2)!}{3!}(G-A+F-B)+\frac{(3-1)!(3-3)!}{3!}(D-A-B) \tag{6-21}$$

注：A、B、C、D、E、F、G 均为非负数。

6.3.3 熵权法修正Shapley值

考虑共同物流商业模式参与主体风险承担能力不同，结合熵权法综合分析有关共同物流商业模式合作的信息，能够保证对原始的信息不损失的情况下，从原始数据中各因素所含信息量的大小来确定权重，具有相对客观性，避免主观因素对权重分配的影响，更客观地确定风险评价指标权重。通过引入道德风险、管理风险、运作风险以及信用风险四个因子修正 Shapley 值对共同物流商业模式合作风险进行再分担，以此构建共同物流商业模式合作风险分担模型，以使各参与主体之间的合作风险分担趋于更加合理有效。

采用熵权法确定评价指标权重。

首先，通过熵权法对 R_k（k=1,2,3,4）等四个要素进行分析。

利用熵权法确定一级指标、二级指标权重的步骤。

（1）对原始数据进行标准化处理。

（2）假设有 m 个专家参与指标的评选，n 个评价指标，从而构成原始数据评价矩阵 $A'=(a'_{ij})_{m\times n}$，其中 a'_{ij} 表示第 i 个专家对第 j 个指标的评价。

（3）对矩阵 A' 的 j 列指标进行标准化处理：

$$a_{ij}=\frac{a'_{ij}-\min(a'_{ij})}{\max(a'_{ij})-\min(a'_{ij})} \tag{6-22}$$

式中 a_{ij} 表示的含义是第 i 个评价对象在第 j 个指标上的值，且属于闭区间 [0,1]，由上式可以得到新矩阵 $A=(a_{ij})_{m\times n}$。

①计算指标 j 的熵值。用 r_j 表示风险熵。

$$r_j=-k\sum_q^p z_{ij}\ln z_{ij}(i=1,2,\ldots,p,j=1,2,\ldots,q) \tag{6-23}$$

其中$z_{ij}=\dfrac{a_{ij}}{\sum_{i=1}^{p}a_{ij}},k=\dfrac{1}{\ln p}$，这里设定 $z_{ij}=0$ 时对应的 $z_{ij}\ln z_{ij}=0$。

②计算指标 j 的权重。r_j 值越小，表明指标的效用价值越高，在评价体系中所起到的作用越大，其权重也就越高。指标 j 的权重为：

$$\alpha_j=\frac{1-r_j}{q-\sum_{j=1}^{q}r_j} \tag{6-24}$$

其中，$0\leqslant\alpha_j\leqslant 1,\sum_{j=1}^{q}\alpha_j=1$。

同理，二级指标权重为$a_{j\theta}(j=1,2,3,4;\theta=1,2,3)$。

考虑参与主体道德风险承担能力的Shapley值修正。

假定共同物流商业模式参与主体i承担道德风险能力为M_i，其中包含的指标为$M_{i\theta}$，依据共同物流商业模式合作风险评价指标体系，道德风险指标下包括客户信息（M_{11}）、企业地位（M_{12}）、其他关键竞争信息（M_{13}）三方面，结合上文熵权法确定的共同物流商业模式合作风险评价指标权重可得参与主体i在道德风险方面的承担能力：

$$M_i=\sum_{\theta=1}^{3} a_{j\theta}\bullet M_{i\theta}(j=1;i=1,2,3;\theta=1,2,3) \tag{6-25}$$

则共同物流商业模式参与主体的道德风险方面的承担能力为各参与主体的承担能力之和，也就是$M_{总}=M_1+M_2+M_3$。

进一步得到共同物流参与主体的道德风险承担能力因子为：

$$M_1'=\frac{M_1}{M_{总}},M_2'=\frac{M_2}{M_{总}},M_3'=\frac{M_3}{M_{总}} \tag{6-26}$$

定义修正因子$\Delta M_1=M_1'-\frac{1}{N}$，其中$\frac{1}{N}$为参与主体平均承担风险系数，作为每个共同物流参与主体均分的风险比例，本书研究共同物流含有三个参与主体，因此N取3。当不考虑其他因素时，共同物流参与主体对风险平均承担，当考虑共同物流商业模式参与主体对合作风险承担能力时，将各自的承担风险能力因子和1/3做差值，此差值表示在实际情况中各参与主体的风险承担能力修正因子。

因此，在考虑到共同物流商业模式参与主体在道德风险方面的控制和承担风险能力时，修正后的Shapley值为：

$$\varphi_i^1(N,v)=\varphi_i(N,v)+\left(\sum_{i=1}^{3}\varphi_i\right)\bullet\Delta M_i \tag{6-27}$$

同理，可以推导出，考虑共同物流商业模式参与主体承担管理风险、运作风险、信用风险能力的Shapley值修正后为：

$$\varphi_i^2(N,v)=\varphi_i(N,v)+\left(\sum_{i=1}^{3}\varphi_i\right)\bullet\Delta S_i \tag{6-28}$$

$$\varphi_i^3(N,v)=\varphi_i(N,v)+\left(\sum_{i=1}^{3}\varphi_i\right)\bullet\Delta O_i \tag{6-29}$$

$$\varphi_i^4(N,v)=\varphi_i(N,v)+\left(\sum_{i=1}^{3}\varphi_i\right)\bullet\Delta C_i \tag{6-30}$$

其中，ΔS_i, ΔO_i, ΔC_i 分别是考虑了共同物流商业模式参与主体承担管理风险、运作风险、信用风险能力的修正因子。则最终得到的修正 Shapley 值可为共同物流商业模式参与主体在风险分担上确定依据和比例，即：

$$\varphi_i^*(N,v)=\sum_4 \varphi_i^k(N,v)\bullet \alpha_j,(k=1,2,3;j=1,2,3,4;i=1,2,3) \tag{6-31}$$

通过共同物流商业模式参与主体合作风险分担算例验证模型有效性和可行性，其原理相同，故只给出结果，演算过程不再一一给出。

共同物流参与主体合作风险分担算例。

以某市采用共同物流商业模式运营的甲、乙、丙三家物流企业为例进行模型验证。

合作风险分担初始值。针对甲、乙、丙三家物流企业所组建的共同物流联合体，由政府有关部门、有关行业专家针对目前此共同物流联合体运行状况，企业经营状况系统评估后，采用截尾平均数给出 A、B、C、D、E、F、G 值分别为（单位：万元）230、157、180、500、350、270、240。由此，依据 6.3.2 节公式可得甲企业的合作风险分担初始值：$\ddot{o}_1$=173.17。乙企业的合作风险分担初始值：$\ddot{o}_2$=117.33。丙企业的合作风险分担初始值：$\ddot{o}_3$=117.17。

合作风险评价指标权重确定。依据评价指标体系进行评估，从而构成原始数据评价矩阵，采用熵权法确定指标权重，可得评价指标体系中指标权重分别为：

一级指标权重：

道德风险 a_1=0.17、管理风险 a_2=0.32、运作风险 a_3=0.27、信用风险 a_4=0.24。

二级指标权重：

客户信息 a_{11}=0.42、企业地位 a_{12}=0.31、其他关键信息 a_{13}=0.27。

管理人员经验 a_{21}=0.25、管理制度和流程控制 a_{22}=0.38、企业文化 a_{23}=0.37。

运输及配送 a_{31}=0.19、物流信息 a_{32}=0.36、包装及仓储 a_{33}=0.45。

企业规模 a_{41}=0.23、企业信用成本 a_{42}=0.33、信息监管机制 a_{43}=0.44。

考虑各企业风险承担能力的修正 Shapley 值。考虑共同物流商业模式参与主体承担风险能力得到 Shapley 值修正因子为：

$\Delta M_1=-0.01$, $\Delta M_2=0.03$, $\Delta M_3=-0.02$。

$\Delta S_1=-0.06$, $\Delta S_2=0.04$, $\Delta S_3=0.02$。

$\Delta O_1=0.04$, $\Delta O_2=-0.02$, $\Delta O_3=-0.02$。

$\Delta C_1=-0.005$, $\Delta C_2=-0.003$, $\Delta C_3=0.008$。

引入修正因子后的风险分担。根据在考虑甲、乙、丙企业承担风险能力后得到 Shapley 值修正因子，以及依据上述风险评价体系评估的风险值与初次风险分担的

Shapley 值，可计算修正的 Shapley 最终值。依据公式：

$$\varphi_i^*(N,v)=\sum_4 \varphi_i^k(N,v)\bullet \alpha_j,(k=1,2,3;j=1,2,3,4;i=1,2,3)$$

可得甲企业应承担风险 168.84 万元，乙企业应承担风险 117.66 万元，丙企业应承担风险 122.17 万元。

共同物流作为物流企业一种新的商业模式，其业务开展过程中风险的合理分担是共同物流商业模式稳定运行的前提条件。基于对共同物流商业模式合作风险的界定，探究共同物流商业模式合作风险类型，构建共同物流商业模式风险评价指标体系，并运用熵权法确定了风险评价指标权重，采用截尾平均数对定性评价指标进行定量描述，克服了风险评价过程中的主观因素影响，使评价结果更加客观公正。考虑各参与主体的风险承担能力，采用风险因子修正 Shapley 值法在参与主体之间对风险进行再分担，对降低共同物流整体的合作风险，提高运行效率具有重要现实意义，为共同物流商业模式的稳健运行提供保障，算例验证了方法的可行性。

6.4　基于声誉模型的共同物流参与主体收益分配

基于商业模式、物流企业商业模式和共同物流商业模式的已有研究以及共同物流商业模式利益相关者理论，研究共同物流参与主体的收益分配问题，有助于达成共同物流商业模式的管理目标。

分析参与主体的策略选择对自身收益的影响。基于单阶段静态博弈，分析完全信息下任意两个共同物流参与主体之间的策略选择及相对应的收益组合，构建任意两个共同物流参与主体多阶段不完全信息动态博弈的声誉模型，通过算例验证共同物流参与主体收益分配模型的有效性和可行性。博弈分析表明，共同物流管理者应重点监督最初的三阶段博弈，共同物流参与主体在之后的策略选择过程中会积极维护自身声誉，同时，每个参与主体的收益也随策略的选择最终达到纳什均衡。

6.4.1 共同物流主体博弈假设与模型参数

共同物流参与主体声誉博弈假设：

（1）假定博弈发生在一个充分竞争的环境下，博弈各方都为理性人，共同物流参与主体根据不同行为选择获得的收益值为参考依据进行自身的最优策略选择。

（2）共同物流参与主体在共同物流商业模式的业务中，各方都愿意达成风险共担协议。

（3）市场以及所有物流企业对不守信用的物流企业持排挤、怀疑态度，对主动履行义务和责任积极维护合作的物流企业持鼓励、支持、倡导、欢迎态度且给予一定奖励。

（4）共同物流各参与主体在上一轮交易的基础上判断对方的信誉。

（5）博弈模型中的参与主体均具备被其他参与主体认可的资格，即每一参与主体都是愿意与其组建共同物流商业模式的潜在合作者。

（6）在两个参与主体进行博弈时，双方根据过去博弈的收益选择当前博弈的策略。

共同物流声誉博弈模型参数：

（1）令 e 是一个收益为 $y=(y_1, y_2)$ 的静态均衡组合。

（2）令 υ 是一个帕累托占优于 y 的收益向量（假定收益可以通过一个纯行动组合 $g(a)=\upsilon$ 达到）。

（3）考虑一个期限为 T 期的博弈，其中每个共同物流参与主体 i 有两种类型："理性的"和"非理性的"。非理性的收益使下面的策略具有弱优势："只要过去没有偏离过 a 则采取 a；否则采取 e_i"。

（4）$g^h_i=\max_a g_i(a)$ 是共同物流参与主体 i 的最高可行阶段博弈收益。

（5）$g^L_i=\max_i g_i(a)$ 是共同物流参与主体 i 的最低可行阶段博弈收益。

规定：

$$T=\max_i\left[\frac{g_i^h-(1-\varepsilon)g_i^L-\varepsilon y_i}{\varepsilon(\upsilon_i-y_i)}\right] \tag{6-32}$$

定义先验信念：如果任何共同物流参与主体在 T_L 之前偏离，那么这个共同物流参与主体将以概率 1 被认为是理性的；如果在 T_L 之前没有偏离，那么信念就和先验概率一直到 T_L 期。这里每一个参与主体都有"理性的"或者"非理性的"两种选择。

对应 $T=T_L$ 的扩展式博弈，对任何特定的信念都至少存在一个序贯均衡。

考虑 $T > T_L$。在 T 期作为第一个共同物流参与主体行动，在第 1 期作为最后一个参与主体行动。考虑以下策略，对所有 $t > T_L$ 采取组合，如果在某个 $t > T_L$（即在 T_L 之前）发生了偏离，那么在剩下的博弈中采取 e，而如果在 T_L 之前一直采取 a，那么行为将与对应于先验信念的“最后阶段博弈”一致。

首先，认为这些序列形成了一个序贯均衡。通过构造，它们在“最后阶段均衡”中是序贯理性的；同时，如果在 T_L 期之前发生了偏离，它们在此后的每一期中也是序贯理性的，那时两个共同物流参与主体的两种类型都采取静态均衡策略。

如果共同物流参与主体 i 采取除了 a_i 之外的任何行动，当期它最大的收益是 $g^h{}_i$，此后每期最大的收益是 y_i，得到的持续收益为：

$$g_i^h+(t-1)\,y_i \tag{6-33}$$

如果在对手偏离之前一直采取 a_i（不一定是最优），并在此后采取 e_i，则它的期望收益至少是：

$$\varepsilon t\upsilon_i+(1-\varepsilon)\left[g_i^L+(t-1)\,y_i\right] \tag{6-34}$$

因为在这个策略中，如果对手是非理性的，可以得到 $t\upsilon_i$；如果对手是理性的，则至少得到 $g^L{}_i+(t-1)y_i$。T^L 的定义使得在 $t > T^L$ 时公式（5-3）的值大于公式（5-2）的值，这表明共同物流参与主体 i 对共同物流参与主体 j 策略的最优反应必然包括 T^L 在之前采取 a_i。

6.4.2 基于声誉模型的共同物流参与主体单阶段静态博弈

（1）共同物流参与主体在收益分配过程中，两参与主体与多参与主体博弈过程相似，为清晰表述博弈过程，以共同物流商业模式中两参与主体为例进行博弈假设分析。

（2）如果共同物流参与主体 1 和共同物流参与主体 2 “中途背叛”（中途背叛，中途背叛）双方均违背了信用，同时获得较高的利益，收益值为 C，但是由于不守信行为的出现，只能获得短期利益，如果被其他物流企业知道该行为的话，会引起自身声誉受损，最终导致企业无法在市场生存。

（3）如果共同物流参与主体 1 和共同物流参与主体 2 “坚持合作”（坚持合作，坚持合作），双方都同时完成任务并可获得收益值为 B。

（4）如果共同物流参与主体 1 和共同物流参与主体 2（坚持合作，中途背叛），共同物流参与主体1由于积极履约，可以获得收益值为D，共同物流参与主体2的收益值为A。

（5）如果共同物流参与主体 1 和共同物流参与主体 2（中途背叛，坚持合作），B 由于积极履约，可以获得收益值为 D，1 的收益值为 A。

为了方便表示，我们用 T 表示“坚持合作”，用 F 表示“中途背叛”。

由此可得，此单阶段的静态博弈结果（T, T）是一个 Nash 均衡（纳什均衡是指博弈中这样的局面，对于每个参与主体来说，只要其他人不改变策略，他就无法改善自己的状况），如表 6-3 所示。

表6-3　完全信息下共同物流参与主体博弈收益矩阵

共同物流参与主体2 / 共同物流参与主体1	坚持合作（T）	中途背叛（F）
坚持合作（T）	（B，B） Nash 均衡	（D，A）
中途背叛（F）	（A，D）	（C，C）

6.4.3 基于声誉模型的共同物流参与主体多阶段博弈

共同物流参与主体的博弈策略。

假设共同物流参与主体 1 有“理性的”和“非理性的”两种类型，概率分别为 $1-\varepsilon$ 和 ε，共同物流参与主体 2 只有“理性的”一种类型。“理性的”共同物流参与主体可以选择 T 或者 F 中任何一种策略，而“非理性的”共同物流参与主体则只有一种策略，即“针锋相对”的与对方上一阶段策略选择一样。

博弈的顺序：

（1）在最初博弈时，共同物流参与主体 1 知道自已有“理性的”和“非理性的”两种选择类型，共同物流参与主体 2 只知道共同物流参与主体 1 属于“理性的”概率是（$1-\varepsilon$），“非理性的”概率是 ε。

（2）共同物流两参与主体开始进行第一阶段的博弈，在第一阶段的博弈有结果后，进行第二阶段的博弈，在第二阶段的博弈有结果后，进行第三阶段的博弈，如此循环进行下去。

（3）“理性的”共同物流参与主体 1 和“理性的”共同物流参与主体 2 的收益是阶段博弈的贴现值之和（假定贴现因子 $\theta=0$）。

不完全信息下共同物流参与主体的三阶段博弈。

第一阶段的博弈：

共同物流参与主体1将在第一阶段选择 T。因为作为共同物流的理性参与主体相信（T, T）是纳什均衡。“非理性的”共同物流参与主体1将选择相反的策略，即 F。在正常情况下，作为一个“理性的”参与主体，共同物流参与主体2应该选择 T。然而事实上，在信息不完整的情况下，共同物流参与主体2在开始时并不知道共同物流参与主体1的选择。出于保护心理，如果参与主体一开始就选择策略 T，就会给人一种不予配合的印象，这不利于参与主体自身的发展。因此，参与主体会在初始阶段选择 F 策略，这表明为获得更大的收益，参与主体愿意一开始就配合。从行为经济学和保护心理学的角度来看，在形势不明朗的情形下，不排斥他人，给自己留一个机会是一种理性的策略。

第二阶段的博弈：

在第一阶段共同物流参与主体2的选择策略是 F，则“非理性的”共同物流参与主体1将在第二阶段以“针锋相对”的方式选择 F。共同物流参与主体1看到了第一阶段的共同物流参与主体2选择了 F，参与主体将在第二阶段中选择获得巨大收益的策略。在表6-3中，当共同物流参与主体2选择 F 时，“理性的”共同物流参与主体1在选择 T 时收益最大，所以第二阶段“理性的”共同物流参与主体1将选择 T。

共同物流参与主体2的收益最大化将决定其将采用的策略。共同物流参与主体2的收益矩阵及策略选择如表6-4和表6-5所示。

表6-4　共同物流参与主体1理性的概率不确定情况下参与主体2的收益矩阵

	策略选择	概率	坚持合作（T）	中途背叛（F）
共同物流参与主体1	坚持合作（T）	$1-\varepsilon$	B	A
	中途背叛（F）	ε	D	C
参与主体2的期望收益		$E_T=B(1-\varepsilon)+D^{\varepsilon}$		

表6-5　不完全信息下参与主体的三阶段博弈策略选择矩阵

共同物流参与主体	第一阶段	第二阶段	第三阶段
理性参与主体1	T	T	T
非理性参与主体1	F	F	T
参与主体2	F	T	T

共同物流参与主体 2 的期望收益值为：

$$E_T = B(1-\varepsilon) + D\varepsilon; E_F = A(1-\varepsilon) + C\varepsilon$$

$$D\varepsilon > C\varepsilon, B > A$$

$$E_T = B(1-\varepsilon) + D\varepsilon > E_F = A(1-\varepsilon) + C\varepsilon \tag{6-35}$$

因此，对于共同物流参与主体 2 而言，基于收益最大化原则，其会在第二阶段选择 T。

第三阶段的博弈：

共同物流参与主体 2 第二阶段选择了 T，“非理性的”共同物流参与主体 1 在第三阶段则会“针锋相对”的选择，即选择 T。而“理性的”共同物流参与主体 1 看到第二阶段共同物流参与主体 2 选择了 T，共同物流参与主体 2 从“理性的”角度来分析，他在第三阶段会选择收益大的策略。

共同物流参与主体 2 的收益值可以计算为：

$$E_T = B(1-\varepsilon) + D\varepsilon = B; E_F = A(1-\varepsilon) + C\varepsilon = A \tag{6-36}$$

因为 $A < B$，所以 $E_T > E_F$。

因此，对于共同物流参与主体 2 而言，从“理性的”角度，基于收益最大化原则，在第三阶段博弈时，他仍然会选择和第二阶段博弈时一样的策略，即选择 T。

当共同物流参与主体 2 选择“T”，理性的共同物流参与主体 1 选择“T”时收益为 B，而选择“F”的收益为 A，则在第三阶段出现了一种“非理性的”共同物流参与主体 1 和“理性的”共同物流参与主体 1 都选择“T”的情况。

此时，假设共同物流参与主体 2 已经知道“理性的”参共同物流参与主体 1 和“非理性的”共同物流参与主体 1 都会选择“T”，即共同物流参与主体 1 选择“T”的概率为 1。共同物流参与主体 2 仍然会在第三阶段博弈时选择第二阶段博弈的“T”策略来保证收益最大化。

“理性的”共同物流参与主体 1、“非理性的”共同物流参与主体 1 和共同物流参与主体 2 这三个角色都选择“T”的博弈结果，同时这个结果是在大于三阶段博弈之后达到的均衡状态。

由此可以得到：在有限次重复博弈的过程中，每个共同物流参与主体在经过三次博弈后均选择 T，此时实现了博弈的唯一纳什均衡解，即有限次重复博弈不会导致共同物流参与主体之间发生“中途背叛”行为。

6.4.4 共同物流参与主体收益分配算例

以某市的共同物流商业模式参与主体 A、B 两个中小物流企业为案例验证上述模型分析的有效性和可行性。

参与主体策略选择及收益：

假设 A 企业有“理性的”和“非理性的”两种类型，概率分别为 1-ε 和 ε。B 企业只有“理性的”一种类型。“理性的”企业可以选择“坚持合作”或者“中途背叛”中任何一种策略，而“非理性的”企业则只有一种策略，即“针锋相对”的与对方上一阶段策略选择一样。

（1）如果 A 企业和 B 企业为了在短时间内获取更高的收益，双方均违背了信用，选择“中途背叛”（中途背叛，中途背叛），收益值为 8。但是一旦被其他参与主体发现不守信誉行为，将没有企业愿意与其再合作。

（2）如果 A 企业和 B 企业均选择“坚持合作”（坚持合作，坚持合作），双方都同时完成任务并可获得 6 个单位的收益。

（3）如果 A 企业和 B 企业均选择（坚持合作，中途背叛），A 企业由于积极履约，可以获得利润 10 个单位，B 企业的收益值为 -2。

（4）如果 A 企业和 B 企业均选择（中途背叛，坚持合作），B 企业由于积极履约，可以获得利润 10 个单位，A 企业的收益值为 -2。

由此可得，此单阶段的静态博弈结果（坚持合作，坚持合作）是一个 Nash 均衡，如表 6-6 所示。

表6-6　完全信息下A、B企业博弈策略选择及收益矩阵

	B企业坚持合作	B企业中途背叛
A 企业坚持合作	（6，6） Nash 均衡	（10，-2）
A 企业中途背叛	（-2，10）	（8，8）

参与主体博弈顺序：

（1）在最初博弈时，A 企业知道自己有“理性的”和“非理性的”两种选择类型，B 企业 2 只知道 A 企业属于“理性的”概率是（1-ε），“非理性的”概率是 ε。

（2）两企业开始进行第一阶段的博弈，在第一阶段的博弈有结果后，进行第二阶段的博弈，在第二阶段的博弈有结果后，进行第三阶段的博弈，如此循环进行下去。

（3）“理性的”A企业和“理性的”B企业的收益是阶段博弈的贴现值之和（假定贴现因子 θ=0）。

参与主体博弈分析：

（1）在第一阶段的博弈。A企业将在第一阶段选择“坚持合作”。因为作为“理性的”企业决策者相信（坚持合作，坚持合作）是纳什均衡。“非理性的”A企业将选择相反的策略，即“中途背叛”。在正常情况下，作为一个“理性的”企业，B企业应该选择“坚持合作”。然而，事实上，在信息不完整的情况下，B企业在开始时并不知道A企业的选择。出于保护心理，如果企业一开始就选择策略“坚持合作”，就会给人一种不予配合的印象，这不利于企业自身的发展。因此，企业会在初始阶段选择“中途背叛”策略，这表明为获得更大的收益，企业愿意一开始就配合。从行为经济学和保护心理学的角度来看，在形势不明朗的情形下，不排斥他人，给自己留一个机会是一种理性的策略。

（2）在第二阶段的博弈。在第一阶段B企业的选择策略是“中途背叛”，则“非理性的”A企业将在第二阶段以“针锋相对”的方式选择“中途背叛”。A企业看到第一阶段的B企业选择了“中途背叛”，其将在第二阶段中选择获得巨大收益的策略。当B企业选择“中途背叛”的策略时，“理性的”A企业在选择“坚持合作”策略时收益最大，所以第二阶段“理性的”A企业将选择“坚持合作”的策略。

（3）在第三阶段的博弈。B企业第二阶段选择了“坚持合作”，“非理性的”A企业在第三阶段则会“针锋相对”的选择，即选择“坚持合作”。而“理性的”A企业看到第二阶段B企业选择了“坚持合作”，B企业从“理性的”角度来分析，其在第三阶段会选择收益大的策略。因此，对于B企业而言，从“理性的”角度，基于收益最大化原则，在第三阶段博弈时，其仍然会选择和第二阶段博弈时一样的策略，即选择“坚持合作”。

当B企业选择“坚持合作”，理性的A企业选择“坚持合作”时收益为6，而选择“中途背叛”的收益为 -2，则在第三阶段出现了一种“非理性的”A企业和“理性的”A企业都选择“坚持合作”的情况。此时，假设B企业已经知道“理性的”A企业和“非理性的”A企业都会选择“坚持合作”，即A企业选择“坚持合作”的概率为1。B企业仍然会在第三阶段博弈时选择第二阶段博弈的“坚持合作”策略来保证收益最大化。

“理性的”A企业、“非理性的”A企业和B企业这三个角色都选择“坚持合作”的博弈结果，同时这个结果是在大于三阶段博弈之后达到的均衡状态。

物流企业通过共同物流商业模式与其他企业展开业务合作，获得了更多客户资源的同时也获得了更高的收益。从声誉视角出发，在一定模型假设的基础上，采用基于声誉模型的共同物流参与主体单阶段静态博弈、多阶段动态博弈，分析参与主体的策略选择及收益矩阵，验证了经过多次博弈，参与主体双方策略选择实现纳什均衡，参与主体的收益也随之达到最优。

6.5　共同物流商业模式创新路径

6.5.1 行为策略选择约束路径

（1）参与主体监管审查。共同物流参与主体的物流技术水平、信誉度、商业声誉以及合作意愿是共同物流商业模式健康发展的基本保障。共同物流商业模式参与主体必须加强自身建设，培养较强的社会责任感和良好的信誉、声誉维护意识，重点在市场把握、商业信息搜集与处理以及高级管理人才培养等方面，加强对其他参与主体企业的监管审查能力，提高对发生违约行为参与主体的监督审查成功概率，为共同物流商业模式健康发展提供有力支撑。

（2）企业串通行为成本。建立完善的共同物流商业模式管理机制，明确共同物流商业模式参与主体“私下串通”行为认定标准，按不同的合作深度与参与主体类型提高“坚持合作”参与主体的收益，增加参与主体“私下串通”行为的风险成本，降低参与主体“私下串通”行为带来的收益，尽可能减少当共同物流商业模式其中某一参与主体发生“私下串通”行为时给其他参与主体带来的损失，使参与主体从根本上主动回避进行“私下串通”行为，维护共同物流商业模式整体以及其他参与主体收益，实现共同发展。

（3）企业信息共享和监督程序简化。共同物流参与主体相对大型国有物流企业往往不能享受较多的国家政策，市场竞争激烈，加大共同物流商业模式参与主体之间信息、技术、规划的信息共享力度，有助于提高参与主体的监督审查能力，吸引其他参与主体选择共同物流商业模式合作的同时，有助于参与主体充分了解其他参与主体的声誉情况，有利于共同物流商业模式的长远发展。履行较简单的监督程序，简化检查流程，降低参与主体的监督审查成本，夯实共同物流商业模式的稳定性，减少共同物流商业模式实施及参与主体间合作的维系成本，提升共同物流商业模式的运作水平。

6.5.2 风险分担激励路径

（1）风险管理理念创新。共同物流商业模式管理者应采用契约治理和动态合同的合作理念，降低物流企业之间合作风险，提高信任共识。建立共同物流商业模式物流参与企业的信用评价体系，健全共同物流管理过程的监督检查机制，加强物流企业声誉管理，同时对自觉维护企业信誉的参与主体设立奖励制度，对失信企业进行惩罚，增强共同物流参与企业契约精神，进而促进多方合作共赢。

（2）风险分担机制的激励效应。合作风险分配机制是影响共同物流商业模式发挥其功用的关键问题，也是共同物流商业模式创新的重要方面。科学合理的风险分配机制有利于激发共同物流商业模式参与主体的积极性，促进物流企业的持续发展。因此，共同物流商业模式管理者应立足整体发展水平，紧密围绕各参与主体的价值理念、经营成本、资源投入程度、风险承担能力以及对共同物流商业模式发展的贡献情况等设计合理的合作风险分担机制，充分调动参与主体分担合作风险的积极性，共同打造绿色、低碳、共赢的共同物流商业模式，实现合作共赢的稳定状态。

（3）内外资源整合的平台优势效应。运用集成技术整合共同物流商业模式参与主体的优势资源，利用互联网通讯、视频会议等在共同物流参与主体之间建立多元化的沟通渠道。引进大数据、人工智能等高科技加强基础设施建设，提高服务水平，提升技术能力，确保从接收任务到完成任务的畅通性，安全性，加大网络设施建设的投入，确保信息运行系统的实时性和可靠性，实施标准化信息管理，建立信息、知识共享机制，减小参与主体的合作成本以打造共同物流商业模式特有的竞争优势。

6.5.3 收益分配奖惩路径

（1）声誉档案与声誉保证金。共同物流参与主体之间的合作关系，各参与主体自身往往从经济人角色出发，容易违背共同物流商业模式合作的初衷，企业管理者在实际经营过程往往容易从利己角度出发，导致“私下串通”行为的出现。由此，共同物流商业模式各参与主体过去的策略选择应及时存档并向其他参与主体公开，建立完备的共同物流参与主体声誉档案。从经济学的角度看，声誉保证金为共同物流参与主体提供了动力和激励，有助于共同物流参与主体积极维护自身声誉，进而保证共同物流商业模式的稳定性。

（2）收益分配和奖惩机制。在共同物流合作中，作为物流活动的各参与主体，应该享有公平的收益分配权，按照合作共赢的原则完善共同物流收益分配方案。同时，因为共同物流参与主体需付出一定的成本来维护自身的声誉，所以当选择“诚实合作”时不能使他们获得预期的回报，就会失去主动维护自身声誉的动力，导致重复博弈中断。让违背规则的共同物流参与主体及时得到惩罚，使其收益低于“诚实合作”带来的收益，才能正确引导共同物流商业模式中的参与主体建立声誉，只有这样才能实现长期的合作与资源共享。

（3）多方位互联互通系统。加大共同物流商业模式参与主体之间在物流基础设施网络、物流信息系统、物流组织网络的互联互通，不同运输方式进行合理分工，运输线路优化，节点之间无缝对接，打造共同物流智慧运作系统，提升企业经营管理的高效、精准。对共同物流参与主体高效监督，实现信息集成，避免信息孤岛的出现。降低物流综合费用，从而实现物流效率的提升。

6.6 小 结

基于商业模式创新的相关理论与分析方法，梳理商业模式与物流企业商业模式、共同物流商业模式的特征与构成要素，采用博弈分析方法，进行基于主体博弈的共同物流商业模式研究，得出以下结论：

（1）共同物流商业模式参与主体自身行为策略选择是影响共同物流商业模式稳定运行、发挥功用的关键主观要素。基于共同物流商业模式三方参与主体博弈模型。通过模型分析表明：提高参与主体对私下串通行为的监督审查能力，提高成功发现审查率，降低当参与主体进行私下串通行为的收益值，提高企业信息透明度、完善社会和行业内的监督系统有利于从参与主体主观上在追求自身收益的同时积极维护共同物流商业模式整体收益。

（2）基于熵权修正的 Shapley 值法的共同物流商业模式参与主体合作风险分担。首先界定了共同物流商业模式合作风险概念，确定了共同物流商业模式合作风险结构并系统构建了风险评价体系。利用熵权法和 Shaley 值法对共同物流参与主体合作风险进行分担，研究结果表明：在确定共同物流参与主体合作风险分担方案中考虑到物流企业的实际经营状况，风险承担能力的差异，更加贴近现实，由此引入风险因子修正风险的一般分担值，有助于激励物流企业对共同物流商业模式合作发展的积极性，确保共同物流商业模式的稳定运行。

（3）基于声誉模型的共同物流商业模式参与主体收益分配研究。研究结果表明：在考虑声誉对参与主体的影响时，参与主体的策略选择不同为之带来的收益不同，同时参与主体收益的变化又使策略选择呈动态变化，通过在有限次重复博弈的过程中，每个共同物流参与主体在经过三次博弈后均选择坚持合作，此时实现了博弈的唯一纳什均衡解，即有限次重复博弈不会导致参与主体之间发生“中途背叛”的行为，此时每一参与主体的收益也达到最优。

在多因素考量情境下，参与主体的行为策略选择，共同物流商业模式合作风险损失的定量评估、风险变化的动态性、信息的完整程度、决策者的风险偏好程度等因素，在参与主体对内部收益、外部收益、无形收益的综合考量等主题，是需要深入研究的课题。

第7章
钢铁物流企业商业模式创新

基于钢铁物流企业的进销差价模式、增值服务模式和加工配送模式的特征，采用问卷法和层次分析法，给出钢铁物流企业商业模式构成要素的重要度排序，采用画布SWOT分析法分析H钢铁物流公司的商业模式态势和要素特征，以模糊综合评价法给出H钢铁物流公司商业模式的关键要素，针对相对弱势的关键业务、重要合作、组织架构、关键资源等四项关键要素，提出商业模式的创新路径，集散中心物流链条管控路径、物流延伸优化物流服务路径、同类物流业务统一管理路径、财务与物流信息整合路径（刘婧一，2018）[1]。

7.1 钢铁物流企业商业模式类型与要素

钢铁物流是从企业物流的一种行业特例。基于企业的角度对物流进行分析，便是将物品实体进行流动，企业借助一定的物流活动形式，能够形成具体的物流产业链。根据不同领域的物流活动需求，可以将企业物流分为不同类型，包括企业回收物流企业供应、物流企业销售物流等，无论是何种形态的物流形式，都需要围绕企业的经营和发展而展开，而具体分析钢铁企业的物流，是将原材料采购之后进行加工和转换，最终形成企业所需要的钢材产品，由此而形成一个完整的物流链。

原材料的采购作为钢铁企业生产过程中的第一步，原材料采购的内容包括各种能源和铁矿石，对于我国比较大型的钢铁生产企业，通常都会在国内外拥有自己的矿山，保证铁矿石的供给，同时在生产和运输过程中节约大量成本。如果从国外采取的铁矿石，便需要借助海运和路运，将原材料运输到钢铁企业。但是国际矿石的价格并不是一成不变的。随着市场经济因素的变动，当国际矿石涨价或者海运运费上升时，钢铁企业纷纷采取措施降低成本，将物流业务推向市场，成立有独立法人的公司，以

[1] 硕士生参与课题的阶段性成果：刘婧一，H钢铁物流公司商业模式创新要素与路径研究［D］．邯郸：河北工程大学，2018.

降低运输成本。在此背景下，钢铁物流企业开始出现，本书研究的钢铁物流企业是指大型钢铁集团全资或参股成立的具有独立法人的物流企业，业务范围包括钢铁生产商的厂外物流和厂内物流。厂外物流包括从铁矿发货点到钢厂的固定收货点（一般为料厂），厂内物流包括焦化、烧结、炼铁、炼钢、轧钢的连接。

打造完整的钢铁物流链，需要明确钢铁物流的每一个步骤，总结长期以来钢铁企业的物流发展状况，主要是将“钢铁”作为主体，通过物流的形式进行操作，其间还要借助电子信息平台，钢铁物流的形成并不是单一化的，钢铁物流的业务涉及冶金行业、信息行业以及建筑行业等，各个行业之间互相协调，共同促进经济效益提高。

发达国家的钢铁生产量大，特别是对于日本、北美以及欧盟地区，通常都会采购较多的原材料，成为钢铁原材料最大的进口地区。中美和南美等地区拥有丰富的铁矿石，成为钢铁原材料的供应地。钢铁物流企业运作模式为原材料供应物流，再到钢铁生产物流的形成，最终进入钢铁产品销售，形成销售物流体系。一般性钢铁企业物流流程如图 7-1 所示。

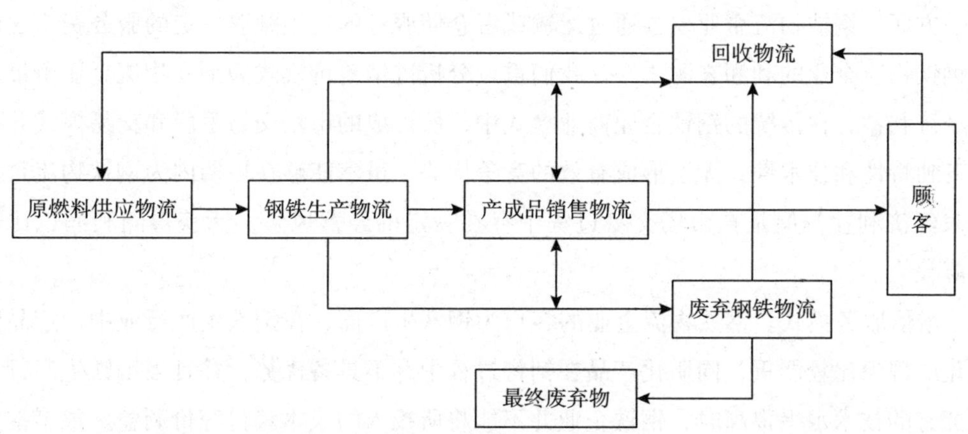

图7-1　钢铁企业物流流程分析图

对于钢铁物流企业来说，进口物流由原产地物流、海运、国内港口和疏港四部分构成，其复杂性在于：由于定价机制、供应商和交货方式的多样性，带来多种合同模式下物流环节责任划分的繁复和物流运作的分散。从进口整体物流结构来看，呈现简单的多个资源地与多个需求地的多线互联单层结构，路径多样、方式混杂、运作分散，缺乏物流规模效应和物流经济高效运作所赖以实现的中间枢纽，以及基于此的物流最佳路径和方式选择。具体到各个环节的物流情况：①原产地物流，外矿产区有铁路连接港口，多由矿山公司统一调配操作；②海运物流，海运干散货船舶呈现大型化趋势，2017 年一季度数据显示，钢铁物流企业所用船舶中有近 90% 为载重 17 万吨以上的好望角船型；③国内港口，进口物流在国内的卸港主要分布在天津、曹妃甸、京唐港、青岛、日照和连云港等六个港口；④疏港物流，钢铁物流企业通过汽运、铁路运输或先铁路运输再汽车倒运的方式将港口堆存的矿石直接运回厂内。

7.1.1 钢铁物流企业商业模式的基本类型

商业模式的形成能够有效提高钢铁物流企业的发展能力，结合钢铁物流企业自身所拥有的资源储备，在生产和销售过程中创造资源的价值模式，共同物流企业商业模式主要有进销差价模式、增值服务模式和加工配送模式三类。

进销差价模式。钢铁生产企业在进行产品生产之后，需要钢铁物流企业将产品实现其应有的价值，但是对于两者之间并不存在完整的协作关系，钢铁物流企业在发展过程中的利润来源，主要表现在以下两个方面：一方面，钢铁物流企业通过进销差价的模式获取利润，将钢铁生产企业所提供的钢铁产品转售给消费者，获取中间的差额；另一方面，钢铁物流企业也会通过运输或者仓储服务的提供赚取一定的服务费，这也是钢铁物流企业的利润来源之一。我们重点分析进销差价模式为钢铁物流企业所带来的经济利益，在传统的钢铁企业商业模式中，所形成的市场交易手段和交易模式并不具备独特性和技术性，无法形成有效的竞争优势，虽然能够在短期内为钢铁物流企业带来经济利益，但是在市场交易过程中存在一定的经营风险，所获得的利润也比较微薄。

增值服务模式。钢铁物流企业的客户为钢铁生产商，在钢铁生产行业中，产品同质化的现象比较严重，同质化产品在销售过程中并不具备优势，并且当钢铁生产行业所拥有的技术水平提高时，钢铁企业并不能将所投入的成本获得等价利益。很多钢铁企业运输的是同质化现象严重的钢铁产品，在选择物流企业时只能考虑钢铁产品中的无形属性，也就是钢铁物流企业所提供的服务，所以现阶段已经逐步形成以服务质量为主的竞争模式。传统的进销差价模式已经不能满足钢铁物流企业的竞争，根据市场需求所发生的变动，客户已经将服务质量作为评判钢铁物流企业好坏的标准，所以进一步产生了增值服务模式，为钢铁企业和钢铁物流企业赢得了生机。钢铁物流企业为客户所提供的增值服务，并不能被竞争对手简单模仿，所以可以形成自己的竞争优势；同时当钢铁物流企业依靠增值服务来获取利润，并且能够有效提升钢铁生产商的认可。就现阶段发展而言，钢铁物流企业的增值服务模式已经成为比较专业的商业模式，作为推动钢铁物流企业发展的重要指标。

企业在增值服务模式的运用过程中，需要将客户无形的需求转向有形服务方向，并不是简单地关注服务的特点和质量，更多的是让客户关心钢铁物流企业所提供的服务，并且可以制定产品服务供应方案，让顾客感受到该产品所提供服务的价值，便能为钢铁物流企业赢得更多利润空间。作为一种新兴的商业模式，增值服务模式还处于创新和初步发展阶段，在未来钢铁物流企业的发展过程中，应该将增值服务模式应用于多个领域，并且不断扩大企业的盈利周期，从而达到钢铁物流企业所制定的战略目标。

加工配送模式。钢铁厂将原材料进行加工之后形成的钢铁产品，再由钢铁物流企业运送到顾客手中，便形成了完善的钢铁产品加工配送模式。钢铁产品是一种比较特殊的工业用料，必须经过加工和检查之后，才能够提供给终端客户，而基于加工配送模式中的内容，钢铁物流企业具备配送、仓储以及运输的功能，在此过程中充当实现商品价值的角色。钢铁原材料在加工之前需要进行运输，钢铁物流企业通过利用加工配送中心的建立，能够有效为钢铁生产商提供原材料，除此之外，还为钢铁生产商提供商品配送的服务，从中谋求更多利润。加工配送模式中存在商品分销部分，商品分销便需要钢铁物流企业迅速了解市场发展需求，按照客户对于钢铁产品需求的变化，为其提供个性化和针对性的服务，结合现代信息化发展模式，将互联网技术运用到钢铁产品物流配送过程中。

有效掌握钢铁产品的信息和在产品运输过程中的信息，是运用物流加工配送模式的基础，从钢铁原材料的加工和运输开始，一直到将钢铁产品配送到客户手中，整个过程都不可缺少信息的交流，所以钢材加工配送中心可以结合电子商务的运用，不断提高信息的传递效率，形成具备专业性的现代物流模式。依靠信息技术和物流管理能力的提高，钢铁物流加工配送中心也可以随之增强钢铁产品附加值，钢铁物流企业依靠该模式能够赢得更多市场发展机遇，并且该模式不容易被竞争对手所复制，具备个性化的服务模式，通过借助劳动生产率提高的手段，减少在产品配送过程中的时间，争取为钢铁物流加工配送创造更大的价值。钢铁物流企业依靠加工配送中心的建立，形成核心竞争力，在整个钢铁产业链中都不可缺少加工配送中心的存在，无论是钢铁生产商进行原材料的运输，还是最终钢铁产品的配送，加工配送中心所发挥的价值已经不可代替，与传统的钢铁物流企业所运用的商业模式相比，加工配送模式更符合现代化发展需求。

三种模式的特征比较见表 7-1。

表7-1　钢铁物流企业三种商业模式比较

典型类型	基本特征	主要优势	主要劣势	目标市场	盈利能力
进销差价	物流企业与生存企业没有任何协作关系；低价买，高价卖	简单易操作	关键业务单一；成本管理要求最高	中小型企业	较差
增值服务	以提供附加服务为主要盈利点	存在较大利润空间；拓展了营销渠道	要求牢固的客户关系；信息化要求高	大中型企业	较好
加工配送	简单加工钢材，满足客户个性化需求	完善的物流链条；关键资源高效利用；行业趋势	组织架构复杂；信息化要求高	大型钢铁企业	较好

7.1.2 钢铁物流企业商业模式的关键要素

基于企业商业模式六要素观点，采用词频统计给出钢铁物流企业商业模式构成要素为：①关键业务；②重要合作；③组织架构；④关键资源；⑤收入结构；⑥客户关系。

关键业务。发达国家对于钢铁产业链的构造，大多都是基于少品种和大批量生产的钢铁产品，在产业集中度方面要求比较高，很多钢铁物流企业都具备丰富的物流资源，这样能够形成完善的钢铁生产模式。我国钢铁企业在发展过程中，还需要不断完善钢铁物流体系的建立，形成完整的钢铁生产和运输链，制定有效的应急措施，解决在生产和物流运输过程中出现的问题。学习和借鉴西方发达国家对于钢铁物流企业的发展，发现他们主要利用以下两个方式完善钢铁物流：第一，利用直供的方式获取钢铁原材料，节约钢铁原材料的成本，所有的钢铁原材料都在一个市场中进行交易，并且这个市场的规模比较大，所提供原材料的品种比较丰富，能够满足每一类型钢材用户的需求。第二，按照分散中小客户的钢材产品需求，将所有钢材产品进行分销，如此个性化的销售模式不仅能够为钢铁物流企业赢得更多客户，而且能够增强钢铁物流企业的服务能力。

重要合作。对于钢铁物流企业来说，一般隶属于大型钢铁物流企业的全资子公司，钢铁物流企业的伙伴至关重要。从供应商来看，钢铁物流企业对铁路运输依赖性大，而铁路运输是垄断状态，因此如果能与铁路公司建立牢固关系对钢铁物流企业意义重大。从下游来看，钢铁物流企业运输可分为进口和非进口。从进口物流来看，由原产地物流、海运、国内港口和疏港四部分构成，呈现简单的多个资源地与多个需求地的多线互联单层结构，路径多样、方式混杂、运作分散，缺乏物流规模效应和物流经济高效运作所赖以实现的关键伙伴或重要合作。

组织架构。完善企业内部结构，涉及企业部门设置情况、流程运转以及职能规划的方方面面，这也作为企业组织架构的内容，具体分析企业组织架构形式，可以将其分为直线式、中央集权制、分权制等。组织架构的本质是为了实现企业战略目标而进行的分工与协作的安排，组织架构的设计要受到内外部环境、发展战略、生命周期、技术特征、组织规模人员素质等因素的影响，并且在不同的环境、不同的时期、不同的使命下有不同的组织架构模式。因此只要能实现企业的战略目标，增加企业对外竞争力，提高企业运营效率，就是合适的组织架构。

关键资源。在企业针对具体业务运行的过程中，能够利用到的资源包括物质性和非物质性两部分，而比较重要的资源便属于关键资源。为了进一步提高企业在市场竞争中的能力，需要将各个资源进行有效利用，能够帮助企业实现战略目标，或者获取意外良好效果的资源，可以将之称为关键资源。

收入结构。企业收入结构一般指营业收入。营业收入分为两部分，一个是主营业所带来的收入，另一个是企业所获取的其他业务收入，对于钢铁物流企业来说，主营业务收入包括码头运营、物流链融资、物流链服务所产生的收益。

客户关系。企业在经营过程中不可避免与客户之间的联系，而在业务交往过程中与客户建立的联系便称为客户关系。首先，要明确目标客户群。由于钢铁物流行业的特点，原料资源地和产品销售区域分布广泛、中间环节多，形成了庞大、复杂的物流网络体系，存在着巨大的物流规模价值，稳定的客户关系是利润的保障。其次，重视客户体验。客户体验是当今业务战略的核心，而实时客户洞察能够带来更好的体验。企业应建立高端用户实时洞察体系，为高端用户提供，比竞争对手更方便、快捷的物流服务。第三、强调服务细节。客户关系维护的核心是利益的维护。服务让客户达到理想的期望值，才是服务的真谛。

7.2 钢铁物流企业商业模式创新关键要素评价方法

7.2.1 数据搜集与处理方法

采用问卷法和层次分析法相结合的方式对商业模式创新关键要素进行评价。

首先，采用问卷法收集数据。在国内相关研究成果的基础上，通过收集有关资料然后结合统计学的相关理论知识进行分析研究，并设计了钢铁物流企业商业模式创新要素的层次分析法调研问卷。问卷采用层次结构模型设计，共分三层，第一层为目标层：钢铁物流企业商业模式构成要素排序，这是体现商业模式创新评价；第二层为准则层，包括挖掘客户价值、盈利性、风险控制、整体协调、行业领先等；第三层为方案层，包括关键业务、重要合作、组织架构、关键资源、收入结构、客户关系。问卷的具体内容，第一部分为准则层各个要素相对目标层的重要程度的两两比较判断，一共 10 道题；第二部分为方案层各个要素相对于准则层中的每个要素的两两重要性比较，总共 75 道题。问卷调研以钢铁物流企业和上下游从业人员为调查对象，通过随机抽样派发问卷的方法获得调查样本。调查地点包括 H 钢铁物流有限公司、中都钢铁物流有限公司、五矿物流集团天津货运有限公司、天津鑫嘉国际货运代理有限公司、日照海易国际货运代理有限公司等，共计发放问卷 360 份，回收问卷 332 份，问卷回收率为 92%，其中有效问卷 300 份，问卷有效率为 100%。

其次，采用层次分析法构建模型分析各要素重要度。

第一步：在分析每一个层次结构之前，需要设立层次分析过程中的目标，明确研究目标，建立层次结构。充分理解所研究问题的内部逻辑联系以及各内在因素的相互联系等，然后建立系统的阶层递进结构：目标层、准则层和方案层。

第二步：构造判断矩阵 $(a_{ij})_{n\times n}$。对同一层上的各因素关于上一层中因素的重要性做两两比较，构成判断矩阵。例如，某一层上的各因素为 $B_1, B_2, \cdots, B_n$，对于上一层中某因素 A 的重要性可以通过两两比较法得到，即可得到判断矩阵 $A-(a_{ij})_{n\times n}$，式中参数

a_{ij} 可通过表 7-2 得到。

表7-2　参数a_{ij}的通常取值

B_i比B_j	相同	稍强	较强	很强	极强	稍弱	较弱	很弱	极弱
a_{ij}	1	3	5	7	9	1/3	1/5	1/7	1/9

上述表格中的参数对决策问题有最佳的表述效果。判断矩阵中参数 a_{ij} 满足以下条件：$a_{ij}=1, a_{ij}=1/a_{ij}(i, j=1,2,\cdots, n)$。

第三步：层次单排序及其一致性检验。例如，对于判断矩阵 A，通过和积法可以得到其特征向量 ω 和最大特征值 $\lambda_{\max}$。

由于特征值 λ 连续的依赖于 a_{ij}，则 λ 比 n 大的越多，A 的不一致性越严重。分析被比较因素与上一层某因素之间的关系，可以将最大特征值对应的特征向量作为比较因素，其不一致程度越大，因而可以用 $\lambda_{\max}$ 数值的大小来衡量 A 的不一致程度。定义一致性指标 CI 为：

$$CI=\frac{\lambda_{\max}-n}{n-1} \tag{7-1}$$

CI=0 时，有完全的不一致性；CI 接近于 0 时，有满意的不一致性；CI 越大，不一致性越严重。

为衡量 CI 的大小，引入随机一致性指标 RI。其计算方法为随机构造 500 个成对比较矩阵 $A_1, A_2, \cdots, A_{500}$，得到其一致性指标 $CI_1, CI_2, \cdots, CI_{500}$，则可得到随机一致性指标 RI，其数值如表 7-3 所示。

表7-3　随机一致性指标RI

n	1	2	3	4	5	6	7	8	9	10
RI	0	0	0.58	0.90	1.12	1.24	1.32	1.41	1.45	1.49

考虑到一致性的偏离可能是由于随机原因造成的，因此在检验判断矩阵是否具有满意的一致性时，还需将 CI 和随机一致性指标 RI 进行比较，得出一致性比率 CR，公式如下：

$$CR=\frac{CI}{RI} \tag{7-2}$$

如果 $CR < 0.1$，则认为该判断矩阵通过一致性检验，否则就不具有满意一致性。

第四步：层次总排序及其一致性检验。计算最下层对最上层总排序的全向量。利用总排序一致性比率进行检验，总排序一致性比率计算公式如下：

$$CR=\frac{p_1CI_1+p_2CI_2+\cdots+p_mCI_m}{p_1RI_1+p_2RI_2+\cdots+p_mRI_m} \tag{7-3}$$

其中，$p_1,p_2,\cdots,p_m$ 为评价指标的权重系数。

若 $CR<1$，则通过一致性检验，否则需要考虑重新建立模型或者重新构造判断矩阵。

7.2.2 钢铁物流企业商业模式创新要素的AHP评价

基于商业模式六要素观点，设定钢铁物流企业商业模式创新由六项核心要素是关键业务、重要合作、组织架构、关键资源、收入结构、客户关系。采用德尔菲法，确定商业模式创新评价准则（Osterwalder and Yves，2004）。通过德尔菲法确定层次法中的准则层（评价问卷见附录）。在向二十位钢铁物流领域专家发放评价问卷后，确定了层次分析法运用到商业模式创新分析中的准则层，评价准则分别为：A. 挖掘客户价值、B. 盈利性、C. 风险控制、D. 整体协调、E. 行业领先。

钢铁物流企业商业模式创新构成要素重要性次序确定。基于验证指标体系的适用，再应用层次分析法，由于验证本身需要在层次分析法提供各项要素在商业模式创新整体构成中的权重，构建层次结构如图 7-2 所示。

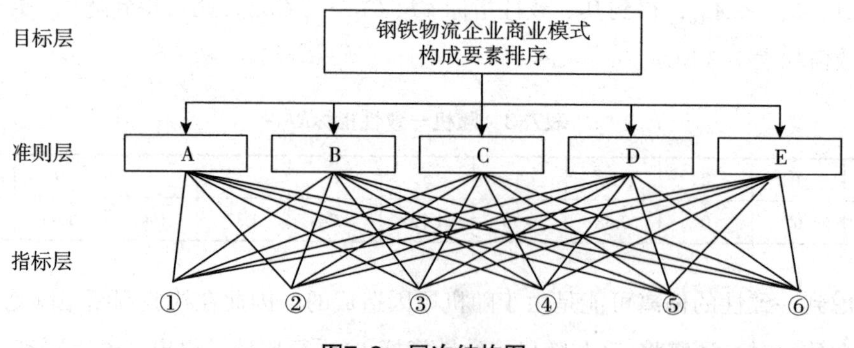

图7-2　层次结构图

考虑影响钢铁物流企业商业模式创新的 5 个评价准则，设计调查问卷。调查问卷采取 1 ～ 9 标度度量法则，两两比较中设计了九个程度性度量描述：极端重要、强烈重要、明显重要、稍微重要、同等重要、稍微不重要、明显不重要、强烈不重要、极端不重要，通过问卷得出它们之间的重要度关系，根据正互反矩阵中元素比较尺度及其含义表按 1 ～ 9 标度结合问卷调查结果得到见表 7-4。

表7-4　准则层指标之间的重要度关系

要素	挖掘客户价值	盈利性	风险控制	整体协调	行业领先
挖掘客户价值	1.0000	2.0200	2.9933	2.0200	2.0467
盈利性	0.4950	1.0000	1.9800	0.9994	0.9901
风险控制	0.3341	0.5051	1.0000	0.5052	0.4863
整体协调	0.4950	1.0006	1.9795	1.0000	0.9901
行业领先	0.4886	1.0100	2.0562	1.0100	1.0000

建立准则层的正互反矩阵为：

$$A=\begin{bmatrix} 1.0000 & 2.0200 & 2.9933 & 2.0200 & 2.0467 \\ 0.4950 & 1.0000 & 1.9800 & 0.9994 & 0.9901 \\ 0.3341 & 0.5051 & 1.0000 & 0.5052 & 0.4863 \\ 0.4950 & 1.0006 & 1.9795 & 1.0000 & 0.9901 \\ 0.4886 & 1.0100 & 2.0562 & 1.0100 & 1.0000 \end{bmatrix}$$

准则层的正互反矩阵计算其权向量与进行一致性检验：

准则层正互反矩阵 A 权向量，采用 AHP 层次分析法中的和法，对数据进行进一步的处理、运算，得到该矩阵的特征向量为：

$$W=(0.3509, 0.1832, 0.0975, 0.1832, 0.1852)^{\mathrm{T}}$$

且最大特征值为：

$$\lambda_{\max}=\sum\frac{(Aw)_i}{nw_i}=5.0115$$

其中，$(Aw)_i$ 为 Aw 的第 i 个分量，$w=(\omega_1,\omega_2,\cdots,\omega_n)^{\mathrm{T}}$

准则层的正互反矩阵 A 进行一致性检验，因为

$$CI=\frac{\lambda_{\max}-n}{n-1}$$

其中：

$$\lambda_{\max}=5.0115$$

则对于 $n=5$ 的 A 的矩阵数据，可以得到：

$$CR=\frac{CI}{RI}=\frac{0.0029}{1.12}=0.0026<0.1$$

因此，通过一致性检验。

由此可知准则层的正互反矩阵 A 的特征向量：

$$W=(0.3509, 0.1832, 0.0975, 0.1832, 0.1852)^{\mathrm{T}}$$

即为权向量。

构造要素层对准则层的判断矩阵：

在假定指标体系适用的前提下，构造判断矩阵，方案层中，六个构成要素相对于准则层 A、B、C、D、E 的重要性判断矩阵分别为：A_1, A_2, A_3, A_4, A_5。其数值表达式如下所示：

$$A_1=\begin{bmatrix}1.0000 & 1.9533 & 2.9867 & 5.0000 & 5.0000 & 5.0000\\0.5119 & 1.0000 & 2.0800 & 2.9600 & 4.0000 & 4.9800\\0.3348 & 0.4808 & 1.0000 & 2.0533 & 2.2800 & 2.1000\\0.2000 & 0.3378 & 0.4870 & 1.0000 & 1.0109 & 1.9667\\0.2000 & 0.2500 & 0.4386 & 0.9892 & 1.0000 & 0.9950\\0.2000 & 0.2008 & 0.4762 & 0.5085 & 1.0050 & 1.0000\end{bmatrix}$$

$$A_2=\begin{bmatrix}1.0000 & 2.9200 & 2.9200 & 2.9200 & 5.0900 & 4.9467\\0.3425 & 1.0000 & 0.9835 & 0.9835 & 0.9835 & 2.9200\\0.3425 & 1.0168 & 1.0000 & 0.9835 & 0.9835 & 2.0600\\0.3425 & 1.0168 & 1.0168 & 1.0000 & 0.9835 & 2.9200\\0.1965 & 1.0168 & 1.0168 & 1.0168 & 1.0000 & 0.9835\\0.2022 & 0.3425 & 0.4854 & 0.3425 & 1.0168 & 1.0000\end{bmatrix}$$

$$A_3=\begin{bmatrix}1.0000 & 2.0867 & 2.0867 & 2.9600 & 4.0133 & 4.9867\\0.4792 & 1.0000 & 1.5267 & 1.6000 & 2.0800 & 2.9200\\0.4792 & 0.6550 & 1.0000 & 2.9200 & 2.9600 & 2.9133\\0.3378 & 0.6250 & 0.3425 & 1.0000 & 2.1000 & 2.1000\\0.2492 & 0.4808 & 0.3378 & 0.4762 & 1.0000 & 2.0867\\0.2005 & 0.3425 & 0.3432 & 0.4762 & 0.4792 & 1.0000\end{bmatrix}$$

$$A_4=\begin{bmatrix}1.0000 & 2.0267 & 2.9533 & 2.9533 & 2.9733 & 5.0200\\0.4934 & 1.0000 & 1.0134 & 0.9734 & 0.9734 & 2.9533\\0.3386 & 0.9867 & 1.0000 & 0.9846 & 0.9979 & 2.0267\\0.3386 & 1.0273 & 1.0157 & 1.0000 & 0.9846 & 2.9533\\0.3363 & 1.0273 & 1.0021 & 1.0157 & 1.0000 & 0.9953\\0.1992 & 0.3386 & 0.4934 & 0.3386 & 1.0048 & 1.0000\end{bmatrix}$$

$$A_5=\begin{bmatrix}1.0000 & 2.0333 & 2.0200 & 2.1667 & 2.9800 & 5.0867\\0.4918 & 1.0000 & 2.0667 & 1.9933 & 2.0400 & 4.1200\\0.4950 & 0.4839 & 1.0000 & 0.9827 & 0.9971 & 2.5730\\0.4615 & 0.5017 & 1.0176 & 1.0000 & 0.9764 & 2.9800\\0.3356 & 0.4902 & 1.0029 & 1.0242 & 1.0000 & 1.0008\\0.1966 & 0.2427 & 0.3887 & 0.3356 & 0.9992 & 1.0000\end{bmatrix}$$

层次单排序及其一致性检验：

A_1 的权向量一致性检验，计算准则层正互反矩阵 A_1 权向量采用 AHP 的和法。对已得数据进行进一步运算，得到的特征向量为：

$$W_1=(0.3897, 0.2590, 0.1402, 0.0825, 0.0685, 0.0601)^{T}$$

且最大特征值为：

$$\lambda_{\max 1} = \sum \frac{(A_1 w)_i}{n w_i} = 6.0736$$

正互反矩阵 A_1 进行一致性检验，因为

$$CI = \frac{\lambda_{\max 1} - n}{n - 1} = 0.0147$$

其中：

$$\lambda_{\max 1}= 6.0736$$

则对于 n=6 的 A_1 的矩阵数据，得到：

$$CR=\frac{CI}{RI}=\frac{0.0147}{1.2400}=0.0119<0.1$$

因此，通过一致性检验。

A_2 的权向量一致性检验，计算准则层正互反矩阵 A_2 权向量采用 AHP 的和法。对数据进行进一步运算，该矩阵的特征向量为：

$$W_2=(0.3800, 0.1288, 0.1222, 0.1303, 0.0996, 0.0619)^{T}$$

且最大特征值为：

$$\lambda_{\max 2}=\sum \frac{(A_2 w)_i}{n w_i}=6.6070$$

正互反矩阵 A_2 的一致性检验，因为

$$CI = \frac{\lambda_{\max 1} - n}{n - 1} = 0.0147$$

其中：

$$\lambda_{\max 2}= 6.6070$$

则对于 n=6 的 A_2 的矩阵数据，得到：

$$CR=\frac{CI}{RI}=\frac{0.1214}{1.2400}=0.0979<0.1$$

所以，通过一致性检验。

A_3 的权向量一致性检验，计算准则层正互反矩阵 A_3 权向量采用 AHP 层次分析法中的和法。对数据进行进一步的处理、运算，得到该矩阵的特征向量为：

$$W_3 = (0.3277, 0.1801, 0.1833, 0.1074, 0.0760, 0.0544)^T$$

且最大特征值为：

$$\lambda_{\max 3} = \sum \frac{(A_3 w)_i}{n w_i} = 6.3209$$

正互反矩阵 A_3 进行一致性检验，因为

$$CI = \frac{\lambda_{\max 3} - n}{n - 1} = 0.0642$$

其中：

$$\lambda_{\max 3} = 6.3209$$

则对于 $n=6$ 的 A_3 的矩阵数据，我们可以得到：

$$CR = \frac{CI}{RI} = \frac{0.0624}{1.2400} = 0.0518 < 0.1$$

所以，一致性检验通过。

A_4 的权向量一致性检验，计算准则层正互反矩阵 A_4 权向量采用 AHP 层次分析法中的和法。对数据进行进一步的处理、运算，得到该矩阵的特征向量为：

$$W_4 = (0.3290, 0.1374, 0.1214, 0.1305, 0.1090, 0.0616)^T$$

且最大特征值为：

$$\lambda_{\max 4} = \sum \frac{(A_4 w)_i}{n w_i} = 6.5771$$

正互反矩阵 A_4 进行一致性检验，因为

$$CI = \frac{\lambda_{\max 4} - n}{n - 1} = 0.1154$$

其中：

$$\lambda_{\max 4} = 6.0736$$

则对于 $n=6$ 的 A_4 的矩阵数据，我们可以得到：

$$CR = \frac{CI}{RI} = \frac{0.1154}{1.2400} = 0.0931 < 0.1$$

所以，一致性检验通过。

A_5 的权向量一致性检验。

计算准则层正互反矩阵 A_5 权向量采用 AHP 层次分析法中的和法。对数据进行进一步的处理、运算，得到该矩阵的特征向量为：

$$W_5 = (0.2942, 0.2084, 0.1194, 0.1220, 0.0966, 0.0557)^T$$

且最大特征值为：

$$\lambda_{\max 5} = \sum \frac{(A_5 w)_i}{n w_i} = 6.3369$$

正互反矩阵 A_1 进行一致性检验，因为

$$CI = \frac{\lambda_{\max 5} - n}{n-1} = 0.0674$$

其中：

$$\lambda_{\max 5} = 6.0736$$

则对于 n=6 的 A_5 的矩阵数据，我们可以得到：

$$CR = \frac{CI}{RI} = \frac{0.0674}{1.2400} = 0.0543 < 0.1$$

所以，一致性检验通过。

层次总排序的一致性检验。

层次总排序为：

$$[0.3509, 0.1832, 0.0975, 0.1832, 0.1852] \times \begin{bmatrix} 0.3897 & 0.2590 & 0.1402 & 0.0825 & 0.0685 & 0.0601 \\ 0.3800 & 0.1288 & 0.1222 & 0.1303 & 0.0996 & 0.0619 \\ 0.3277 & 0.1801 & 0.1833 & 0.1074 & 0.0760 & 0.0544 \\ 0.3290 & 0.1374 & 0.1214 & 0.1305 & 0.1090 & 0.0616 \\ 0.2942 & 0.2084 & 0.1194 & 0.1220 & 0.0966 & 0.0557 \end{bmatrix}$$

$$= [0.3531, 0.1958, 0.1338, 0.1098, 0.0876, 0.0593]$$

总随机性一致性比率为：

$$CR = \frac{\sum_{i=1}^{5} p_i CI_i}{\sum_{i=1}^{5} p_i RI_i}$$

$$= \frac{0.3509 \times 0.0147 + 0.1832 \times 0.1214 + 0.0975 \times 0.0642 + 0.1832 \times 0.1154 + 0.1852 \times 0.0674}{0.3509 \times 1.24 + 0.1832 \times 1.24 + 0.0975 \times 1.24 + 0.1832 \times 1.24 + 0.1852 \times 1.24}$$

$$= 0.0673 < 0.1$$

通过一致性检验。

通过总排序指标可见，钢铁物流企业商业模式创新的六项构成要素对于商业模式创新而言，其重要性排序为：关键业务（0.3531）＞重要合作（0.1958）＞组织架构

（0.1338）＞关键资源（0.1098）＞收入结构（0.0876）＞客户关系（0.0593）。

问卷法和层次分析法对钢铁物流企业商业模式六要素重要度排序为：关键业务、重要合作、组织架构、关键资源、收入结构、客户关系。

7.3 H钢铁物流公司商业模式分析

为验证钢铁物流企业商业模式要素评估的有效性，以 H 钢铁物流公司为样本公司，基于 H 钢铁物流公司的业务特征，采用画布 SWOT 分析法对 H 钢铁物流公司进行商业模式九要素扩展分析，考虑该公司采购物流、销售物流和港口物流的规模、结构、费用构成、定价机制、经营策略、管理模式，以及仓储、运输、结算等实务指标，分析 H 钢铁物流公司商业模式创新实务问题。

7.3.1 H钢铁物流公司的业务特征

H 钢铁物流公司一家位于河北省具有独立法人资质的专业物流公司，所涉及的业务包括国内的道路货物运输与国际货物运输、国内及国际货物运输代理、国内及国际船舶代理、仓储服务等。H 钢铁物流公司下辖多家子公司，子公司主要位于母公司下属各公司厂区内，分布在不同地区，拥有自己的港口。H 集团是 H 钢铁物流公司最主要的客户，H 集团拥有巨大的物流体量，是 H 钢铁物流公司物流业务的在主体。

H 钢铁物流公司业务组织架构包括，综合办公室、生产经营部、规划发展部、财务统计处、物流优化部、码头物流第一有限公司等部门。

各个业务部门都拥有自己的职责和业务范围，简述如下：

综合办公室负责日常事务管理、人事档案管理、集团党政工团等行政管理、信访稳定工作。

规划发展部负责编制集团中长期发展规划，统筹管理各子分公司和业务单元专项规划，负责评估集团产能与发展战略、业务战略的匹配性，组织协调产能规划活动，负责集团内部固定资产投资项目的立项审核、方案论证、批复等前期工作；负责组织办理向政府申报的建设项目备案、核准和审批工作。

财务统计处负责全面预算管理、生产经营数据统计分析、成本费用管理与对标组织、资产管理；负责资金的计划、调度、平衡和内部结算管理，集团融资策略、融资方案和偿债计划的制订与执行，负责会计管理，编报财务报表，财税政策研究与税务筹划。

物流优化部负责物流体系规划管理，物流服务平台建设，物流业务的资源整合与系统优化，物流业务的组织协调与物流费用的对标管理。

码头物流第一有限公司和第二有限公司负责物流服务、道路货物运输、国内外货物运输代理、仓储服务等物流相关业务。

电子商务平台的设立为促进集团物流业务整合，在集团层面实现物流信息的互联互通，体现资源融合共享的优势，优化生产组织方式和库存结构。功能是使商流、物流、资金流、信息流实现融合、同步及相互支撑，满足物流业务运行和管理需求，构建物流服务体系，形成铁路运输、公路运输、港口水运三大专业服务平台，支撑现有物流业务的运行及物流板块业务的持续发展。

7.3.2 H钢铁物流公司的商业模式画布+ SWOT

采用画布 SWOT 分析法对 H 钢铁物流公司商业模式进行评价，参照钢铁物流公司商业模式要素的构成与评价进行了 9 要素扩展。

（1）H 钢铁物流公司商业模式要素的优劣势画布，如图 7-3 所示。

内在优势。H 钢铁物流公司在重要合作、成本结构、客户关系、关键资源等方面具有内在优势，主要表现与上游垄断企业展开合作，与铁路总公司合股经营铁路公司，实现港口与铁路无缝连接，以优良的服务维护客户关系。H 物流公司通过庞大的经销商网络持续与供应商保持良好的伙伴关系，对市场环境的变化反应灵敏。与重点客户的合作不断深入，在开发终端用户的过程中，善于利用自身的产品优势、网络优势，重点加强与重点企业的合作，如通过钢铁公司通过分销网络为大型建筑企业工程项目进行钢材配送，扩大分销区域，拥有较多的资源和能力。重视成本结构管理，降低运营成本。品牌优势，H 集团在我国的钢铁生产企业中拥有较高的地位，H 钢铁物流公司作为 H 集团的子公司，继承了 H 集团的品牌优势，为 H 钢铁物流公司开展物流贸易的洽谈提供了客户吸引能力，为贸易信息发布提供了更高的可信度。有 H 集团的知名度和品牌保证，提高了 H 钢铁物流公司在行业内的知名度，吸引更多的货源，提高物流量。

<table>
<tr><td>重要合作 KP
铁路总公司；
母公司集团
优势√：与上游供应商捆绑</td><td>关键业务 KA
码头运营、物流链融资、物流链服务。
劣势 ×：管理模式条款分割，关键业务管控缺位</td><td rowspan="2">价值主张 VP
精品物流劣势 ×：价值内涵没有充分挖掘</td><td>客户关系 CR
H 集团各子公司；货商、船代。
优势√：与重点客户合作深入</td><td rowspan="2">客户细分 CS
劣势 ×：未分类管理</td></tr>
<tr><td></td><td>重要合作 KR
优势√：品牌优势；实行港口铁路无缝衔接</td><td>渠道通路 CH
H 集团各子公司。
劣势 ×：渠道通路没有打通</td></tr>
<tr><td colspan="2">收入来源 RS
优势√：运费、装卸费、参股红利</td><td colspan="3">成本结构 CS
优势√：人力成本、码头建设和维护成本、运营成本</td></tr>
</table>

图7-3 H共同物流公司商业模式要素优劣势

内在劣势。①关键资源没有利用充分。H 钢铁物流公司子公司均已陆续上线 ERP 系统，由于历史原因各子公司信息系统均为独立开发，系统流程架构、功能实现和业务覆盖范围均有所不同。②未开展有效重要合作。通过对 H 集团进口原料分析，H 集团对进口矿的产地物流管控尚处于空白状态，并且 H 钢铁物流公司在海运费的平抑方面尚无良好对策。③关键业务管理低效。首先，管理模糊条款分割，这导致成本结构的不清晰。H 集团钢铁子公司是物流费用的直接承担者和成本考核的责任主体，H 钢铁物流公司的关键活动是对集团钢铁生产子公司物流业务统筹管控、业务承接。其次，物流价值没有充分发掘。从销售物流结构来看，H 钢铁物流公司运输涵盖了亚洲、美洲、欧洲、非洲和大洋洲的 56 个国家和地区，区域间物流资源配置效率低。从流通结构分析，钢材出口的销售对象包括直供用户和中间商，钢材出口的物流结构也呈现“生产地—需求地”“生产地—仓库—需求地”和“生产地—流通加工中心—需求地”的“单层 + 双层”混合结构。H 钢铁物流公司出口全部走海运，经由天津港、京唐港、曹妃甸港、秦皇岛港、连云港、青岛港和上海港 7 个港口，部分货物走集装箱，大部分是走散货，分别用火车和汽车的运输方式集港，港口的物流业务由货代负责协调和处理。出口的交货方式包括 CIF 和 FOB。对于 H 钢铁物流公司来说，进口物流由原产地物流、海运、国内港口和疏港四部分构成，其复杂性在于：由于定价机制、供应商和交货方式的多样性，带来多种合同模式下物流环节责任划分的繁复和物流运作的分散。从进口整体物流结构来看，呈现简单的多个资源地与多个需求地的多线互联单层结构，路径多样、方式混杂、运作分散，缺乏物流规模效应和物流经济高效运作所赖以实现的中间枢纽，以及基于此的物流最佳路径和方式选择。

（2）H 钢铁物流公司商业模式要素机会和威胁画布，如图 7-4 所示。

<table>
<tr><td rowspan="2">重要合作 KP
机会：政策鼓励现代港口、公路及铁路实现跨越式发展</td><td>关键业务 KA
机会：完善以港口和铁路为主体的综合交通网络；
威胁：上游能源限制</td><td rowspan="2">价值主张 VP
机会：增强公司商业流通的辐射力和影响力，发挥在综合交通网络中多样式联运的枢纽性作用</td><td>客户关系 CR
机会：定制化服务；
威胁：客户个性化要求日益提高</td><td rowspan="2">客户细分 CS
机会：有配送需求的个人和公司、终端客户和中介机构</td></tr>
<tr><td>重要合作 KR
机会：运用母公司大体量运输发展融资业务</td><td>渠道通路 CH
机会：一带一路经济带；威胁：内外环境的不确定性</td></tr>
<tr><td colspan="3">收入来源 RS
威胁：财务收支状况和融资环境，国家金融政策收紧</td><td colspan="2">成本结构 CS
威胁：劳动力、能源等价格上涨</td></tr>
</table>

图7-4　机会和威胁画布评估

潜在机遇。母公司持续发展的机遇，钢铁物流市场也随着经济发展状况的变化而产生相应的改变，在我国钢铁产业的运行过程中，买方市场所占据的地位越来越高，钢铁生产企业只有不断增加钢铁产品的质量，创新钢铁生产技术才能赢得发展机遇，同时各子公司每年巨大的物流费用支出成为亟须解决的重大难题。作为“第三利润的源泉”的钢铁物流行业逐渐被母公司 H 集团所重视，应积极创新钢铁物流商业模式，并充分发挥集团公司的运输资源优势，从而获取更多利润。

综合交通运输网络的不断发展完善，钢铁物流业的发展离不开交通运输网络的日益完善，而我国也加强对交通运输网络的建设力度，现代港口、公路及铁路三大建设实现跨越式发展，将港口和铁路作为主要的综合交通网络进行建立，实现交通网络枢纽的变通，有力响应公转铁大政策的执行。钢铁物流公司的发展会受到综合交通运输网络的影响，应当在综合交通网络中构造更多的交通枢纽，会进一步提高钢铁物流公司的运输效率。

外部威胁。客户对服务质量要求的日益提高，随着钢铁物流竞争的加剧，以及客户对钢铁物流服务质量要求的日益提高，谁能提供更好的服务，谁就能在市场竞争中占据优势。传统的钢铁物流商业模式已不能满足市场需要，钢铁物流商业模式的发展必须结合现代信息化发展需求，将客户的需求作为导向，通过完善物流服务质量指标体系，为每一类型的客户提供差异化的服务，仅仅依靠价格竞争已经不能提高物流业的发展地位，所以必须将其转变为依靠服务竞争的发展方式，不断增强钢铁物流的效率和服务。

财务收支状况和融资环境。上游钢铁企业在发展过程中会受到整个钢铁市场的影响，如果钢铁产业整体经济利益呈下降趋势，那么便会发生压低价格进行钢铁产品促销的状况，但是钢铁企业必须支付劳动力以及原材料采购的成本，由此便会导致钢铁企业经营风险的发生，上游资源保障能力不足将成为制约整个物流行业发展的瓶颈。另外，随着国家金融政策的收紧，当钢铁物流企业面临财务收支状况不平衡的困境时，企业便不能盲目地投资，需要考虑在未来的生存和发展过程中的资金运行。

通过上述分析，梳理了 H 钢铁物流 公司的内部优势、劣势、机遇和威胁，应利用公司所具有的内部优势不断迎接外部环境所发起的挑战，同时也需要制定一定的发展战略，准确应对集团发展过程中的劣势和威胁。

7.3.3 H钢铁物流公司商业模式的问题要素

（1）关键业务要素。从供应链物流来看，通过对 H 钢铁物流公司原燃料运输分析，H 钢铁物流公司几大重要客户对进口矿的产地物流管控尚处于空白状态，仅南非含铁铜尾矿项目开始在南非着手铁路、管道、港口的外运规划。H 钢铁物流公司每年运输进口矿约 4000 万吨，其中，约有 3400 万吨有海运需求。H 钢铁物流公司对海运环节的管控仅限于与航运公司签订 COA 包运合同，年合运量占年海运需求总量的 40%，尚有 60% 的海运需求处于管控缺位状态。同时，H 钢铁物流公司在海运费的平抑方面尚无良好对策，每年约有上亿元用于支付外部货代具体执行进口矿到港后的港口接卸、通关和疏港等工作。

从生产物流链来看，内采原燃材料主要包括煤炭、焦炭、铁精粉、合金、生铁、废钢、冶金辅料、润滑油和耐材。国内原燃材料的采购物流大部分实行送货到厂。值得肯定的是，H 钢铁物流公司在对铁路等实际承运方的协调方面做了大量工作，在资源本地化和运输方式的选择方面拥有一定主动权。

从销售物流链来看，销售物流包括了国内销售汽车发货、国内销售铁路发货、国内水陆联运各环节、钢材出口各环节的物流。国内销售物流（非水陆联运）分三种情况：第一种是铁路运输，钢厂负责组织装车；第二种是客户与各子公司指定的车队签订合同，由这些车队将钢材送到客户指定的地点；第三种是客户自带车到钢厂提货，出厂后 H 钢铁物流公司对整个物流环节管控效率较低。国内水陆联运物流分几个环节，第一个物流环节与上面提到的一样，采用铁路运输或汽车运输的方式集港；第二个环节是港口物流，一般由子公司与港口洽谈港口物流费用，客户参照此费用标准执行，也有交由货代包干的；第三个环节是水运，水运价格波动较大，但比较透明，由客户与船公司协商价格，水运一般由客户自己组织。国内钢材销售大部分是出厂交货。出厂交货的模式造成对销售物流的管控能力较弱。由于销售物流是客户在钢厂提货，物流费用由客户承担，而钢厂需要给客户提供一定的运输补贴。出口物流主要走海运，分几个环节，第一个环节是采用铁路运输或汽车运输的方式集港，主要由H钢铁物流公司直接管控；第二个环节是港口物流，由H钢铁物流公司管控，一般走货代包干的形式，由货代组织港口物流；第三个环节是海运。如果是CIF或CFR交货，由H钢铁物流公司租船，如果是FOB交货，则由客户租船，FOB交货方式是对航运掌控力不够的情况下能更多规避风险的一种交货方式。出口物流也有一部分是出厂交货，集港、港口及海运物流全由客户来做，H钢铁物流公司不管控，但比例较低。目的港的物流一般交由客户来做，H钢铁物流公司不管控。

（2）重要合作与组织架构要素。由于定价机制、供应商和交货方式的多样性，带来多种合同模式下物流环节责任划分的繁复和物流运作的分散。以定价机制为例，目前H物流公司定价为每个月定一次，采用管理层集体决策法，无法满足市场的变化。

H钢铁物流公司的基本管理模式是条块分割管理，从而导致成本结构的不清晰。H集团钢铁子公司是物流费用的直接承担者和成本考核的责任主体，H钢铁物流公司的关键活动是负责对集团钢铁生产子公司物流业务统筹管控、业务承接。

由于H集团是由钢铁子公司（“钢厂”）合并成立，H钢铁物流公司是H集团为有效降低物流业务成本，提高物流规模效益而在集团成立后建立的公司，H钢铁物流公司位于子公司的办事处，是集团为高效管理集团下属各个钢厂内生产物流，保障供应—生产—销售的顺行，将钢铁子公司物流部门转化而成，虽工商手续和人事关系上为H钢铁物流公司的驻厂办事处，但难免受制于钢厂管理，各子公司物流管理多处于分散管理状态，并未实现物流管理职能的完全整合。

物流统筹管控的缺位，使H钢铁物流公司管理处于松散状态。部门的分隔造成物流管理的片段化，部门间信息共享程度低，没有形成完整高效的业务流程化管理；各业务单元只关注责任范围内的业务数据和考核利益得失，公司整体、甚至子公司整体的利益最大化被忽视。在与铁路、港口等传统强势单位进行业务谈判时分散多头对外，话语权和议价能力削弱，造成在同一外部单位不同子公司享受政策和价格的差异。

（3）关键资源要素。关键资源利用不充分。H钢铁物流公司子公司均已陆续上线ERP系统，由于历史原因各子公司信息系统均为独立开发，系统流程架构、功能实现和业务覆盖范围均有所不同。并且，ERP 系统主要围绕生产而建，模块功能中虽包含生产的物资管理，但大部分系统并未覆盖厂外原燃料和产成品的物流信息跟踪管理，厂外物流的数据台账未能实现与系统数据的一一对应。另外，由于此系统是各子公司独立开发系统，系统互联和数据共享方面不够完善，总部层面无法在系统中按需快速抓取各单位物流数据；同时，各子公司系统中没有专门的物流费用模块，而很多物流费用含在料价中剥离困难。因此，总部的物流统计工作只能依靠人工制表，统计、剥离数据，数据的缺失和误填情况不可避免，且工作量大、低效、耗时、滞后。

7.4 H钢铁物流公司商业模式创新的关键要素

随着数学、物理学计算机科学等学科的发展，模型化处理方法可以融入更多的先进理论和先进理念，从而可以更精准、更贴切实际的表达出商业模式结构上的缺陷和创新关键点。基于前文对 H 钢铁物流公司进行了商业模式的画布 SWOT 分析，确定了 H 钢铁物流公司商业模式的问题要素，再采用德尔菲法和模糊综合评价法结合的方式篇评价 H 钢铁物流公司商业模式创新的关键要素，对比前文一般性钢铁物流企业商业模式的 6 个关键要素，给出 H 钢铁物流公司的商业模式创新路径。

7.4.1 评价模型及其机理

数学模型是用字母、数字和其他数学符号构成的等式或者不等式，或用图标、图像、框图、数理逻辑等描述系统的特征及其内部联系或与外界联系的一种逻辑运算方法。商业模式的模型化处理，顾名思义，就是将商业模式的内部联系以及内部与外界的联系进行逻辑化处理，通过深入调查研究、了解对象信息、做出简单假设、分析内在规律等工作，以一种可视的直观的模型表达其内部构造，并且进行建模和最优化处理分析，最终得到最优化或者一种全新的商业模式。

所构建的模型要系统地、真实地、形象地、完整地反映商业模式的客观规律，具有一定的代表性，并且可以得到原型客体的真实信息。在模型研究实验时，可以得到有关原型客体的内在联系和外在原因。得到的研究结果要符合实际情况，并且需要一个完整的逻辑推理过程。

建模过程需要符合以下基本原则：简化原则、可推导原则和反映性原则。

商业模式模型化处理的基本步骤如图 7-5 所示。

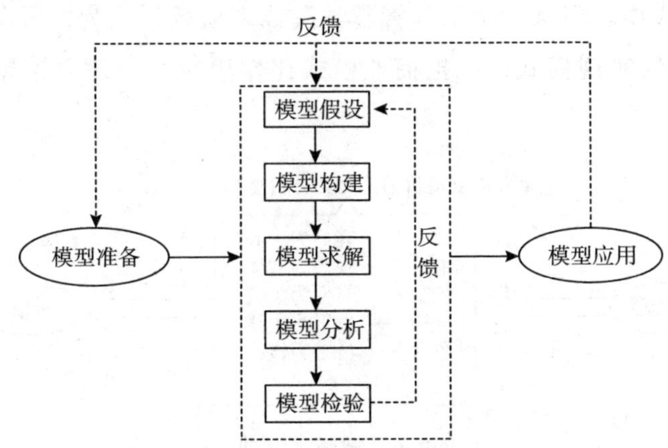

图7-5　模型化处理步骤

模型准备：界定问题的应用背景，明确其实务含义，掌握对象尽可能多的信息。以数学思想剖析问题的重点和关键点，用数学语言如公式和符号，描述问题。要求符合数学理论和数学习惯，思路清晰准确。

模型假设：根据实际对象的基本特征和研究目的，对问题进行简化处理，用精练的语言提出一些关键点和基本假设。

模型构建：在假设的基础上，利用适当的数学工具来描述个变量和常量之间的数学关系，建立相应的数学结构。

模型求解：根据获取的数据资料，运用解方程、画图形、证明定理、逻辑运算、数值运算等数学方法，对模型所设置的参数进行优化计算。

模型分析：阐述所建立模型的基本思路，利用数学知识对所建立的模型进行分析，所得出的分析结果更具备专业性和客观性。

模型检验：将模型分析结果进行有效检验，才能够确定这一模型是否能够运用到实际操作中，如果模型与实际匹配度较低，则需要对模型进行修改，在此重新建模；如果计算结果与实际相吻合，则需对结果进行含义解释，并给出合理化建议。

模型应用：对模型做完善化处理，将完善后的模型进行归纳总结，并给出具体的应用场景和应用价值。

7.4.2 商业模式评价模型

关于商业模式评价模型，代表性的有黑匣子模型、Qsterwalder 模型和金字塔模型，均是研究者们基于自己的专业领域和研究视角所提出各具特色结构性分析方法。

（1）黑匣子模型。南京大学工程管理学院钱志新教授认为，所谓商业模式就是指企业市场价值的实现模式，他把商业模式比作黑匣子，建立了黑匣子模型，如图 7-6 所示。

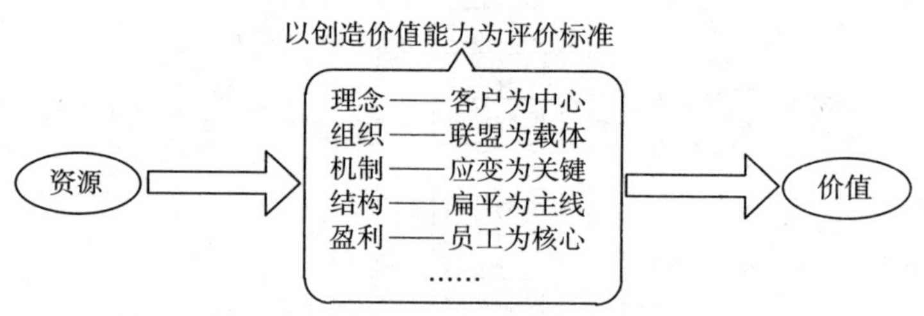

图7-6 黑匣子模型

根据钱志新教授的理论，建立一个简单的黑匣子优化函数：$f(U_i)$，根据黑匣子内的要素，可以建立如下函数模型：

$$\begin{aligned} f(U_i) &= f(U_1,U_2,U_3,\cdots,U_i) \\ &= k_1f_1(U_1)+k_2f_2(U_2)+k_3f_3(U_3)+\cdots+k_if_i(U_i) \end{aligned} \tag{7-4}$$

其中，k_i 为要素重要系数，f_i 为各要素度量函数，U_i 为各要素变量。

进一步细化，以优化函数中的一项为例，将黑匣子中的“理念”作为优化函数中的 f_1，则组成客户的各个要素就是变量 U_1，根据“理念”在价值目标中的重要程度，并且结合所做市场调研，合理设置参数 k_1。

（2）Qsterwalder 商业模式模型。Qsterwalder 提出的商业模式数学模型，一级要素为产品、客户界面、基础设施管理、财务状况，二级要素包含若干子要素，如表 7-5 所示。

表7-5 Qsterwalder商业模式模型要素

一级要素	产品	客户界面	基础设施管理	财务状况
二级要素	价值主张	目标客户 分销渠道 顾客关系	关键资源 核心竞争力 合作伙伴	成本结构 盈利模式

二级要素的描述如下：

价值主张，确定公司对客户的存在意义，即公司为消费者提供何种产品或者服务，消费者从公司获得何种需求价值。

目标客户，公司所面临的主体消费者。通过研究消费群体的异性和共性，及时反馈公司的生产和经营。这个过程也被称为市场划分。

分销渠道，是指公司将产品或者服务提供给消费者的各种路径，同时涉及公司的市场调研和营销策略。

顾客关系，是公司与消费者之间的联系，即通常所说的客户关系管理。

关键资源，是公司所占有的关键生产资料。

核心竞争力，即公司执行其商业模式所具有的能力和资格。

合作伙伴，是公司与其他公司之间所建立的互赢合作关系网络，也就是通常所说的商业联盟。

成本结构，是公司对其所使用的工具和方法的货币描述。

盈利模式，是公司通过各种收入流来创造财富和价值的途径或方式。

根据二级要素描述及内在联系，可以建立 Qsterwalder 商业模式四维模型图，如图 7-7 所示。通过四维模型图，建立关键要素之间的逻辑联系你，将商业模式数学模型，以定量的方式反映企业的运营机制。同时研究不同要素之间的差异和重要程度，建立主次关系，优化创新商业模式。

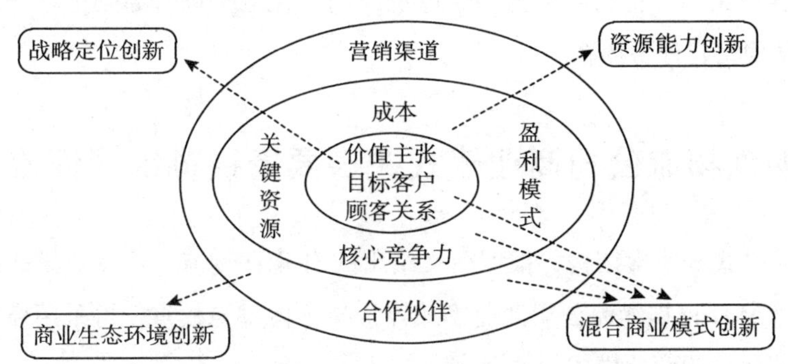

图7-7　Qsterwalder商业模式四维模型图

（3）内外部环境分析金字塔模型。一般而言，阻碍企业创新的主要因素可以归纳为外部环境因素和内部环境因素两大类。当一个企业发展动力不足，需要改革创新时，其首要阻力往往来自企业内部。当内部环境因素不再是企业前进的障碍时，外部因素成为一个企业需要考虑的首要因素，外部环境因素具有一定的不可抗拒性，往往需要企业内部做出适当的调整，以适应外部环境，从而得到有力的支撑和创新。这里将客户关系、人才要素和知识要素归纳为内部环境关键要素，将市场导向和外部环境归纳为外部环境的关键要素。为清楚地表述创新要素的从属关系，根据表 7-5 的要素结构关系，可以得到一个简单的金字塔形创新要素示意图（图 7-8）。

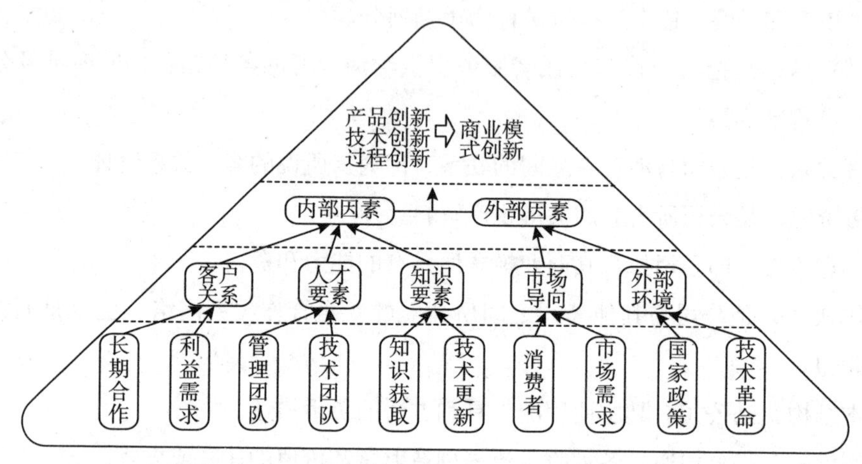

图7-8　金字塔形创新要素示意图

金字塔示意图将创新要素做了层次化处理，对各个要素之间的关系以及不同要素的层级关系做了简单梳理，更有助于我们在建模过程合理化设置每个要素的参数变量。钢铁物流企业商业模式关键要素分别是关键业务、流通结构、组织架构、运营管理、收入结构、客户关系。将它们作为六个评价原则，在每个评价原则下，分别列出若干评价要素，从而构建评价体系。

7.4.3 H钢铁物流公司商业模式关键要素模糊综合评价

基于商业模式 6 要素结构，根据前文给出的 H 钢铁物流公司商业模式的分析，采用德尔菲法确定 H 钢铁物流公司商业模式评价指标体系与权重，再采用模糊综合评价找出 H 钢铁物流公司商业模式的关键要素。

（1）德尔菲法确定指标体系与权重。德尔菲法也称专家调查法，该方法是由企业组成一个专门的预测机构，其中包括若干专家和其他需要的成员，按照规定的程序，背靠背地征询专家对未来市场的意见或者判断，主要是以邮件或写信的方式向专家发送问卷，属于定性决策分析方法的一种。

德尔菲法的应用流程如图 7-9 所示。

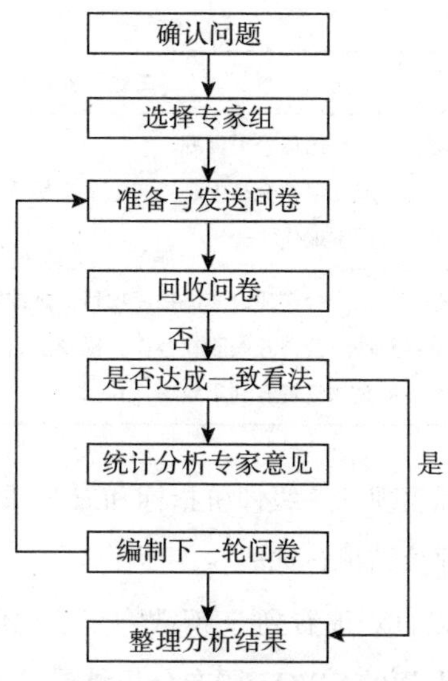

图7-9　德尔菲法流程图

（2）H 钢铁物流公司商业模式评价指标要素专家评价。采用德尔菲法，向三十位专家发放评价问卷（评价问卷见附录 2），其中矿山客户总裁 2 人、副总裁 3 人；钢材客户副总经理 3 人、中层领导 5 人；合作单证行总经理 2 人，合作货运代理公司副总经理2人；H钢铁物流公司副总经理1人、码头总经理2，其余为H钢铁物流公司中层领导。以关键业务、重要合作、组织架构、关键资源、收入结构，客户关系建立针对 H 钢铁物流公司的评价指标体系。具体的评价指标体系如表 7-6 所示。

表7-6　H钢铁物流公司商业模式评价指标体系

一级指标	二级指标
A_1 关键业务	A_{11} 市场定位：面向京津冀 A_{12} 业务范围：积极拓展运输品种，扩展业务范围 A_{13} 营销渠道：从微循环、小细节入手，发挥规模优势
A_2 客户关系	A_{21} 品牌实现：充分挖掘客户需求，增加产品和服务附加值 A_{22} 客户关系：明确目标客户，重视客户体验，强调服务细节
A_3 收入结构	A_{31} 经营主张：整合服务模式，实现价值回归和效益提升 A_{32} 渠道管控：稳定渠道，增加盈利点 A_{33} 利润来源：以控成本，提升利润，实现利润最大化
A_4 组织架构	A_{41} 管理模式：统筹规划各子公司物流板块，统一管控 A_{42} 统一管控：统一管控各货代、港口、铁路、销售等业务 A_{43} 仓储模式：建立集散中心，统筹管理子公司配送业务

续表

一级指标	二级指标
A_5 关键资源	A_{51} 核心资源：充分利用母公司资源 A_{52} 信息化应用：成立钢铁交易中心，与电子交易系统互联，充分发挥平台数据能量 A_{53} 管理模式：资源本地化
A_6 重要合作	A_{61} 延伸服务：与他人合作建设实体物流项目，延伸物流服务 A_{62} 打通关节：与铁路公司开展股权合作，提高铁路运输比例。 A_{63} 控制成本：提高物流资源利用效率

专家分别对二级评价指标表现、一级评价指标和二级评价指标权重进行打分，H 钢铁物流公司在各项指标中的评价结果，如表 7-7 所示。

根据专家评价意见，可以直观地看到 H 钢铁物流公司商业模式 6 要素的现状，基于 H 钢铁物流公司商业模式要素的 SWOT 画布分析结果，由专家给出 H 钢铁物流公司商业模式 6 要素评价量化值。

表7-7 专家的二级评价指标

一级评价指标	二级评价指标	评价结果				
		优秀	良好	一般	差	很差
关键业务	市场定位：面向京津冀	1	1	1	5	2
	业务范围：拓展运输品种	0	2	2	4	2
	营销渠道：发挥规模优势	0	0	3	5	2
客户关系	品牌实现：挖掘客户需求	5	4	1	0	0
	客户关系：强调服务细节	4	4	1	1	0
收入结构	经营主张：整合服务模式	1	1	3	4	2
	渠道管控：稳定渠道	0	1	1	5	3
	利润来源：拓展盈利点	1	0	2	4	3
组织架构	管理模式：统筹各子公司物流板块	1	0	2	6	1
	分类模式：统一管控同类物流业务	1	1	4	2	2
	仓储模式：建立集散中心	1	1	2	3	3
关键资源	核心资源：结合母公司资源	5	3	1	1	0
	信息化应用：发挥电子平台数据能量	6	3	1	0	0
	管理：资源本地化	3	1	1	3	2
重要合作	延伸服务：延伸物流服务	2	1	2	4	1
	打通关节：与铁路公司合作	1	2	2	5	0
	控制成本：提高物流资源利用效率	1	1	3	3	2

根据专家团权重打分结构，按照同类要素权重之和为 1 的原则，比例运算，对各级关键要素进行权重赋值，结合表 7-7 评价结果，可以得到各级评价指标要素参数量化值，如表 7-8 所示。

表7-8　各级评价指标要素参数量化表

一级评价指标	二级评价指标	评价结果				
		优秀	良好	一般	差	很差
关键业务（0.15）	市场定位（0.3）	0.1	0.1	0.1	0.5	0.2
	业务范围（0.3）	0.0	0.2	0.2	0.4	0.2
	营销渠道（0.4）	0	0	0.3	0.5	0.2
客户关系（0.2）	品牌实现（0.5）	0.5	0.4	0.1	0.0	0.0
	客户关系（0.5）	0.4	0.4	0.1	0.1	0.0
收入结构（0.15）	经营主张（0.3）	0.1	0.1	0.3	0.4	0.2
	成本潜力（0.4）	0	0.1	0.1	0.5	0.3
	利润来源（0.3）	0.1	0	0.2	0.4	0.3
组织架构（0.15）	管理模式（0.3）	0.1	0	0.2	0.6	0.1
	分类模式（0.4）	0.1	0.1	0.4	0.2	0.2
	仓储模式（0.3）	0.1	0.1	0.2	0.3	0.3
关键资源（0.2）	核心资源（0.2）	0.5	0.3	0.1	0.1	0.0
	信息化应用（0.5）	0.6	0.3	0.1	0.0	0.0
	管理模式（0.3）	0.3	0.1	0.1	0.3	0.2
重要合作（0.15）	延伸服务（0.4）	0.2	0.1	0.2	0.4	0.1
	打通关节（0.3）	0.1	0.2	0.2	0.5	0.0
	控制成本（0.3）	0.1	0.1	0.3	0.3	0.2

根据表 7-8 中各关键要素的评价结果和所占权重，利用模糊综合评价模型，可以 H 钢铁物流公司商业模式创新的关键要素。

7.4.4 H钢铁物流公司商业模式要素模糊综合评价过程

利用模糊数学的隶属度理论，将定性的评价方法转化成为定量评价法，这便是模糊综合评价法的运用原理，针对某一个具体的事物进行多方位的评价，最终所得出的评价结果更具备系统性，能够清晰地了解该事物在运行过程中的各种问题。模糊综合评价法利用模糊变换原理和最大隶属度原则，借助数学处理方式将非定量化特征因素进行处理，将其转化为具有量化特征的因素之后进行比较，根据上述 H 钢铁物流公司关键要素的分析和模糊综合评价体系，建立模糊综合评价模型。

H 钢铁物流公司模糊综合评价模型的建立步骤如下：

（1）根据 H 钢铁物流公司指标评价体系确定要素集 U。要素集是以影响 H 钢铁物流公司商业模式创新路径的各要素所组成的集合，集合用 U 表示，即：

$$U=\{U_1,U_2,U_3,\cdots,U_n\} \tag{7-5}$$

其中，U_i（i=1,2,3,⋯,n）代表各个要素指标，$n \geqslant 1$。

根据商业模式要素所制定的评价指标体系，可以将其分为一级评价要素指标和二级评价要素指标两个内容，分别与表 7-7 的评价内容相对应。

在评价体系中，一级评价关键要素集合可表示为：

$$U=\{U_1,U_2,U_3,\cdots,U_i,\cdots,U_n\} \tag{7-6}$$

其中，U_i（i=1,2,3,⋯,n）是 H 钢铁物流公司商业模式要素的一级评价指标，

n=5，即：

$$U=\{U_1,U_2,U_3,U_4,U_5\} \tag{7-7}$$

同理，各二级评价要素集可表示为：

$$U_i=\{u_{i1},u_{i2},u_{i3},\cdots,u_{ij},\cdots,u_{in}\} \tag{7-8}$$

其中，u_{ij}（j=1,2,3,⋯,m）是与一级评价关键要素所对应的二级评价指标，n=3，即：

$$U_i=\{u_{i1},u_{i2},u_{i3}\} \tag{7-9}$$

（2）确定 H 钢铁物流公司商业模式要素评价集 V。评价集是针对 H 钢铁物流公司商业模式所做出的各种总的评判结果组成的集合，通常用 V 表示，即：

$$V=\{V_1,V_2,V_3,\cdots,V_k,\cdots,V_l\} \tag{7-10}$$

其中，V_k（k=1,2,3,⋯,l）表示可能出现的各种总评价结果。

评价集的元素既可以是一个定量模拟参数，也可以是一个定性的评判指标。评价模型中，将评价集划分为五个等级，分别为“优秀、良好、一般、差、很差”，即 l=5，因此，H 钢铁物流公司评价模型的评价集为：

$$V=\{V_1,V_2,V_3,V_4,V_5\} \tag{7-11}$$

其中，V_1 至 V_5 分别表示优秀、良好、一般、差、很差。

（3）确定 H 钢铁物流公司商业模式要素权重集 A。权重集是由各个要素的权重组成的集合，权重反映了各个要素对 H 钢铁物流公司商业模式的重要程度。运用问卷调查法、专家意见法和层次分析法来评价每一级要素所占的权重。那么，反映一级要素指标的权重集可表示为：

$$A=\{A_1,A_2,A_3,\cdots,A_i,\cdots,A_n\} \tag{7-12}$$

其中，A_k（i=1,2,3,…,n）表示关键要素 U_i 在 U 中的权重，且$\sum_{i=1}^{n} A_i = 1$，$A_i \geqslant 0$。

同理，各二级要素指标权重集可表示为：

$$A_i = \{a_{i1}, a_{i2}, a_{i3}, \cdots, a_{ij}, \cdots, a_{im}\} \tag{7-13}$$

其中，a_{ij}（j=1,2,3,…,m）表示二级关键要素 u_{ij} 在 U_i 中的权重，且$\sum_{j=1}^{m} a_{ij} = 1$，$a_{ij} \geqslant 0$。

（4）确定 H 钢铁物流公司商业模式关键要素评价矩阵 R。通过运用问卷调查法、专家意见法等方法对 U 中各关键要素 u_{ij} 进行评价，可以得到要素的评语集，用矩阵 R_i 表示关键要素与评语集之间的模糊关系，称矩阵 R_i 为评价矩阵，则 R_i 可表示为：

$$R_i = \begin{bmatrix} r_{11} & r_{12} & \cdots & r_{1k} & \cdots & r_{1l} \\ r_{21} & r_{22} & \cdots & r_{2k} & \cdots & r_{2l} \\ \vdots & \vdots & \vdots & \vdots & \vdots & \vdots \\ r_{j1} & r_{j2} & \cdots & r_{jk} & \cdots & r_{jl} \\ \vdots & \vdots & \vdots & \vdots & \vdots & \vdots \\ r_{m1} & r_{m2} & \cdots & r_{mk} & \cdots & r_{ml} \end{bmatrix} \tag{7-14}$$

其中，r_{jk} 表示二级关键要素 u_{jk} 对 k 级评语的参数量表达式。通常情况下，r_{jk} 根据各级评语所占总评语的比例进行确定。

当二级要素指标权重矩阵 A_i 和各二级要素指标评价矩阵 R_i 已知时，可以得到二级要素对 V 的参数量表达式 E_i：

$$E_i = A_i R_i = \begin{bmatrix} a_{i1} & a_{i2} & \cdots & a_{ij} & \cdots & a_{im} \end{bmatrix} \begin{bmatrix} r_{11} & r_{12} & \cdots & r_{1k} & \cdots & r_{1l} \\ r_{21} & r_{22} & \cdots & r_{2k} & \cdots & r_{2l} \\ \vdots & \vdots & \vdots & \vdots & \vdots & \vdots \\ r_{j1} & r_{j2} & \cdots & r_{jk} & \cdots & r_{jl} \\ \vdots & \vdots & \vdots & \vdots & \vdots & \vdots \\ r_{m1} & r_{m2} & \cdots & r_{mk} & \cdots & r_{ml} \end{bmatrix} \tag{7-15}$$

$$= \begin{bmatrix} e_{i1} & e_{i2} & \cdots & e_{ij} & \cdots & e_{im} \end{bmatrix}$$

E_i 是对第 i 个一级关键要素 U_i 的评价，根据二级关键要素的评价集，可以得到每一个一级关键要素的参数量表达式，则关键要素集 U 对评语集 V 的评价矩阵 R 为：

$$R = \begin{bmatrix} e_{11} & e_{12} & \cdots & e_{1k} & \cdots & e_{1l} \\ e_{21} & e_{22} & \cdots & e_{2k} & \cdots & e_{2l} \\ \vdots & \vdots & \vdots & \vdots & \vdots & \vdots \\ e_{i1} & e_{i2} & \cdots & e_{ik} & \cdots & e_{il} \\ \vdots & \vdots & \vdots & \vdots & \vdots & \vdots \\ e_{n1} & e_{n2} & \cdots & e_{nk} & \cdots & e_{nl} \end{bmatrix} \tag{7-16}$$

（5）计算 H 钢铁物流公司商业模式关键要素模糊综合评价模型矩阵 E。根据关键

要素权重集 A 和各二级关键要素的评价矩阵 E_i，可以建立对于模糊综合评价模型的评价矩阵 E 如下：

$$E = AR = \begin{bmatrix} a_{i1} & a_{i2} & \cdots & a_{ij} & \cdots & a_{in} \end{bmatrix} \begin{bmatrix} e_{11} & e_{12} & \cdots & e_{1k} & \cdots & e_{1l} \\ e_{21} & e_{22} & \cdots & e_{2k} & \cdots & e_{2l} \\ \vdots & \vdots & \vdots & \vdots & \vdots & \vdots \\ e_{i1} & e_{i2} & \cdots & e_{ik} & \cdots & e_{il} \\ \vdots & \vdots & \vdots & \vdots & \vdots & \vdots \\ e_{n1} & e_{n2} & \cdots & e_{nk} & \cdots & e_{nl} \end{bmatrix} \quad (7\text{-}17)$$

$$= \begin{bmatrix} e_1 & e_2 & \cdots & e_k & \cdots & e_l \end{bmatrix}$$

其中，$e_1, e_2,\cdots, e_k,\cdots, e_l$ 是一级要素的综合评价参数量表达式，反映了该层级要素指标对所有子级要素指标的综合评价。

（6）计算 H 钢铁物流公司商业模式关键要素模糊综合评价模型评价值 F。在模型中，将评价集 $V=\{V_1, V_2, V_3, \cdots, V_k, \cdots, V_l\}$ 中评价结果分别赋值以 $x_1, x_2, x_3, \cdots, x_k, \cdots, x_l$ 代表其参数量。H 钢铁物流公司商业模式的评价集为 $V=\{V_1, V_2, V_3, V_4, V_5\}$，则 x_1, x_2, x_3, x_4, x_5 分别代表“优秀、良好、一般、差、很差”。那么，综合评价值 F 可表示为：

$$F=E \cdot V^{\mathrm{T}} \quad (7\text{-}18)$$

7.4.5 H钢铁物流公司商业模式要素评价结果

根据前文模糊综合评价模型的评价过程，对 H 钢铁物流公司要素进行评价。

（1）确定要素指标权重集 A。

一级要素权重集矩阵表达式为：

$$A=[0.15 \quad 0.20 \quad 0.15 \quad 0.15 \quad 0.20 \quad 0.15]$$

二级关键要素权重集的矩阵表达式为：

$$A_1 = [0.3 \quad 0.3 \quad 0.4]$$
$$A_2 = [0.5 \quad 0.5 \quad 0.0]$$
$$A_3 = [0.3 \quad 0.4 \quad 0.3]$$
$$A_4 = [0.3 \quad 0.4 \quad 0.3]$$
$$A_5 = [0.2 \quad 0.5 \quad 0.3]$$
$$A_6 = [0.4 \quad 0.3 \quad 0.3]$$

（2）确定要素指标评价矩阵 R。

二级要素指标的评价矩阵为：

$$R_1=\begin{bmatrix}0.1 & 0.1 & 0.1 & 0.5 & 0.2\\0.0 & 0.2 & 0.2 & 0.4 & 0.2\\0.0 & 0.0 & 0.3 & 0.5 & 0.2\end{bmatrix}$$

同理，可以得到评价矩阵 R_2、R_3、R_4 和 R_5。

要素指标 U_1 的评价矩阵 E_1 为：

$$E_1=A_1R_1=\begin{bmatrix}0.3 & 0.3 & 0.4\end{bmatrix}\begin{bmatrix}0.1 & 0.1 & 0.1 & 0.5 & 0.2\\0.0 & 0.2 & 0.2 & 0.4 & 0.2\\0.0 & 0.0 & 0.3 & 0.5 & 0.2\end{bmatrix}$$

$$=\begin{bmatrix}0.03 & 0.09 & 0.21 & 0.47 & 0.20\end{bmatrix}$$

同理，可以得到评价矩阵 E_2、E_3、E_4 和 E_5 分别为：

$$E_2=\begin{bmatrix}0.45 & 0.40 & 0.10 & 0.05 & 0.00\end{bmatrix}$$

$$E_3=\begin{bmatrix}0.06 & 0.07 & 0.19 & 0.44 & 0.27\end{bmatrix}$$

$$E_4=\begin{bmatrix}0.20 & 0.23 & 0.31 & 0.13 & 0.13\end{bmatrix}$$

$$E_5=\begin{bmatrix}0.49 & 0.24 & 0.10 & 0.11 & 0.06\end{bmatrix}$$

$$E_6=\begin{bmatrix}0.14 & 0.13 & 0.23 & 0.40 & 0.10\end{bmatrix}$$

H 钢铁物流公司要素集 U 对评语集 V 的评价矩阵 R 为：

$$R=\begin{bmatrix}0.03 & 0.09 & 0.21 & 0.47 & 0.20\\0.45 & 0.40 & 0.10 & 0.05 & 0.00\\0.06 & 0.07 & 0.19 & 0.44 & 0.27\\0.20 & 0.23 & 0.31 & 0.13 & 0.13\\0.49 & 0.24 & 0.10 & 0.11 & 0.06\\0.14 & 0.13 & 0.23 & 0.40 & 0.10\end{bmatrix}$$

（3）确定创新要素评价矩阵 E。根据创新要素权重矩阵 A 和评价矩阵 R 可得到综合评价矩阵 E：

$$E=AR=\begin{bmatrix}0.15 & 0.20 & 0.15 & 0.15 & 0.20 & 0.15\end{bmatrix}\begin{bmatrix}0.03 & 0.09 & 0.21 & 0.47 & 0.20\\0.45 & 0.40 & 0.10 & 0.05 & 0.00\\0.06 & 0.07 & 0.19 & 0.44 & 0.27\\0.20 & 0.23 & 0.31 & 0.13 & 0.13\\0.49 & 0.24 & 0.10 & 0.11 & 0.06\\0.14 & 0.13 & 0.23 & 0.40 & 0.10\end{bmatrix}$$

$$=[0.2525 \quad 0.2060 \quad 0.1810 \quad 0.2480 \quad 0.1170]$$

（4）确定创新要素评价模型评价值 F。根据公式 $F=E\cdot V^{\mathrm{T}}$ 可得评价值 F 的方程表达式为：

$$F=0.2525x_1+0.2060x_2+0.1810x_3+0.2480x_4+0.1170x_5$$

其中，x_1、x_2、x_3、x_4、x_5 分别表示评价集 V 中"优秀（V_1）、良好（V_2）、一般（V_3）、

差（V_4）、很差（V_5）”。

在H钢铁物流公司商业模式模糊综合评价模型中，采用十分制评判标准。

分别令：x_1=10、x_2=8、x_3=6、x_4=4、x_5=2。

根据创新要素 U_1 的评价矩阵 E_1，可以得到创新要素“关键业务”的评价值 F_1：

$$F_1=E_1 \cdot V^{T}$$

代入数据，可得：

$$F_1=[0.03 \quad 0.09 \quad 0.21 \quad 0.47 \quad 0.20] \cdot [10 \quad 8 \quad 6 \quad 4 \quad 2]^{T}=4.56$$

同理，可以得到每一项创新要素的得分如下：

$$\{F_1 \quad F_2 \quad F_3 \quad F_4 \quad F_5 \quad F_6\}=\{4.56 \quad 8.50 \quad 4.60 \quad 6.48 \quad 7.98 \quad 5.62\}$$

在H钢铁物流公司商业模式关键要素中，可以得到如下得分结果：客户关系（8.50）＞收入结构（7.98）＞组织架构（6.48）＞关键资源（5.62）＞重要合作（4.60）＞关键业务（4.56）。与前文钢铁物流企业商业模式要素重要性排序有所不同，体现了H钢铁物流公司的特质。

根据综合评价矩阵 E，可以得到H钢铁物流公司商业模式创新要素指标的评价值 F：

$$F=0.2525x_1+0.2060x_2+0.1810x_3+0.2480x_4+0.1170x_5=6.485$$

H钢铁物流公司商业模式要素指标的模糊综合评价值为6.485，意味着该物流公司在商业模式在要素和路径上还有比较大的提升空间。

采用德尔菲法和模糊综合评价方法等评价H钢铁物流公司商业模式6要素，根据评价结果给出了H钢铁物流公司商业模式要素的重要度排序，按重要度从大到小排序，关键要素为：客户关系、收入结构、组织架构、关键资源、重要合作、关键业务。综合评价表明该公司商业模式创新空间较大。H钢铁物流公司商业模式创新应从关键业务、重要合作、关键资源和组织架构四要素入手。

7.5 H钢铁物流公司商业模式创新路径

基于H钢铁物流公司商业模式创新的关键要素排序，以公司发展战略和愿景为目标，提出H钢铁物流公司商业模式创新的路径。

H 物流公司发展战略，强化物流链整合，搭建运营平台与体系，服务钢铁行业绿色发展。

H 钢铁物流公司的发展愿景，打造国际一流的综合性钢铁物流服务商。

H 钢铁物流公司的战略和愿景强调为客户提供一站式物流管理服务，提升服务附加值。

基于此，给出 H 物流公司关键业务、重要合作、关键资源和组织架构四要素的创新路径。

7.5.1 H钢铁物流公司商业模式创新的关键要素

（1）关键业务。H 钢铁物流公司的业务收入 60% 以上来自母公司，虽然业务量大，利润空间小，但一是母子公司间坚固的组织与业务关系，二是物流业务的规模利润优势，使得母公司这一关键业务所带来的价值实现稳固且持久。

钢铁物流企业在各环节物流增值服务不多，虽然宝武集团、河钢集团、沙钢集团均设立了高端加工配送中心，但是由于成立时间较短，尚未摸索出有效整合物流链资源的方式，也未有效挖掘供应链金融的潜力。因此对于 H 钢铁物流公司来说，应以母公司的关键业务为抓手，提高定向精准的物流增值业务开发，抢占市场先机，扩展物流业务服务增值潜力。

（2）重要合作。从 H 钢铁物流公司的上游业务来看，铁路运输是当前集团物流过程中主要的运输方式，在铁矿石疏港、采购物流、销售物流及厂内生产物流很多环节都发挥着重要作用。铁路运输按车辆标记载重收取运输费用，所以提高铁路运输静载重是降低铁路运输成本的关键。基于 H 钢铁物流公司的运输数据测算，提高铁路静载重配置效率，可在铁矿石疏港、采购物流、销售物流三个环节带来增值效益，应采取多种合作方式，如成立合资公司等与铁路公司展开更紧密、多形式的合作。

从 H 钢铁物流公司的下游业务来看，H 物流公司产品定价为每个月一次，采用管理层集体决策法，对市场的反应滞后。可以与高端客户展开战略合作，以优质服务赢得客户的长期稳定合作关系，实现共赢。

对 H 共同物流公司而言，无论上下游业务，均可以战略协作关系与交叉持股等形式强化重要合作，夯实物流价值链的可持续增值能力。

（3）组织架构。H 钢铁物流公司应充分关注企业合并所带来的负向效应，利用集团整体优势，从战略视域积极指导和协调集团的物流业务，构建共同物流平台，挖掘集团全产业链的物流价值，与子公司协同，实现物流价值回归和效益的提升。通过整合、改革、投入，逐步实现物流板块可持续价值增值。H 钢铁物流公司的组织架构现状是条块分割式管理，相关专业公司、子公司各自承担着物流管理职能，缺乏全局性的统一管理，导致集团物流板块利益未能充分实现与获取。共同物流平台模式的构建，需要 H 钢铁物流公司需与集团母公司强化沟通，通过体制创新、管理创新，对传统物流管理模式做“大手术”。共同物流的综合服务优势是集团公司要建立实现商业模式创新的可行途径，通过将分布在各子公司、分公司的同类业务进行整合、统一管控，实现物流价值回归和效益提升。

（4）关键资源。H 钢铁物流公司的关键资源是母公司资金优势和庞大的客户数据。首先，H 钢铁物流公司应充分借助母公司融资信用优势，发挥物流金融功能底蕴，借由信用资源的介入，强化物流业务链结构强度与客户黏性，进而获取集团全产业链的物流价值增值。其次，在母公司协助下，构建大数据平台，开发与引进大数据处理技术，深入挖掘母公司客户数据的信息价值，以物流业务的精准化服务优势资源扩展客户群，加厚物流价值链的增值基础。

7.5.2 H钢铁物流公司商业模式创新路径思考

（1）集散中心物流链条管控路径。集散中心物流链条管控从港口原料集散中心、区域性钢材集散中心的规划建设入手，提高集散中心的资源、设施、信息等优势的管控实现物流业务可持续价值增值。

首先，建立港口原料集散中心。当前的业务流程是各子公司将各种铁矿石运至原料厂后，按高炉需要进行混匀配比，致使各子公司库存居高不下。如果在港口建立原料基地，在港口统一按子公司需求进行混配作业，然后装车发往各子公司，子公司可直接进入生产环节，减少各子公司的库存，相应减少总体的库存水平。

其次，建立钢材集散中心。统计数据表明，2016 ～ 2018 年间，北京、上海、天津、河北、江苏、河南、山东、广东、湖北、浙江等十个省、市的钢材销售占集团国内总销售量的 93.8%，各子公司延伸销售链条后，可采取多种合作方式，在以上区域选址建设钢材集散中心，形成庞大的销售物流网络，并以交易中心的数码仓库系统作为辅助管理工具来确保数据的准确无误，统一管理各子公司的到货、发货和库存，各子公司把货物直接送到钢材集散中心，再由钢材集散中心向终端客户配送，形成干线运输加区域配送的格局。建设钢材集散中心要与各子公司现有加工配送中心结合起来，统筹兼顾。

（2）物流链延伸优化服务路径。从上游来看，铁路行业是铁路公司垄断情况，所有的钢铁物流企业都希望能够和铁路公司建立战略合作关系。与上游铁路公司建立重要合作难度较大，因此，延伸下游服务链是延伸物流服务的有效路径。H钢铁物流公司可以与他人合作获得优良资金建设实体，合作可能性较大的合作方是H集团各个子公司，合作建设固特异物流园区项目，延伸物流服务。在港口原料集散中心和区域钢材集散中心的基础上，基于优质、核心客户的业务区域中心，配置中转、储备、配送中心，以实时精准的物流服务延伸公司价值链。

（3）同类物流业务统一管理路径。

第一，统一管控货代业务。集团各子分公司各自委托货代公司提供的相应服务包括，进口铁矿石货代、钢材出口货代、国内水陆联运货代等，集团一年需支付给货代的各项费用达6亿元，其中交叉重复费用占比超10%，物流公司对货代业务进行统一管理，成本节省与资源配置效率提升空间巨大。

第二，统一管控港口业务。H集团每年进口铁矿石约4000万吨，出口钢材约600万吨，国内水陆联运约400万吨，由H钢铁物流公司统一协调与管控港口业务，可享受5000万吨以上各类集疏港货物的港口最优惠收费政策，又可带来物流费用的规模化节省。

第三，统一管控铁路业务。铁路部门对H集团各子公司物流业务收费项目标准不一，政策差异大。在铁路对大客户的运输费用实行议价的背景下，H钢铁物流公司依托母公司庞大的资源规模优势，统一管控铁路运输业务，在保价费、技术服务费、基础运费等方面可争取最大的优惠政策，降低物流成本。

第四，统一管控销售物流业务。H集团公司销售钢材一般采取客户指定地点交货模式。指定地点交货模式由H钢铁物流公司统一协调管控，通过延伸销售物流的管控范围，可获得使铁路运输、汽车运输、水路运输等各种方式在内的物流自愿配置优化效益。

（4）财务与物流信息整合路径。H钢铁物流公司成立的钢铁交易中心电子交易系统已经与中国银行、兴业银行、华夏银行三家银行总行级的系统实现了互联，具备了在线融资的基本条件，与其他银行的系统互联工作也在稳步推进。钢铁交易中心电子交易系统平台的效用发挥，需要H集团各子公司及销售总公司关注平台在线融资功能，引导支持优质客户线上融资。在线融资以每个月10亿融资额计算，监管及融资收费按年息1.5%测算，每年可产生1500万元的效益。

智能物流系统是交易中心拓展的一个重要功能，能显著提升电子商务综合竞争实力，能提供各种运输工具的在途跟踪、运力交易、费用结算、车辆管理、车辆保险等服务功能，也可为客户组织经济、合理的物流方案，确保交易过程物流成本最低。通过整合H集团公司和社会物流资源，在为集团提供物流服务的同时，也可为社会其他企业开展高效、便捷的物流服务业务，使智能物流成为电商系统一个重要的盈利点。

7.6 小结

商业模式创新是改变企业价值创造的基本逻辑以提升顾客价值和企业竞争力的活动。商业模式创新的实质是商业模式构成要素的变化及其相互影响，要素之间的关系变动及其程度会对商业模式的构成产生作用。具体分析每一个要素本身以及要素之间的关系变动对商业模式构成的影响，是商业模式创新的方式之一。

钢铁物流企业商业模式创新要素和路径选择的核心需反映有效商业模式的共性特征，行业的共性特征。

通过问卷法和层次分析法得出的钢铁物流企业商业模式关键要素的排序为：关键业务、重要合作、组织架构、关键资源、收入结构、客户关系。通过德尔菲法、层次分析法、模糊综合评价法，给出了H钢铁物流公司商业模式创新关键要素排序为：客户关系、重要合作、组织架构、关键资源、收入结构、关键业务。对比发现，H钢铁物流公司与钢铁物流行业的商业模式关键要素排序有差异。以此为切入点，针对H钢铁物流公司商业模式创新的弱势要素，按照排序的倒叙顺序，提出关键业务、重要合作、组织架构和关键资源的商业模式创新路径。

基于H钢铁物流公司商业模式创新要素评价给出的集散中心物流链条管控、物流链条延伸优化、同类物流业务统一管理、财务与物流信息整合等路径思路，对同类物流企业具有较好的借鉴意义。

从技术创新转向商业模式创新，物流企业想要在市场竞争形成可持续优势，就必须将商业模式的创新作为变革目标，通过商业模式要素的变革推动商业模式的创新，以达到提升顾客价值和企业可持续价值增值能力的目标。将共同物流类企业的商业模式创新要素评价研究扩展到不同特征行业，给出普适性的理论观点是未来的研究方向。

参考文献

[1] Afuah A, Tucci C. Internet Business Models and Strategies[M]. New York: Irwin/ McGraw-Hill, 2001.

[2] Afuah A. Business Models: A Strategic Management Approach[J]. Journal-Operational Research Society, 2005,56（11）: 1343-1343.

[3] Al-Debei M M, Fitzgerald G. The Design and Engineering of Mobile Data Services[J]. IFIP in Information and Communication Technology, 2010, 318（1）: 28-51.

[4] Amit R, Zott C. Value Creation in E Business[J]. Strategic Management Journal, 2001, 22（6-7）: 493-520.

[5] Anderson J C, Gerbing D W. Structural equation modeling in practice: A review and recommended two-step approach [J]. Psychological bulletin, 1988, 103（3）: 411-423.

[6] Andries P, Wastyn A. Disentangling value-enhancing and cost-increasing effects of knowledge management[J]. Journal of Knowledge Management, 2012, 16（3）: 387-399.

[7] Applegate L M. E-Business Models: Making Sense of the Internet Business Landscape[A]. Information technology and the future enterprise: New models for managers[C]. NJ: Prentice Hall, 2001, 49-101.

[8] Arora R. Implementing K M: A balanced scorecard approach [J]. Journal of Knowledge Management, 2002, 6（3）: 240-249.

[9] Aspara J, Hietanen J, Tikkanen H. Business model innovation vs replication: financial performance implications of strategic emphases[J]. Journal of Strategic Marketing, 2010, 18（1）: 39-56.

[10] Aziz S A, Fitzsimmons J R, Douglas E J. Clarifying the business model construct[J].

Agse International Entrepreneurship Research Exchange, 2008（2）: 795-813.

[11] Baek J S, Kang J K, Park K S. Corporate governance and firm value: Evidence from the Korean financial crisis[J]. Journal of Financial economics, 2004, 71(2): 265-313.

[12] Bagozzi R P, Yi Y. On the evaluation of structural equation models [J]. Journal of the academy of marketing science, 1988, 16（1）: 74-94.

[13] Barquet A P, Seidel J, Buchert T, et al. Sustainable Product Service Systems–From Concept Creation to the Detailing of a Business Model for a Bicycle Sharing System in Berlin[J]. Procedia CIRP, 2016, 40（1）: 524-529.

[14] Bharath S T, Sunder J, Sunder S V. Accounting quality and debt contracting[J]. The Accounting Review, 2008, 83（1）: 1-28.

[15] Bock G W, Lee J N. Behavioral intention formation in knowledge sharing: examining the role of extrinsic motivators, social-psychological forces, and organizational climate. Mis Quarterly,2005, 29（1）: 87-111.

[16] Bossidy L, Charan R, Burck C. Confronting Reality: Doing What Matters to Get Things Right[M]. New York: Crown Business, 2004.

[17] Boulton R E S, Libert B D, Samek S M. A business model for the new economy[J]. Journal of business Strategy, 2000, 21（4）: 29-35.

[18] Bucherer E, Eisert U, Gassmann O. Towards systematic business model innovation: lessons from product innovation management[J]. Creativity and Innovation Management, 2012, 21（2）: 183-198.

[19] Bushman R, Chen Q, Engel E, et al. Financial accounting information, organizational complexity and corporate governance systems[J]. Journal of Accounting and Economics, 2004, 37（2）: 167-201.

[20] Cantner U, Joel K, Schmidt T. The effects of knowledge management on innovative success – An empirical analysis of German firms[J]. Research Policy, 2011, 40（10）:1453-1462.

[21] Cao L, Tang X, et al. Topics and trends of the on-line public concerns based on Tianya forum[J]. Journal of Systems Science & Systems Engineering, 2014, 23（2）:212-230.

[22] Casadesus-Masanell R, Ricart J E. From strategy to business models and onto

tactics[J]. Long Range Planning, 2010, 43（2-3）: 195-215.

[23] Casadesus-Masanell R, Zhu F. Business model innovation and competitive imitation: The case of sponsor-based business models[J]. Strategic management journal, 2013, 34（4）: 464-482.

[24] Chin W W. The partial least squares approach to structural equation modeling[J]. Modern methods for business research, 1998, 295（2）: 295-336.

[25] Clauss T. Measuring Business Model Innovation: Conceptualization, Scale Development and Proof of Performance[J]. R&D Management, 2017, 47（3）: 385-403.

[26] Demil B, Lecocq X. Business model evolution: in search of dynamic consistency[J]. Long Range Planning, 2010, 43（2-3）: 227-236.

[27] Diamond D W, Verrecchia R E. Disclosure, Liquidity, and the Cost of Capital[J]. Journal of Finance, 1991, 46（4）:1325-1359.

[28] Dichev I D, Graham J R, Harvey C R, et al. Earnings quality: Evidence from the field[J]. Journal of Accounting and Economics, 2013, 56（2-3）: 1-33.

[29] Dobroszek J, Szychta A. Indicators as an Instrument of Measurement in Management Accounting in Logistics Enterprises in Poland[J]. Journal of Management and Business Administration, 2015, 23（4）: 11-33.

[30] Doherty N A. Integrated Risk Management, International edition[M]. New York City: The McGraw-Hill. Companies Inc, 2003.

[31] Dubosson-Torbay M, Osterwalder A, Pigneur Y. E-business model design, classification, and measurements[J]. Thunderbird International Business Review, 2002, 44（1）: 5-23.

[32] Elliott, S. Electronic Commerce: B2C Strategies and Models[J]. European Journal of Information Systems, 2003, 12（1）:72-72.

[33] Esteban R B. Assessing agri-business firms' performances: Organizational and marketing business models of high/low sales and ROE outcomes[J]. Journal of Business Research, 2016, 69（9）: 3415-3426.

[34] F. Lang, Insurance Research[J]. Journal of Marketing, 1947, 12（6）: 66-71.

[35] Forrester J W. Industrial Dynamics[M]. Cambridge, Mass: Productivity Press,1961.

[36] Forrester J W. Principles of System[M]. Cambridge, Mass: Productivity Press,1968.

[37] Frankenberger K. Revolutionizing the business model[J]. Management of the fuzzy front end of innovation. Springer, Cham, 2014, 4（6）: 89–97.

[38] Freeman R E. Strategic Management: A stake holder approach[M]. Cambridge: Cambridge university press, 2010.

[39] Friedman D. Economic applications of evolutionary game theory[J]. Journal of Evolutionary Economics, 1998, 8（1）: 14–18.

[40] Friedman D. Evolutionary game in economics[J]. Economy Erica, 1991, 59（3）: 637–666.

[41] Gambardella A, McGahan A M. Business model innovation: General purpose technologies and their implications for industry structure[J]. Long Range Planning, 2010, 43（2–3）: 262–271.

[42] Gary M S. Exploring the impact of organizational growth via diversification[J]. Simulation Modelling Practice and Theory,2002,10（5–7）:369–386.

[43] Giesen E, Berman S J, Bell R, et al. Three ways to successfully innovate your business model[J]. Strategy & Leadership, 2007, 35（6）:27–33.

[44] Gilbert N, Ahrweiler P, Pyka A. Simulating knowledge dynamics in innovation networks[M]. Singapore: World Scientific Press, 2014: 1–13.

[45] Gordijn J, Akkermans J. Designing and Evaluating E–Business Models[J]. IEEE Intelligent Systems, 2001, 16（4）: 11–17.

[46] Grasl O. Professional service firms: Business model analysis–Method and case studies[D]. University of St.Gallen, Switzerland, 2009.

[47] Hall M. Survivors' perspectives of organizational downsizing on knowledge sharing in a downsized environment[J]. Open Journal of Leadership, 2012, 1（4）, 17–21.

[48] Hamel G. Leading the Revolution: An Interview with Gary Hamel[J]. Strategy & Leadership, 2001, 29（1）:4–10.

[49] Hawkins R. The "Business Model" as a research problem in electronic commerce[J]. Spru–science and Techno–logy Policy Research, 2001（4）: 72.

[50] Healy P M, Palepu K G. The effect of firms' financial disclosure strategies on stock prices[J]. Accounting Horizons, 1993, 7（1）: 1–13.

[51] Huang H C, Lai M C, Lo K W. Do founders' own resources matter? The influence of business networks on start–up innovation and performance[J]. Technovation, 2012,

32（5）: 316-327.

[52] Huizingh EKRE. Towards Successful E-Business Strategies: A Hierarchy of Three Management Models[J]. Journal of Marketing Management, 2002, 18（7-8）: 721-747.

[53] Jarvenpaa S L, Staples D S. Exploring perceptions of organizational ownership of information and expertise[J]. Journal of Management Information Systems, 2001, 18（1）:151-183.

[54] Jin. X-H. Neuro fuzzy decision support system for efficient risk allocation in public-private partnership infrastructure projects[J]. Journal of Computing in Civil Engineering, 2010, 24（6）:525-538.

[55] José S, Bert S, Ludo V D H. Toward a Theory of Business Model Innovation within Incumbent Firms[R]. French Fontainebleau: INSEAD, 2009.

[56] Kamuriwo D S. Timing in Business Model and Product Market Strategy Tradeoffs[J]. Academy of Management Annual Meeting Proceeding, 2009,2009（1）: 1-6.

[57] Kankanhalli A, Tan B C Y, Wei K K. Contributing knowledge to electronic knowledge repositories: an empirical investigation[J]. MIS quarterly, 2005, 29（1）: 113-143.

[58] Karlenzig W, Markovich M, Borromeo J J, et al. Knowledge collaboration [EB/OL]. Dimension Data, http: // www.didata.com/, 2002.

[59] Kastalli I V, Van Looy B. Servitization: Disentangling the impact of service business model innovation on manufacturing firm performance[J]. Journal of Operations Management, 2013, 31（4）: 169-180.

[60] Keil M, Tan B C Y, Wei K K, et al. A cross-cultural study on escalation of commitment behavior in software projects [J]. MIS Quarterly, 2000,24（2）: 299-325.

[61] Kindström D, Ottosson M. Local and regional energy companies offering energy services: Key activities and implications for the business model[J]. Applied Energy, 2016, 171: 491-500.

[62] Li C, Qin J, Li J, et al. The Accident Early Warning System for Iron and Steel Enterprises Based on Combination Weighting and Gray Prediction Model[J]. Safely Science, 2016, 89: 19-27.

[63] Li B, A. Akintoye, P.J. Edwards, et al. The allocation of risk in PPP/PFI construction projects in the UK[J]. International Journal of Project Management, 2005, 23（1）: 25–35.

[64] Linder J, Cantrell S. Changing Business Models:Surveying the Landscape[M]. Cambridge: Accenture Institute for Strategic Change, 2000.

[65] Ma F, Huo C. The Communication of Health Knowledge in Social Media under the Special Chinese Culture Context: The Moderating Effect of Loss of Face[M]. Gothenburg: Multidisciplinary Digital Publishing Institute Proceedings,2017.

[66] Macharis C, Bontekoning Y M. Opportunities for or in Intermodal Freight Transport Research: A review[J]. European Journal of Operational Research, 2004, 153（2）: 400–416.

[67] Madhavan A. Security prices and market transparency[J]. Journal of Financial Intermediation, 1996, 5（3）: 255–283.

[68] Magretta, J. Why Business Models Matter[J]. Harvard Business Review, 2002, 80（5）: 86–92.

[69] Mahadevan B. Business Models for Internet–Based E–Commerce: An Anatomy[J]. California Management Review, 2000, 42（4）: 55–69.

[70] Malhotra Y. Knowledge Management & New Organization Forms: A Framework for Business Model Innovation[J]. Information Resources Management Journal, 2000, 13（1）: 5–14.

[71] March J G, Simon H.A. Organizations [M]. New York: John Wiley and Sons, 1958.

[72] Mason K, Chakrabarti R. The role of proximity in business model design: Making business models work for those at the bottom of the pyramid[J]. Industrial Marketing Management, 2017, 61: 67–80.

[73] Matolcsy Z, Wyatt A. The association between technological condition and the market value of equity[J]. Accounting Review, 2008, 83（2）: 479–518.

[74] Mendelson H. Organizational Architecture and success in the information technology industry [J]. Management Science, 2000, 46（4）: 513–529.

[75] Mitchell D, Coles C. The ultimate competitive advantage of continuing business model innovation[J]. Journal of Business Strategy, 2003, 24（5）: 15–21.

[76] Morris M, Schindehutte M, Allen J. The Entrepreneurs Business Model: Toward an

Unified Perspective[J]. Journal of Business Research, 2003, 58（1）: 726-730.

[77] Nevis E C, DiBella A J, Gould J M. Understanding organizations as learning systems[J]. Sloan Management Review, 1995, 28（3）: 119.

[78] Ng A, Loosemore M. Risk allocation in the private provision of public infrastructure[J]. International Journal of Project Management, 2007, 25(1): 66-76.

[79] Nonaka I, Takeuchi H. The Knowledge Creating Company: How Japanese Companies Create the Dynamics of Innovation. [J]. International Journal of Organizational Analysis, 1996, 29（4）: 592.

[80] Nowicka K. Smart City logistics on cloud computing model[J]. Procedia Social and Behavioral Sciences, 2014, 151（2）: 266-281.

[81] O'Brien D, Babiker E, O'Sullivan O, et al. Prediction of peripartum hysterectomy and end organ dysfunction in major obstetric haemorrhage[J]. European Journal of Obstetrics Gynecology & Reproductive Biology, 2010, 153（2）: 165-169.

[82] Önsel Ekici Ş, Kabak Ö, Ülengin F. Linking to compete: logistics and global competitiveness interaction[J]. Transport Policy, 2016, 48（5）: 117-128.

[83] Osterwalder A, Pigneur Y, Tucci C L. Clarifying Business Models: Origins, Present, and Future of the Concept[J]. Communications of the Association for Information Systems, 2005,16（16）: 751-775.

[84] Osterwalder A. Business Model Generation: A Handbook for Visionaries, Game Changers, and Challengers[J]. Business horizons, 2010, 7（2）: 2-9.

[85] Osterwalder, A. The business model ontology- a proposition in a design science approach [D]. PhD Thesis, University of Lausanne, Switzerland, 2004.

[86] Pedler M, Boydell T, Burgoyne J. Towards the learning company [J]. Management Education and Development, 1989, 20(1): 1-8.

[87] Petrosjan L, Zaccour, G. Time consistent Shapley value allocation of pollution cost reduction[J]. Journal of Economic Dynamics and Control, 2003, 27（3）: 381-398.

[88] Petrovic O, Kittl C, Teksten R.D. Developing Business Models for E-business[C]. Paper presented at the International Conference on Electronic Commerce, 2001.

[89] Pieter B, Hawkins R. Standardization and business models for platform competition: the case of mobile television[J]. International Journal of IT Standards and Standardization Research, 2009, 7（1）: 1-12.

[90] Raghavan T E S., Ferguson T S, Parthasarathy T, et al. Stochastic Games and Related Topics: In Honor of Professor L. S. Shapley[M]. Dordrecht: Kluwer Academic Publishers, 1990.

[91] Rantala T, Ukko J, Saunila M, et al. The effect of sustainability in the adoption of technological, service, and business model innovations[J]. Journal of Cleaner Production, 2018, 172（2）: 46–55.

[92] Rappa M A. The Utility Business Model and Future of Computing Services[J]. IBM Systems Journal, 2004, 43（1）: 32–42.

[93] Rappa M A. The utility business model and the future of computing services[M]. New York: IBM Corp, 2004.

[94] Rappa M. Business models on the web: Managing the digital enterprise[J]. North Carolina State University, USA, 2001, 4（1）: 6–13.

[95] Ratzmann M, Gudergan P, Bouncken R. Capturing heterogeneity and pls–sem prediction ability: alliance governance and innovation[J]. Journal of Business Research, 2016, 69（10）: 4593–4603.

[96] Richard E, Barry D, Steve M. A business model for the new economy[J]. The Journal of Business Strategy, 2000（07–08）:29–35.

[97] Richardson R. Feedback Thought in Social Science and Systems Thoery[M]. University of Pennsylvania Press: Philadelphia, 1991.

[98] Richardson S A, Sloan R G, Soliman M T, et al. The implications of accounting distortions and growth for accruals and profitability[J]. The Accounting Review, 2006, 81（3）: 713–743.

[99] Ringle C M, Silva D D, Bido D D S. Modelagem de Equações Estruturais com Utilização do Smartpls [J]. Remark Revista Brasileira De Marketing, 2014, 13（2）: 54–71.

[100] Ritala P, Olander H, Michailova S, et al. Knowledge sharing, knowledge leaking and relative innovation performance: an empirical study[J]. Technovation, 2015, 35: 22–31.

[101] Rodrigue P, Slack B, Comtois C. The handbook of logistics and supply–chain management, handbooks in transport[J]. London: Pergamon Elsevier, 2001, 2（8）: 78–85.

[102] Ross J W, Vitale M R, Weill P. From Place to Space: Migrating to Profitable Electronic Commerce Business Models[J]. Social Science Electronic Publishing, 2002,（324）: 1–37.

[103] Sako M. Business models for strategy and innovation[J]. Communications of the ACM, 2012, 55（7）: 22–24.

[104] Santos–Vijande M L, López–Sánchez J Á, Trespalacios J A. How organizational learning affects a firm's flexi bility, competitive strategy, and performance[J]. Journal of Business Research, 2012,65（8）: 1079–1089.

[105] Sbihi A, Eglese R W. Combinatorial Optimization and Green Logistics[J]. A Quarterly Journal of Operations Research, 2007, 5（2）: 99–116.

[106] Scheuing E E, Johnson E M. A proposed model for new service development [J]. Journal of Services Marketing, 1989, 3（2）: 25–34.

[107] Schwandt D R, Marquardt M J. Organizational learning: From world–class theories to global best practices[M]. Washington, DC: St Lucie Press, 2000.

[108] Shafer S M, Smith H J, Linder J C. The power of business models[J]. Business horizons, 2005, 48（3）: 199–207.

[109] Shapley L S. A value for n–persons games[J]. Annals of Mathematics Studies, 1953, 28（7）: 307–318.

[110] Shimpi, P A. Integrating Corporate Risk Management[M]. NY: Texere Llc, 2001.

[111] Siekkinen J. Value relevance of fair values in different investor protection environments[C]. Accounting forum. Taylor & Francis, 2016, 40（1）: 1–15.

[112] Sosna M, Trevinyo–Rodríguez R N, Velamuri S R. Business model innovation through trial–and–error learning: The Naturhouse case[J]. Long Range Planning, 2010, 43（3）: 5–18.

[113] Stata R. Organizational learning: The key to management innovation[J]. Sloan Management Review, 1989, 30（3）: 63–74.

[114] Stewart D W, Zhao Q. Internet Marketing, Business Models, and Public Policy[J]. Journal of Public Policy & Marketing, 2000, 19（2）: 287–296.

[115] Taran Y, Boer H, Lindgren P. A business model innovation typology[J]. Decision Sciences, 2015, 46（2）: 301–331.

[116] Teece D J. Business Models, Business Strategy and Innovation[J]. Long Range

Planning, 2010, 43（2-3）:172-194.

[117] Tho N D, Trang N T M. Can knowledge be transferred from business schools to business organizations through in-service training students? SEM and fsqca findings[J]. Journal of Business Research, 2014,68（6）: 1332-1340.

[118] Thomas R. Business value analysis: coping with unruly uncertainty[J]. Strategy & Leadership, 2001, 29（2）: 16-24.

[119] Timmers P. Business Models for Electronic Markets[J]. Electronic Markets, 1998, 8（2）: 3-8.

[120] Venkatraman N, Henderson J C. Real strategies for virtual organizing[J]. MIT Sloan Management Review, 1998, 40（1）: 33.

[121] Venkatraman N. Four vectors of business model innovation: Value capture in a network era[M]. Berlin: Springer, 2008.

[122] Walters D. A business model for the new economy[J]. International Journal of Physical Distribution & Logistics Management, 2004, 34（3-4）: 346-357.

[123] Wang Y, Ma X L, Liu M W, et al. Cooperation and Profit Allocation in Two-echelon Logistics Joint Distribution Network Optimization[J]. Applied Soft Computing, 2017, 56（7）: 143-157.

[124] Weill P and Vitale M R. Place to space: Migrating to e-business models[M]. MA: Harvard Business School Press, 2001.

[125] Weill P D, Vitale M. Place to space: migrating to e-business models[J]. Journal of Global Information Technology Management, 2001, 4（3）: 70-71.

[126] Wetzels M, Odekerken-Schröder G, Van Oppen C. Using PLS path modeling for assessing hierarchical construct models: guidelines and empirical illustration [J]. MIS quarterly, 2009, 33（1）: 177-195.

[127] Wold H. Systems under indirect observation using PLS[A]. A second generation of multivariate analysis[M]. NewYork:Praeger 1982.

[128] Wong K K K. Partial least squares structural equation modeling（PLS-SEM）techniques using SmartPLS[J]. Marketing Bulletin, 2013, 24（1）: 1-32.

[129] Wu H J, Dunn S C. Environmentally responsible logistics systems[J]. International Journal of Physical Distribution & logistics management, 1995, 25（2）: 20-38.

[130] Xavier M J, Krishnan R, Borin N. An integrated model of collaborative value

creation for strategic innovation: The case of retail automation in India[J].IIMB Management Review, 2005, 17（2）: 29.

[131] Zeng Y, Lee E, Zhang J. Value relevance of alleged corporate bribery expenditures implied by accounting information[J]. Journal of Accounting and Public Policy, 2016, 35（6）: 592-608.

[132] Zhang L, Xue L, Zhou Y. How do low-carbon policies promote green diffusion among alliance-based firms in China? An evolutionary-game model of complex networks[J]. Journal of Cleaner Production, 2019, 210: 518-529.

[133] Zott C, Amit R. Business model design and the performance of entrepreneurial firms[J]. Organization science, 2007, 18（2）: 181-199.

[134] Zott C, Amit R. Business model design: an activity system perspective[J]. Long range planning, 2010, 43（2-3）: 216-226.

[135] Zott C, Amit R. Massa, L. The business model: recent developments and future research[J]. Journal of Management, 2011, 37（4）: 1019-1042.

[136] Zott C, Amit R. The Fit Between Product Market Strategy and Business Model: Implications for firm performance[J]. Strategic Management Journal.2008, 29（1）: 1-26.

[137] 卞晓青．钢铁物流企业新型运营模式的跨案例研究 [J]. 物流技术，2007，6（4）：16-21.

[138] 蔡春红，冯强．网络经济背景下企业价值网模块再造、价值重构与商业模式创新 [J]. 管理学刊，2017，30（4）：28-40.

[139] 蔡俊亚，客户参与和供应商参与对企业绩效的影响研究 [J]. 研究与发展管理，2013，25（3）：53-63

[140] 蔡林．系统动力学在可持续发展研究中的应用 [M]. 北京：中国环境科学出版社，2008.

[141] 曹洲涛，杨佳颖．知识异质性促进知识创新的协同路径研究 [J]. 科技进步与对策，2015，32（17）：134-138.

[142] 曾萍，宋铁波．基于内外因素整合视角的商业模式创新驱动力研究 [J]. 管理学报，2014，11（7）：989-996.

[143] 曾嵘欣．基于 BP 神经网络的商业银行信用风险度量模型研究 [J]. 金融发展研究，2018，25（6）：68-73.

[144] 陈劲，黄衡．回溯创新：一类新的创新模式 [J]. 科技进步与对策，2011，28（8）：1-4.

[145] 陈平．信息披露质量、投资者信心与企业价值 [J]. 财会通讯，2013，548（36）：53-56.

[146] 陈兴述，陈煦江．对我国上市公司盈利质量与可持续发展能力的实证研究 [J]. 上海经济研究，2008（5）：88-93.

[147] 陈秀梅．商业模式创新路径研究综述 [J]. 当代经济，2019（1）：100-103.

[148] 崔海云，魏国辰．创新网络嵌入、外部知识获取与物流企业市场绩效关系 [J]. 中国流通经济，2017，31（1）：41-47.

[149] 崔连广，张敬伟．商业模式的概念分析与研究视角 [J]. 管理学报，2015，12（8）：1240-1247.

[150] 代明，陈罗俊．CSO 商业模式及其系统动力学仿真研究 [J]. 软科学，2014，28（9）：119-123.

[151] 戴定一．物流与低碳经济 [J]. 中国物流与采购，2008，17（21）：24-25.

[152] 戴建华，薛恒新．基于 Shapley 值法的动态联盟伙伴企业利益分配策略 [J]. 中国管理科学，2004，12（4）：34-37.

[153] 邓启稳．上市公司激励机制与会计信息质量实证研究 [J]. 宏观经济研究，2013（12）：87-91.

[154] 邸战震，翁心刚．集团型钢铁企业现代钢铁物流产业发展路径探析 [J]. 中国物流与采购，2013（1）：66-67.

[155] 刁玉柱．商业模式创新的机理分析：一个系统思考框架 [J]. 管理学报，2012，9（1）：71.

[156] 丁焕明，魏凤．基于扎根理论的商业模式创新生成机理研究 [J]. 西安电子科技大学学报（社会科学版），2015，25（5）：13-19.

[157] 董小红，李哲，王放．或有事项信息披露、财务重述与企业价值 [J]. 财贸研究，2017，28（5）：90-99.

[158] 段向云，陈瑞照．物流企业低碳化发展关键影响因素：识别与实证 [J]. 北京工商大学学报（社会科学版），2014，29（3）：48-56.

[159] 范小军，赵一，钟根元．基础项目融资风险的分担比例研究 [J]. 管理工程报，2007，21（1）：98-101.

[160] 范学谦．全球化下低碳物流发展研究 [J]. 交通信息与安全，2012，30（2）:7-11.

[161] 冯雪飞，董大海．商业模式创新中顾客价值主张影响因素的三棱锥模型——基于传统企业的多案例探索研究 [J]. 科学学与科学技术管理，2015，36（9）：138-147.

[162] 付秋芳，忻莉燕，马士华．惩罚机制下供应链企业碳减排投入的演化博弈 [J]. 管理科学学报，2016，19（4）：56-70.

[163] 傅世昌，王惠芬．商业模式定义与概念本质的理论体系与研究趋势 [J]. 中国科技论坛，2011（2）：70-76.

[164] 富立友，房晶，马洪伟．制造业共同物流中的风险与利益分配研究 [J]. 商业时代，2011（17）：28-29.

[165] 高闯，关鑫．企业商业模式创新的实现方式与演进机理——一种基于价值链创新的理论解释 [J]. 中国工业经济，2006，224（11）：83-90.

[166] 高桂华．商业模式创新与物流企业创新思考 [J]. 物流技术，2014，33（7）：81-83.

[167] 高华，何书垚，王博．BT 项目合同风险分担研究 [J]. 重庆大学学报：社会科学版，2016，22（3）：89-99.

[168] 桂华明，马士华．基于收货时间约束的节点物流能力与服务水平关系研究 [J]. 工业技术经济，2006，25（12）：47-50.

[169] 郭海，沈睿．环境包容性与不确定性对企业商业模式创新的影响研究 [J]. 经济与管理研究，2012（10）：97-104.

[170] 郭建军．试论物流企业商业模式演化过程——基于产业生态系统视角 [J]. 商业经济研究，2018，741（2）：89-92.

[171] 郭蕊，吴贵生．商业模式理论辨析 [J]. 技术经济，2014，33（1）：14-23，91.

[172] 郭毅夫，赵晓康．商业模式创新与竞争优势：基于资源基础论视角的诠释 [J]. 理论导刊，2009（3）：69-71.

[173] 郝文杰，鞠晓峰．企业研发团队知识共享影响因素的实证研究 [J]. 北京理工大学学报，2010，30（2）：249-252.

[174] 何涛，赵国杰．基于随机合作博弈模型的 PPP 项目风险分担 [J]. 系统工程，2011，29（4）：88-92.

[175] 胡保亮．商业模式、创新双元性与企业绩效的关系 [J]. 科研管理，2015，36（11）：29-36.

[176] 胡丽，张卫国，叶晓甦．基于 Shapley 修正的 PPP 项目利益分配模型研究 [J]. 管理工程学报，2011，25（ 2）：149-154.

[177] 黄福华，袁世军 . 试论中小零售企业共同物流三维模型的构建 [J]. 北京工商大学学报（社会科学版），2009，24（1）：84-87.

[178] 黄福华，袁世军 . 新农村建设中发展农产品共同物流对策的探讨 [J]. 北京工商大学学报：社会科学版，2007，22（3）：1-3.

[179] 黄福华，周敏 . 基于共同物流视角的湖南省农产品物流发展分析 [J]. 农业经济问题，2008（8）：90-93.

[180] 黄山，范洁文，邝伟鹏 . 基于信息整合的低碳物流商业模式创新研究 [J]. 科技管理研究，201，35（5）：225-228.

[181] 黄晓波，张袁媛 . 企业的利润结构与可持续增长——基于 A 股竞争性上市公司的经验证据 [J]. 南京审计学院学报，2012，9（6）：26-33.

[182] 霍帆帆 . 物流企业商业模式创新影响因素研究 [D]. 邯郸：河北工程大学，2019.

[183] 吉姆•米尔豪森 . 商业模式设计与完善 [M]. 北京：人民邮电出版社，2016.

[184] 贾生华，陈宏辉 . 利益相关者的界定方法述评 [J]. 外国经济与管理，2002，24（5）：13-18.

[185] 江积海，沈艳 . 制造服务化中价值主张创新会影响企业绩效吗？——基于创业板上市公司的实证研究 [J]. 科学学研究，2016，34（7）：1103-1110.

[186] 柯昌文 . 基于动态能力的商业模式概念框架构建 [J]. 财会月刊，2019，865（21）：137-142.

[187] 克拉克 . 商业模式新生代 [M]. 北京：机械工业出版社，2014.

[188] 李丹 . 基于产业集群的知识协同行为及管理机制研究 [M]. 北京：法律出版社，2009.

[189] 李端生，王东升 . 基于财务视角的商业模式研究 [J]. 会计研究，2016（6）：63-95.

[190] 李桂华 . 产业服务市场细分研究 [J]. 天津师范大学学报：社会科学版，2006，189（6）：13-17+54.

[191] 李华 . 基于价值网的企业商业模式创新内在机理分析 [J]. 商业时代，2015，690（35）：95-96.

[192] 李建忠，江涛，史越瑶 . 高竞争环境下物流企业发展环境分析和商业模式选择 [J]. 中国经贸导刊，2014（29）：15-18.

[193] 李靖华，林莉，李倩岚 . 制造业服务化商业模式创新：基于资源基础观 [J].

科研管理，2019，40（3）：74-83.

[194] 李靖华，叶浅吟．物流企业商业模式创新过程分析 [J]. 企业经济，2013，（11）：60-64.

[195] 李乐旋．组织性别多样性对专业技术人员社会网络的影响 [J]. 中国人力资源开发，2013（11）：99-102.

[196] 李亮．基于 AHP－云模型的 PPP 项目风险评价研究 [D]. 北京：北京交通大学，2019.

[197] 李随成，杨婷．知识共享与组织学习对供应链企业间研发合作绩效的影响研究 [J]. 科技进步与对策，2009，26（10）：97-103.

[198] 李玮玮．企业低碳商业模式选择的博弈分析——基于政府调控与市场机制双重影响的分析 [J]. 价格理论与实践，2016（8）：145-148.

[199] 李文莲，夏健明．基于“大数据”的商业模式创新 [J]. 中国工业经济，2013（5）：83-95.

[200] 李旭．社会系统动力学：政策研究的原理方法和应用 [M]. 上海：复旦大学出版社，2009.

[201] 李永发，李东．面临颠覆威胁的在位者商业模式重塑策略 [J]. 科研管理，2015，36（4）：145-153.

[202] 李玉民，熊育伟．基于 ANP 的企业发展低碳物流关键影响因子评价体系 [J]. 物流工程与管理，2011，33（1）：23-25.

[203] 李占雷，霍帆帆，霍朝光．商业模式创新男女有别？——基于知识管理视角 [J]. 华东经济管理，2017，31（10）：128-135.

[204] 李志学，李乐颖，陈健．产业结构、碳权市场与技术创新对各省区碳减排效率的影响 [J]. 科技管理研究，2019，39（16）：79-90.

[205] 李宗活，刘枚莲．基于 ISM 和 ANP 的物流企业低碳发展影响因素分析 [J]. 系统科学学报，2017，25（4）：105-109.

[206] 梁汶洁．西方社会性别研究与进程评介 [J]. 广西民族大学学报：哲学社会科学版，2007，29（S2）：56-58.

[207] 刘婧一．H 钢铁物流公司商业模式创新要素与路径研究 [D]. 邯郸：河北工程大学，2018.

[208] 刘向，覃朝勇，郭毅夫．基于内容分析法的我国商业模式研究文献的分析 [J]. 集团经济研究，2007，12（34）：265-267.

[209] 刘旭 . 基于产业生态系统的物流企业商业模式演化 [J]. 商业经济研究，2018，（4）：107-109.

[210] 刘洋，应瑛 . 商业模式内涵与研究框架建构 [J]. 科研管理，2012，33（5）：107-114.

[211] 刘正阳，王金鑫 . 商业模式对企业绩效的影响探究——基于新能源上市企业数据 [J]. 管理评论，2019，31（7）：264-273.

[212] 陆春华 . 基于细分市场的共同物流商业模式创新路径研究 [J]. 商业经济研究，2016（5）：71-73.

[213] 罗宏，张玮倩 . 会计信息披露与资本市场配置效率的实验研究 [J]. 上海立信会计学院学报，2010，24（6）：13-23.

[214] 罗珉，曾涛，周思伟 . 企业商业模式创新：基于租金理论的解释 [J]. 中国工业经济，2005（7）：73-81.

[215] 罗珉 . 商业模式的理论框架述评 [J]. 当代经济管理，2009，31（11）：1-8.

[216] 罗兴武，项国鹏 . 商业模式创新如何影响新创企业绩效？——合法性及政策导向的作用 [J]. 科学学研究，2017，35（7）：1073-1084.

[217] 吕鸿江，程明，吴利华 . CAS 视角下的商业模式设计与组织适应性 [J]. 管理科学学报，2016，19（9）：94-108.

[218] 吕永卫，霍丽娜 . 基于演化博弈的煤炭企业低碳减排路径分析 [J]. 系统科学学报，2019，27（2）：132-136.

[219] 马海群 . 知识创新过程中的知识管理与知识产权 [J]. 图书馆学研究，2003（2）：95-98.

[220] 马文峰 . 试析内容分析法在社科情报学中的应用 [J]. 情报科学，2000，18（4）：346-349.

[221] 马贤明，郑朝晖 . 财报背后的商业模式——以宏盛科技为例 [J]. 新理财，2007（10）：10-13.

[222] 马征亚 . 低碳约束下物流融资管理模式创新设计 [J]. 商业时代，2016（2）：39-38.

[223] 孟迪云，王耀中，徐莎 . 网络嵌入性对商业模式创新的影响机制研究 [J]. 科学学与科学技术管理，2016，37（11）：152-165.

[224] 孟庆伟，刘铁忠 . 从共享到原创：自主性技术创新中的知识演化 [J]. 科学学研究，2004，22（1）：104-107.

[225] 欧阳小迅，黄福华．共同物流的构建机理与模式选择 [J]. 财经论丛，2011（6）：111-115.

[226] 潘瑞玉．供应链知识协同与集群企业创新绩效关系的实证研究——基于组织学习的中介作用 [J]. 商业经济与管理，2013（4）：89-96.

[227] 齐严．网络背景下商业模式创新趋势与物流企业创新研究 [J]. 中国流通经济，2011，25（2）：72-75.

[228] 桑雨萌，韩秀平．基于熵权法的物流金融风险评价模型构建 [J]. 商业经济研究，2019（9）：165-167.

[229] 史越瑶．高竞争环境下物流企业商业模式创新路径研究 [J]. 煤炭经济研究，2015，35（8）：9-12.

[230] 宋河发，穆荣平，任中保．自主创新及创新自主性测度研究 [J]. 中国软科学，2006（6）：60-66.

[231] 孙蕾，孙绍荣．基于 Shapley 值的基础设施工程融资联盟合作机制研究 [J]. 工业工程与管理，2017，22（2）：76-82.

[232] 陶晶．低碳经济下的低碳物流探讨 [J]. 中国经贸导刊，2010（12）：72.

[233] 田立法．高承诺工作系统驱动知识共享：信任关系的中介作用及性别的调节作用 [J]. 管理评论，2015，27（6）：148-159.

[234] 田志龙，盘远华，高海涛．商业模式创新途径探讨 [J]. 经济与管理，2006（1）：42-45.

[235] 佟泽华．知识协同及其与相关概念的关系探讨 [J]. 图书情报工作，2012，56（8）：107-112.

[236] 汪寿阳，敖敬宁．基于知识管理的商业模式冰山理论 [J]. 管理评论，2015，27（6）：3-10.

[237] 汪翔，孟卫东，吴国东．不确定性条件下研发联盟的风险分担设计 [J]. 管理工程学报，2013，27（3）：189-195，222.

[238] 王炳成，许长宇．破坏性创新商业模式的成长路径研究 [J]. 科技进步与对策，2010，27（16）：1-4.

[239] 王炳成，杨芳，周晓倩．管理学实证研究中的内容分析法探析——以商业模式创新影响因素为例 [J]. 统计与信息论坛，2014，29（5）：105-110.

[240] 王炳成，张士强，王俐，等．商业模式创新、员工企业家精神和企业文化的跨层次研究 [J]. 研究与发展管理，2016，28（4）：39-51.

[241] 王超，穆东．基于 SD 的制造企业物流运作成本仿真与优化 [J]. 系统工程理论与实践，2012，32（6）：1241-1250.

[242] 王雎，曾涛．开放式创新：基于价值创新的认知性框架 [J]. 南开管理评论，2011，14（2）：114-125.

[243] 王岚．现代工业物流企业商业模式与服务创新——多案例比较分析 [J]. 中国流通经济，2014，28（10）：36-43.

[244] 王乐鹏，黄鹄绩，张世翔．智能低碳物流发展策略探讨 [J]. 商业经济，2010（22）：1-2，29.

[245] 王利，马胜铭，李莹．基于商业模式创新的动态环境与物流企业绩效分析 [J]. 商业研究，2017（3）：1-7.

[246] 王是业．基于要素系统视角的商业模式创新路径分析 [J]. 管理现代化，2015，35（5）：101-104 .

[247] 王翔，李东，张晓玲．商业模式是企业间绩效差异的驱动因素吗？——基于中国有色金属上市公司的 ANOVA 分析 [J]. 南京社会科学，2010（5）：20-26.

[248] 王雪冬，董大海．商业模式创新概念研究述评与展望 [J]. 外国经济与管理，2013，35（11）：29-36.

[249] 王艳，李作聚．浅谈低碳物流的内涵与实现途径 [J]. 商业时代，2010（14）：32-33.

[250] 王艳萍．企业家——企业文化创立的关键 [J]. 华东经济管理，2002（6）：110-111.

[251] 王瑶，叶蜀君．基于资本运作的物流企业商业模式创新战略研究 [J]. 中国商贸，2010（17）：113-114.

[252] 王阅，谷丽丽，陈刚．基于供应链管理的商业模式创新研究 [J]. 现代管理科学，2009（1）：47-48.

[253] 王仲兵．商业模式与会计信息质量——基于创业板与中国概念股事件的视角 [J]. 中国注册会计师，2012（3）：103-107.

[254] 魏炜，朱武祥，林桂平．基于利益相关者交易结构的商业模式理论 [J]. 管理世界，2012（12）：125-131.

[255] 魏学成，李文涛．基于改进 Shapley 值法的供应链联盟利益分配研究 [J]. 统计与决策，2010（23）：53-55.

[256] 文亮，何继善．创业资源、商业模式与创业绩效关系的实证研究 [J]. 东南学

术，2012（5）：116-128.

[257] 吴晓波，赵子溢．商业模式创新的前因问题：研究综述与展望 [J]. 外国经济与管理，2017，39（1）：114-127.

[258] 吴勇，冯耕中，王能民．我国典型物流公共信息平台商业模式的比较研究 [J]. 商业经济与管理，2013（10）：14-21.

[259] 吴正杰，吴莉昀．商业模式、价值动因与信息披露 [J]. 湖北工程学院学报，2016，36（5）：95-101.

[260] 袭希，孙冰．群落演替观点下产业技术的演化模型 [J]. 系统管理学报，2015，24（4）：569-587.

[261] 夏清华，娄汇阳．商业模式刚性：组成结构及其演化机制 [J]. 中国工业经济，2014（8）：148-160.

[262] 夏铁群，王圣权．科技型中小企业融资信用风险研究——基于模糊综合评价法 [J]. 会计之友，2016（18）：58-61.

[263] 肖丁丁，张文峰．基于 DEMATEL 方法的绿色物流发展关键因素分析 [J]. 工业工程，2010，13（1）：52-57.

[264] 肖林功．物流企业低碳物流商业模式创新的演化博弈研究 [D]. 邯郸：河北工程大学，2020.

[265] 邢大宁，赵启兰，宋志刚．基于云生态的物流信息平台服务模式创新研究 [J]. 商业经济与管理，2016（8）：5-15.

[266] 邢相军．新能源产业商业模式创新的影响因素、机会与障碍 [J]. 中国流通经济，2014，28（8）：93-99.

[267] 徐可，张慧颖．知识管理与创新的关系研究及其演进趋势探索 [J]. 情报杂志，2012，31（9）：131-135.

[268] 徐蕾，魏江，石俊娜．双重社会资本、组织学习与突破式创新关系研究 [J]. 科研管理，2013，34（5）：39-47.

[269] 徐旭．低碳物流的内涵、特征及发展模式 [J]. 商业研究，2011（4）：183-187.

[270] 许民利，王俏，欧阳林寒．食品供应链中质量投入的演化博弈分析 [J]. 中国管理科学，2012，20（5）：131-141.

[271] 薛俭，谢婉林，李常敏．京津冀大气污染治理省际合作博弈模型 [J]. 系统工程理论实践，2014，34（3）：810-816.

[272] 薛小力．低碳物流技术应用的阻碍因素分析与激励机制研究 [D]. 成都：西南

交通大学，2012.
[273] 亚历山大，伊夫 . 商业模式新生代 [M]. 北京：机械工业出版社，2018.
[274] 闫文周，门雪，杨翻艳 . 基于相互作用矩阵的地铁施工风险评价 [J]. 武汉大学学报：工学版，2019，52（9）：796-801.
[275] 阳双梅，孙锐 . 论技术创新与商业模式创新的关系 [J]. 科学学研究，2013，31（10）：1572-1580.
[276] 杨国川 . 我国绿色物流发展中的制约因素及对策 [J]. 商业经济与管理，2012，（2）：18-23.
[277] 杨浩雄，李金丹，张浩 . 基于系统动力学的城市交通拥堵治理问题研究 [J]. 系统工程理论与实践，2014，34（8）：2135-2143.
[278] 杨华 . 上市公司会计信息披露质量与经营绩效关系——来自我国深圳 A 股化工行业上市公司的经验证据 [J]. 重庆理工大学学报：社会科学，2012，26（6）：28-31.
[279] 杨建君，徐国军 . 战略共识、知识共享与组织学习的实证研究 [J]. 科学学与科学技术管理，2016，37（1）：46-57.
[280] 杨卓，戎晓力，卢浩，等 . 基于熵权物元可拓理论的隧道塌方风险评估 [J]. 安全与环境学报，2016，16（2）：15-19.
[281] 杨子岳 . 低碳物流发展关键影响因素分析 [J]. 物流科技，2010，34（9）：42-44.
[282] 姚伟峰 . 企业商业模式创新影响因素评价研究 [J]. 哈尔滨商业大学学报：社会科学版，2013（2）：92-95.
[283] 叶琳 . 新流通经济时代物流产业园区投资开发与商业模式研究 [J]. 商业经济研究，2016（6）：82-83.
[284] 叶跃 . 创新物流企业商业模式——履行社会责任和可持续发展 [J]. 上海公路，2010（3）：68-69.
[285] 易加斌，谢冬梅，高金微 . 高新技术企业商业模式创新影响因素实证研究—基于知识视角 [J]. 科研管理，2015，36（2）：50-59.
[286] 游坚平 . 基于系统动力学的中国房地产企业商业模式对企业成长性影响 [J]. 系统工程，2015，33（5）：105-113.
[287] 于欢，魏连雨，曹毅 . 河北省域城市群共同物流联盟稳定性分析 [J]. 重庆交通大学学报：自然科学版，2011，30（3）：501-506.
[288] 原磊 . 国外商业模式理论研究评介 [J]. 外国经济与管理，2007，29（10）:17-25.

[289] 原磊．商业模式体系重构 [J]. 中国工业经济，2007（6）：70-79.

[290] 张光军，吕佳茵，刘人境，等．大科学工程项目合同共担风险分担模型研究 [J]. 情报杂志，2018，37（6）：61-66，72.

[291] 张磊，李占雷，杨金廷．基于熵权修正 Shapley 值法的共同物流商业模式合作风险分担研究 [J]. 数学的实践与认识，2019，49（23）：49-59.

[292] 张磊．基于主体博弈的共同物流商业模式创新研究 [D]. 邯郸：河北工程大学，2020.

[293] 张丽丽，贺舟，李秀婷．基于系统动力学的新疆旅游业可持续发展研究 [J]. 管理评论，2014，26（7）：37-45.

[294] 张茜，赵亮．基于顾客体验的 O2O 商务模式系统动力学建模与仿真研究 [J]. 科技管理研究，2014，34（12）：200-204.

[295] 张睿．论物流企业的价值链管理和商业模式创新 [J]. 物流科技，2013，36（7）：105-106.

[296] 张松波，许爽．性别多样性对组织绩效影响——综述研究的视角 [J]. 中国人力资源开发，2016（21）：54-60.

[297] 张晓林．信息披露透明度、税收筹划与企业价值 [J]. 财会通讯，2017，755（27）：50-53.

[298] 张晓玲，罗倩．商业模式中客户价值主张生成的典型类型、障碍研究 [J]. 东南大学学报（哲学社会科学版），2011，13（2）：58-63.

[299] 张心悦，宋伟．创新管理的知识网络结构、演化及热点分析——SCI（2000-2013）文献计量分析 [J]. 科技进步与对策，2015，32（14）：114-121.

[300] 张昕，袁旭梅．基于联合库存的供应链系统动力学研究 [J]. 工业工程，2005，8（1）：79-82.

[301] 张天译．物流企业商业模式创新的系统动力研究 [D]. 邯郸：河北工程大学，2019.

[302] 张越，赵树宽．基于要素视角的商业模式创新机理及路径 [J]. 财贸经济，2014（6）：90-99.

[303] 张宗新，杨飞，袁庆海．上市公司信息披露质量提升能否改进公司绩效？——基于 2002—2005 年深市上市公司的经验证据 [J]. 会计研究，2007（10）：16-23.

[304] 赵健宇，李柏洲，袭希，等．多任务环节的团队合作知识流动网络研究 [J]. 管理工程学报，2016，30（1）：61-71.

[305] 赵明辉 . 顾客价值主张对商业模式创新绩效的影响 [J]. 商业经济研究，2019，765（2）：93-96.

[306] 郑志来，王霞，郭兵，苏林 . 基于内容分析法的上海市科技政策演进分析 [J]. 科技进步与对策，2012，29（23）：104-107.

[307] 郑紫旺 . 会计信息质量、商业模式与企业价值——基于物流板块上市公司的实证 [D]. 邯郸：河北工程大学，2020.

[308] 中国国家标准化管理委员会 . GB/T 18354—2006 物流业术语 [S]. 2007.

[309] 钟耕深，孙晓静 . 商业模式研究的六种视角及整合 [J]. 东岳论丛，2006（2）：120-124.

[310] 周敏，黄福华 . 不对称信息下的共同物流合作风险分析与治理对策 [J]. 北京工商大学学报：社会科学版，2013，28（2）：60-64.

[311] 周敏，黄福华 . 技术驱动下的共同物流商业模式创新路径研究 [J]. 江汉论坛，2013（6）：73-76.

[312] 周敏，黄福华 . 物联网条件下的共同物流运作风险合理分担模型改进 [J]. 系统工程，2013，31（1）：111-115.

[313] 周敏，黄福华 . 中部地区城乡协调发展的共同物流模式研究 [J]. 湖南商学院学报，2007（2）：44-48.

[314] 周敏，黄福华 . 资源和环境约束下的共同物流运作风险 SVM 预测模型 [J]. 财经论丛，2013，170（1）：101-105.

[315] 周业付 . 基于改进 Shapley 值模型的农产品供应链利益分配机制 [J]. 统计与决策，2017，491（23）：52-54.

[316] 朱红恒 . 熊彼特的创新理论及启示 [J]. 社会科学家，2005（1）：59-61.

[317] 朱松 . 债券市场参与者关注会计信息质量吗 [J]. 南开管理评论，2013，16（3）：16-25.

[318] 朱炎军，郭婧 . 高校教师教学学术发展力指标体系的构建——基于德尔菲法的研究 [J]. 高教探索，2019，191（3）：110-117.

附　录

附录1　物流企业创新研究调查问卷

您好！我们正在进行一项企业状况调查，希望获得您的配合。本问卷采用匿名方式作答，调查内容完全为学术研究所用，不涉及个人和单位隐私，您所填写的一切内容将会被严格保密。非常感谢您的参与和支持！

请根据您的个人感受情况，对下面说法的属实程度作出判断，并在数字上画√，数字越大表示该说法与您的实际情况越相符，数字越小表示该说法与您的实际情况越不相符（1 表示非常不相符，2 表示不相符，3 表示比较不相符，4 表示一般，5 表示比较相符，6 表示相符，7 表示非常相符）

1 您的性别（请画√）	①男 ②女						
2 您的年龄（请画√）：	① 20 岁以下 ② 21~25 ③ 26~30 ④ 31~40 ⑤ 41~50 ⑥ 50 以上						
3 您的受教育水平（请画√）：	①初中及初中以下 ②高中 ③专科 ④本科 ⑤硕士 ⑥博士						
4 您的月收入水平（请画√）：	① 1000 以下 ② 1001 ～ 3000 ③ 3001 ～ 5000 ④ 5001 ～ 7000 ⑤ 7001 ～ 10000 ⑥ 1 万以上						
5 您的工作年限（请画√）：	①1 年以下 ②1 ～ 2 年 ③2 ～ 3 年 ④3 ～ 4 年 ⑤4 ～ 5 年 ⑥5 年以上						
6 供应商知识协同	非常不相符→非常相符						
我们公司与供应商建立伙伴关系且经常与之交流互动	1	2	3	4	5	6	7
我们公司经常与供应商交流互动产生新产品或新服务的想法	1	2	3	4	5	6	7
我们公司经常与供应商交流互动开发新的产品或服务	1	2	3	4	5	6	7
我们公司经常与供应商交流互动共同检验新产品或新服务	1	2	3	4	5	6	7
7 客户知识协同	非常不相符→非常相符						
我们公司与客户建立伙伴关系且经常与之交流互动	1	2	3	4	5	6	7
我们公司经常与客户交流互动产生新产品或新服务的想法	1	2	3	4	5	6	7
我们公司经常与客户交流互动开发新的产品或服务	1	2	3	4	5	6	7

续表

我们公司经常与客户交流互动共同检验新产品或新服务	1	2	3	4	5	6	7
8 竞争者知识协同	非常不相符→非常相符						
我们公司与同行建立伙伴关系且经常与之交流互动	1	2	3	4	5	6	7
我们公司经常与同行交流互动产生新产品或新服务的想法	1	2	3	4	5	6	7
我们公司经常与同行交流互动开发新的产品或服务	1	2	3	4	5	6	7
我们公司经常与同行交流互动共同检验新产品或新服务	1	2	3	4	5	6	7
9 显性知识共享	非常不相符→非常相符						
我们公司员工之间经常互相分享彼此的工作报告或资料等	1	2	3	4	5	6	7
我们公司员工之间经常互相分享彼此的工作手册、方法或模型等	1	2	3	4	5	6	7
10 隐性知识共享	非常不相符→非常相符						
我们公司员工之间经常互相分享彼此的工作经验或专业技能等	1	2	3	4	5	6	7
我们公司员工经常提供自己的知识或技术给其他组织成员	1	2	3	4	5	6	7
我们公司员工经常以更有效的方式与其他组织成员分享从教育和培训中学到的专门技术或知识	1	2	3	4	5	6	7
11 知识吸收能力	非常不相符→非常相符						
我们公司可以获取关于顾客需求等新服务的开发信息	1	2	3	4	5	6	7
我们公司可以获取具有价值的新服务开发关键技术	1	2	3	4	5	6	7
我们公司能够辨认新服务开发的机会与可行性	1	2	3	4	5	6	7
我们公司对于取得的新服务开发专业知识能够有所了解与吸收	1	2	3	4	5	6	7
12 知识整合能力	非常不相符→非常相符						
我们公司能够结合外部新知识从事新服务开发	1	2	3	4	5	6	7
我们公司能够重新整合内部既有知识从事新服务开发	1	2	3	4	5	6	7
我们公司能够有效且弹性地使用既有或新取得的知识以应对环境变化	1	2	3	4	5	6	7
我们公司能够将获得的新知识应用于整体运营流程中	1	2	3	4	5	6	7
13 效率型商业模式创新	非常不相符→非常相符						
我们的商业模式降低了各参与方的存货、营销及沟通等交易成本	1	2	3	4	5	6	7
我们的商业模式简化了交易流程	1	2	3	4	5	6	7
我们的商业模式减少了交易差错	1	2	3	4	5	6	7
我们的商业模式降低了交易过程中的信息不对称现象	1	2	3	4	5	6	7
我们公司加快了交易速度	1	2	3	4	5	6	7
总体来说，我们的商业模式提高了交易效率	1	2	3	4	5	6	7
14 新颖型商业模式创新	非常不相符→非常相符						
我们公司的商业模式引入了新的产品或服务	1	2	3	4	5	6	7
我们公司的商业模式创造了新的盈利方式	1	2	3	4	5	6	7
我们公司的商业模式创造了新的盈利点	1	2	3	4	5	6	7
我们公司的商业模式引入了新的运营流程或规范	1	2	3	4	5	6	7
总体来说，我们公司的商业模式是新颖的	1	2	3	4	5	6	7

尊敬的先生/女士：

您好！我是来自河北工程大学管理工程与商学院MBA的学生，这是一份用于学术研究的调查问卷，目的是通过专家意见评价H钢铁物流公司的商业模式，您的意见和回答对该评价体系的构建非常重要。为了保证研究结果更接近于事实，烦请您务必客观，认真作答，您所做出的答案及信息仅供学术研究之用，所有信息将完全保密。

再次感谢您的支持与合作，另外如果您在作答中有任何问题或疑问，可随时与我联系，联系邮箱 123456@126.com

附录2　H钢铁物流公司商业模式构成要素研究调查问卷

一、各级指标详细情况说明

二级指标	说 明
市场定位	是否有具有竞争优势的市场定位，是否有稳定和具有统领地位的市场区域
业务范围	各项业务是否形成资源协调，成本最低化
营销渠道	是否与客户或者经销商形成了稳定的销售渠道，是否对各类营销渠道的进行收入结构
品牌实现	客户是否认可品牌价值
客户关系	明确目标客户，重视客户体验，强调服务细节
经营主张	整合服务模式，实现价值回归和效益提升
控制成本	是否分析企业中各类固有成本，是否有明确的成本结构模式
利润来源	是否具有让客户真正愿意买单的能力，是否使用客户愿意使用的支付方式。是否对每一类收入来源对总体收入进行分析
管理模式	是否统筹管理各子公司物流板块
统一管控	是否统筹管理同类物流业务
仓储模式	是否建立了高效运行的仓储中心，该中心运行效率评价
核心资源	是否意识到企业的核心资源，是否充分利用这些资源
信息化应用	是否建立物流交易电子平台，是否利用大数据
资源管理	是否维系核心资源，是否就收入和核心资源关系进行梳理
延伸服务	是否延伸物流服务
打通关节	是否打通物流路径上的关键节点
控制成本	是否采取有效措施降低成本

二、指标打分

1. 二级评价指标打分

每一个二级评价指标有 5 个评价等级，每一个评级等级代表不同的量级，为了您能更好地做出评价，在此给出明确的量级标准，分别是优秀、良好，一般，差，很差，它们对应值分别为：1、0.75、0.5、0.25、0。比如说：如果您觉得其中一个二级指标“市场定位”在 H 钢铁物流公司中实施得非常好，您就可以在优秀下打√。

一级评价指标	二级评价指标	评价结果				
		优秀	良好	一般	差	很差
关键业务	市场定位					
	业务范围					
	营销渠道					
客户关系	品牌实现					
	客户关系					
收入结构	经营主张					
	渠道管控					
	利润来源					
组织架构	管理模式					
	分类模式					
	仓储模式					
关键资源	核心资源					
	信息化应用					
	资源管理					
重要合作	延伸服务 打通关节 控制成本					

2. 权重打分

权重是衡量此指标在整体中的占比程度，在下边的指标权重打分表中，您需要分别对每个一级指标、二级指标进行权重的分配，其中一级指标 6 个，二级指标 17 个。跟进每个指标在对 H 钢铁物流公司商业模式创新中占的比重进行打分。分值需要在 1 ～ 10 之间的整数，所有的一级指标总得分必须为 10，同样所有的二级指标总得分和为 10。

（1）一级指标权重打分。假如您认为“关键业务”对 H 钢铁物流公司的商业模式起了关键作用，就给出相应分值，比如 7 分，同理给其他指标打分。但最终的打分结构需要确保分配的权重总和为 10，打分如下：

一级评价指标	得分	得分合计
关键业务		10
客户关系		
收入结构		
组织架构		
关键资源		
重要合作		

（2）二级权重指标打分。二级指标对应的整体是上一级的评价指标。请就H钢铁物流公司商业模式在相应的项下打√。

一级评价指标	二级评价指标	评价结果				
		优秀	良好	一般	差	很差
关键业务	市场定位					
	业务范围					
	营销渠道					
客户关系	品牌实现					
	客户关系					
收入结构	经营主张					
	渠道管控					
	利润来源					
组织架构	管理模式					
	分类模式					
	仓储模式					
关键资源	核心资源					
	信息化应用					
	资源管理					
重要合作	延伸服务 打通关节 控制成本					

打分结束，谢谢您的参与！

后　记

本书是我 2016 年承担的河北省社会科学基金项目的研究成果，项目编号为：[HB16GL028]。

新经济新技术的快速变革催生了企业对商业模式创新的追求，物流企业的商业模式创新也就势在必行。在物流金融商业模式创新模式研究成果的基础上，我开始关注物流企业商业模式创新的要素动力和商业模式创新过程的主体行为，研究内容涉及物流企业商业模式创新的技术创新动力、知识管理要素、商业模式对会计信息质量的调节作用、共同物流商业模式创新的主体博弈、低碳物流商业模式创新的演化博弈、钢铁物流企业商业模式创新的案例六个主题，以期从商业模式创新的过程机制这一黑箱视角得到启迪。项目完成之际，仍为自身的研究视野和方法论局限有所遗憾，也找到了自己未来深入研究的方向。

诚挚感谢河北省哲学社会科学规划办的资助！

感谢妻子李素莲无微不至的生活保障支持，感谢爱女李宇笑给我的生活展望与期许。温馨的家庭，油盐酱醋，无处不是爱意的阳光，本书的出版是我送给她们的一件小小的爱的礼物。

李占雷

2020 年 3 月于邯郸圣水湖畔